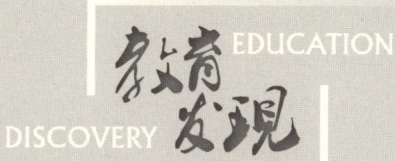

做新教师，从教育发现开始

教育发现

EDUCATION DISCOVERY

换一种教法
HUAN YIZHONG JIAOFA

单元整体课程实施与评价
（初中语文）

课程顾问 陈 立
总 主 编 姜风平 侯丙生
本册主编 王 芳
编 者 王 芳 王 辉 张 健

山东文艺出版社

总　序

　　我和德州跃华学校姜风平校长第一次见面是2010年，在山东德州。之所以强调德州，是因为它和我曾经待过的另一个德州，中文说法完全一样。不同的是，一个是山东德州，一个是美国的德克萨斯州。

　　那次我们主要谈的内容是学校校本课程的开发。得知课程和课程指导是我的研究方向，他颇为自豪地向我介绍学校开设的各种校本课程：乒乓球、书法、钢琴、舞蹈、电脑绘画、围棋等技能类课程；由学校开发的远足课程、节日课程、班会课程、生活课程等。中午吃饭的时候，我对他说：姜校长，你那些更多的还是社团活动类课程，而真正要着力研究的恰恰是国家课程的开发和实施。结果，下午他硬拉着我给老师们做了一场关于课程的讲座。没想到自那时起，他和初中部侯丙生校长一起带领初中部老师们开始了"国家课程"二度开发的研究之路。

　　Curriculum 源于拉丁文 currere。作为名词，currere 意为跑道，而作为动词，currere 意为奔跑。作为名词，课程的理解更贴近给学生提供轨道。而作为动词，在课程的表述中更贴近于让学生依据个体独特性进行自我建构。我更倾向于第二种解释和表达。"课程"就像前面的两个"德州"一样，表面看起来一样，实质却很不同。

　　自国家进行第八次课程改革以来，业界对课程的探讨就没有停止过。

课程实施分为国家课程、地方课程和校本课程三类。国家课程是国家教育的基础，对国家课程的校本开发和实施是考验一所学校办学水平的重要依据。第八次课程改革对国家课程内容进行了调整，继而对课程实施提出了更高的要求。

很多学校面对新课程改革的要求不知所措，不知道以能力培养为课程目标的新课程如何实施，依然按照以前的方式实施。虽然对教师进行了很多新课程理念的培训，但是依然不能突破旧课程的桎梏，课程实施仍难以实现与新课程能力目标的对接。这就出现了很多"理念都懂，就是不知道如何做"的"两张皮现象"。

分析大部分学校课改不成功的原因，最主要的还在于没有找到课程目标与课程实施之间的对接点。也就是常说的"穿新鞋走老路"。既然课程目标变了，保证目标达成的方法也应作出相应调整。这就是一个提供轨道的课程和一个自我构建的课程的不同。

德州跃华学校进行的"国家课程校本开发"在这方面做了非常好的典范。德州跃华学校的"单元整体教学"与普通课程整合的最大不同在于单元整体教学是一种课程思维下的整合。普通的课程整合并不具备课程思维，通常做法是将教材内容进行单元和模块的整合，忽略了课程其他的要素：课程实施者、课程实施对象、课程评价等等。学习材料整合并不能实现学习方式的整合，也不能达成学习效果的整合。传统的"课程整合"充其量是"教材整合"。而"单元整体教学"却是将学科内在联系进行整合，将知识学习与能力培养进行整合，将学习过程与学生发展终极目标进行整合，这种涵盖课程全部要素的整合方式使国家课程实施呈现出一种丰满和立体的状态，我们从中能够看到新课程改革纲要希望实现的学生的成长和发展。

那么，德州跃华学校的单元整体教学能否在其他学校进行推广呢？

完全可以。推行单元整体教学只需要满足一个条件，即学校有课程整合的需求。

所谓课程整合需求，并不是简单的国家新课程改革的要求。这里所说的需求是来自于师生的真实需求：学生具备自主学习能力，对学习提出了更高要求；教师具备教学生学的能力，能将知识教学提升到能力教学。

这一切的实现必须基于我一直强调的课改路径：课堂—课程—课堂。这里所说的第一个课堂是45分钟课堂。这个课堂需要改变什么呢？这个课堂的形态要改变，课堂实施过程是学生真实学习过程，而非教师教学过程，教师以学生的学习流程为自己的教学流程，做到学生主体、学情主导、教师助推，用行为固化思维，通过流程引导学生快速进入学习过程，积极思考学习内容，通过合作强化学生进行自我学习需求的审视和满足。45分钟课堂改革完成后将会呈现出学生主动学习的状态，而教师也会成为了解学生学习的专业者，不再是教科书的"搬运工"。

完成课堂改造以后，师生产生的学习需求推动改革走向课程整合。区别于没有课程需求的课程整合，此时的整合是"水到渠成"，学生和教师同时成为课程研发者，使得课程研发更加有实效，师生知道课程开发要往哪里走（学科内整合，学科间整合，活动整合），去向何处（能力开发）。此时的课程设置，从国家课程、地方课程到校本课程，都能以发展学生为目的，哪怕乒乓球课程也能体现出政治、历史、物理、艺术的整合思维。明确学生学习特点和学习流程的课程开发才能在课程目标、课程实施以及课程评价方面更加完善。

最后回归的课堂不再是45分钟课堂，而是世界大课堂，学生和老师已经具备学习能力，具备课程思维，凡是有信息的地方都会被师生整合成学习资源，此时凡是学习发生的地方就是课堂，从而最终实现学生的自我建构。

完成课堂—课程—课堂的改革，课程改革才真正实现。课程改革一定不是改教材，改目标，而是改方法，改路径，从而实现达成改革目标的目的。

德州跃华学校的实践正是对此课改路径的忠实诠释。德州跃华学校从最初的社团活动类课程开发，转而回到着力研究课堂，研究课堂各要素的内在联系，从高效课堂实践出发，改变教学关系，寻求到课程需求生发点，并抓住这一契机，进行了卓有成效的探索。

此套书所呈现出的九门学科单元整体教学方案，完全突破了以往教材整合的模式。语文以"人"的整体发展为思路进行"整体全面性"课程整合，以阅读这一基本能力作为突破口，全面提升学生语文素养；数学学科以"整体存在性"为出发点，将学科知识的内在联系挖掘出来，改变以往"感性"的教学模式，用"理性"直击数学教学，让学生运用思维工具进行习题验证，而非传统教学的"题海战术"；历史学科以"历史观"为课程目标，以历史主题整合为方式，突破了历史学习的零散性；地理学科以具备"地理观念"，建立联系结构思维为目标，真正体现出了地理学习的价值。

在《总纲》中，每个学科案例后都附有我和姜校长的笔谈，其间我由衷地因为看到教师们通过这样的工作方式，从以前的"教书匠"转变成"学科教学专家"而激动。不同于传统教师，他们是经历过课堂变革历练的新教师，懂学生，懂学生的学习，经过"单元整体教学"的探索，他们又提升了对学生学科学习的认知，这正是我一直描述的教师专业发展之路！一名可以称得上专业人士的教师，一定是懂学生，懂学生学习，懂学生学科学习的。传统的教师发展只能将教师培养成学科教学者，不用多久就会失去教育教学乐趣，进入职业倦怠期。而历经国家课程开发与实施培养出来的教师，因为将工作对象和工作内容进行了完美结合，成为了教育教学的双料专业人士，必将会在自己的职业发展道路上找到持久的动力和幸福。

一所学校学生的发展、教师的职业幸福都维系于校长的观念，正因为姜凤平校长、侯丙生校长的不断探索创新、积极实践，才有了初中"单元整体课程"的呈现，才有了专业型新教师的出现。"单元整体课程"研发的成功，意味着德州跃华学校在提升学生学习力、培养教师专业力以及提升学校学术研究力上，都取得了成功，这无疑来自于姜凤平校长和侯丙生校长的领导力和判断力。

作为德州跃华学校的课程顾问，应姜校长之邀约作总序，心中始终惶惶，我只是将我对课程的理解分享出来，却让德州跃华学校做成了一桌佳肴与更多人分享。在德州跃华学校课程改革过程中，姜凤平校长、侯丙生校长所体现出的严谨、执着，时刻警醒着我；其带领的团队所体现出的敬业、合作精神，也无时无刻不给我感动。

至今，我仍然记得每次姜校长来电的第一句话："陈主任，您在哪儿呢？在济南吗？我过去找您！咱们说说课程的事儿。"一小时后，一准儿能见到从德州亲自驾车前来的他。他就是这样雷厉风行让人无法懈怠。

课改是良心的事业，是影响未来的事业。如果需要的话，我愿意一直陪伴两位课改路上的兄弟和他们的团队去探索一个又一个领域，为更多学校提供切实的借鉴，为更多的教师提供更高的发展平台，最重要的，是为更多的孩子提供优质的教育，因为我们今天所做的一切，都是为了孩子们！

陈 立

2013 年 3 月 13 日凌晨

前　言

2008年3月,德州跃华学校初中部正式启动"高效课堂"改革。同年5月,加入由中国教师报发起的"名校共同体"。"课堂聚义,搂抱发展,相互借道,共同成长",从此"卷"入了高效课堂改革的大潮。"知识的超市,生命的狂欢",让我们的课堂焕发出了生命的活力。

伴随高效课堂改革的步步深入,我们又发现,"一课一学"、"逐课推进"的缓慢进程"阻挡"了学生前进的步伐;零散而缺乏系统、缺乏联系的知识学习"束缚"了学生的思维;庞杂的教材"捆住"了老师的手脚;应试的顾虑"羁绊"了学生素养的全面提升……这些无法破解的难题"囚禁"了师生的创造力。

2009年9月,高效课堂下的"单元整体教学"应运而生,让我们走出了困局。立足高效课堂,从整体出发,从整合联系的视角,以"单元"为基本单位的"整体教学",破解了进程缓慢、知识学习缺乏系统、缺乏联系的难题,极大提高了教学效益。

可随之而来的问题又再度袭扰了我们:教材整合的问题,课程目标明晰的问题,单元间知识结构体系的问题……

依据"单元整体教学"的实际需要,我们必须重构各学科"单元整体",重新梳理出一个相对系统完整的单元整体课程框架体系,从逐个

"单元整体"的确立,到"课程目标"的进一步明晰,再到形成一个"整体"的系统……单元整体教学为我们架起了通向课程的桥梁。

一时间,初中部掀起了再次研究"课程标准"的热潮,从课程总目标出发,将课程目标分解到年级,分解到学期,分解到单元,依据目标重构"单元"。单元内以规律、方法、学科思想为主线,建构完整的"知识结构体系";单元间以整合、联系为纽带,建立起了一个系统的"单元整体课程"框架。

2011年7月,学校初中部以国家课程二度开发为切入点的"单元整体课程"建设正式拉开帷幕。以"单元"为基本组织单位,立足"整体教学",将"单元"作为一个个小的"微型课程",从"课程目标"、"课程内容"、"课程实施"、"课程评价"四个方面入手,初步完成了"单元整体课程"框架体系的构建。

历经一年多的"单元整体课程"行动研究,2012年7月,从有利于"单元整体教学"实施的角度,我们再次进行集中修订和完善。

从高效课堂到单元整体教学再到单元整体课程研究,历时几年,其研究成果《初中单元整体课程(总纲)》、《单元整体课程实施与评价(初中语文)》、《单元整体课程实施与评价(初中数学)》、《单元整体课程实施与评价(初中英语)》、《单元整体课程实施与评价(初中文综合)》、《单元整体课程实施与评价(初中理综合)》、《整本书阅读课程实施与评价(初中语文)》即将陆续和大家见面了。

一路走来,我们为初中部这个优秀的团队而感动,这其中的磨难只有我们自己能体会。一个庞大的、看似不可能由一所学校独立完成的"工程",我们从捡拾一块块"砖瓦"做起,终于初步建成了我们心中的"大厦"。继小学部"单元整体课程"之后,我们拥有了属于自己的义务教育阶段九年一贯制"单元整体课程",形成了一个相对系统的、完整的、横跨各个学科的"单元整体课程"体系。

教育是通过学校课程真实发生的,好的教育首先要有好的课程,好的课程实施。好的学校,必须立足课程建设,建立、完善、拥有自己的学校特色课程体系。伴随我校"体验式心理健康教育课程"、"班级团体心理辅导课程"、"单元整体课程"等相关内容图书的正式出版发行,在今后的几年内我们还将陆续推出我们的"活动课程"、"班会课程"、"节日课程"、"生活课程"、"社团课程"、"班本课程"……完成学校"特色课程体系"建设。

现代意义上的学校承载着课程研究、课程开发、课程实施的使命和职责,现代意义上的教师是划时代的,是研究者、开辟者、建设者。就让我们一起聚焦课程研究,陪伴学生一路高歌,感受生命成长的脉搏吧!

姜凤平

2012 年 10 月 9 日

目 录

总 序
前 言

第一篇 总 论
聚焦语文课程基本理念 / 3
初中"语文单元整体课程"实施的理论依据 / 9
初中"语文单元整体课程"和"语文单元教学" / 12
初中"语文单元整体教学"的主要特征 / 19
初中"语文单元整体课程"的框架体系 / 27
初中"语文单元整体课程"实施保障 / 35

第二篇 课程目标
初中语文单元整体课程总目标 / 41
初中语文单元整体课程学段目标 / 45
初中语文单元整体课程单元目标 / 67

第三篇　课程实施与评价

轻嗅亲情芳香　/ 105

成长的历程　/ 127

戏里戏外——艺术与人生　/ 156

重览建筑古迹，领略华夏文明　/ 190

体悟人生真谛，感悟人间真情　/ 220

绚丽多彩的民俗风情画卷　/ 249

诗海泛舟　/ 278

求知与创新　/ 302

走进五彩缤纷的戏剧世界　/ 329

初中语文整本书阅读课程实施方案　/ 357

后　记　/ 366

第一篇
总 论

初中语文单元整体课程以关注知识与能力,过程与方法,情感、态度与价值观课程目标的全面落实为指导思想,以整合各种课程资源重新构建课程单元为出发点,优化学生学习方式,关注学生学习过程,充分体现了全面提高学生语文素养这一基本理念,以培养学生语文素养为语文教学的最高追求。

聚焦语文课程基本理念

语文课程的基本理念,是对语文教育基本规律的一种阐释,也是对语文教育行为的一种理性规范,还是语文教学改革总的指导思想。初中语文单元整体课程是聚焦语文课程基本理念,立足语文课程基本理念发展性和创生性的实践。

理念一:全面提高学生的语文素养

全面提高学生的语文素养是语文课程的核心理念。2011版《义务教育语文课程标准》明确表明:

九年义务教育阶段的语文课程,必须面向全体学生,使学生获得基本的语文素养。语文课程应激发和培育学生热爱祖国语言文字的思想感情,引导学生丰富语言积累,培养语感,发展思维,初步掌握学习语文的基本方法,养成良好的学习习惯,具有适应实际生活需要的识字写字能力、阅读能力、写作能力、口语交际能力,正确运用祖国语言文字。语文课程还应通过优秀文化的熏陶感染,促进学生和谐发展,使他们提高思想道德修养和审美情趣,逐步形成良好的个性和健全的人格。

巢宗祺先生解释道:"《语文课程标准》所提的'语文素养'包括:字、词、句、篇的积累,语感,思维品质,语文学习方法和习惯,识字写字、阅读、写作和口语交际的能力，文化品位，审美情趣、知识视野，情感态度，思想观念等内容。"① 语文素养中的这两个"使"，不仅涵盖了培养学生听、说、读、写这些基本的语文能力，还包含了提高学生的品德修养和审美情趣以及良好的个性和健全的人格的形成。这一概念的强调，使语文课程目标的内涵和功能得以充实、拓展和提升，以培养和提高学生的语文素养为己任的语文课程必然与学生的全面发展关系密切。面向全体学生，关注每一个学生整体的发展，激发学生对自身完美的关注与追求，这也充分体现了新时期语文课程的新追求以及新时期语文课程对培养人的新标准、新目标。

初中语文单元整体课程摆脱了单一的教科书选文，摆脱了单篇教学的传统模式，摆脱了单个目标的零散落实，以关注知识与能力，过程与方法，情感、态度与价值观课程目标的全面落实为指导思想，以整合各种课程资源重新构建课程单元为出发点，优化学生学习方式，关注学生学习过程，充分体现了全面提高学生语文素养这一基本理念，以培养学生语文素养为语文教学的最高追求。

理念二：正确把握语文教育的特点

明确语文教育的基本特点，既是落实语文课程目标的条件，也是语文课程实施的出发点。《义务教育语文课程标准》对语文教育的特点作出了如下阐述：

语文课程丰富的人文内涵对学生精神世界的影响是广泛而深刻的，学生对语文材料的感受和理解又往往是多元的。因此，应该重视语文课

---

① 教育部基础教育司组织语文课程标准研制组编写《全日制义务教育语文课程标准（实验稿）》，湖北教育出版社 2002 年版，第 35 页。

程对学生思想情感所起的熏陶感染作用，注意课程内容的价值取向，要继承和发扬中华优秀文化传统和革命传统，体现社会主义核心价值体系的引领作用，突出中国特色社会主义共同理想，弘扬以爱国主义为核心的民族精神和以改革创新为核心的时代精神，树立社会主义荣辱观，培养良好思想道德风尚，同时也要尊重学生在语文学习过程中的独特体验。

语文课程是实践性课程，应着重培养学生的语文实践能力，而培养这种能力的主要途径也应是语文实践。语文课程是学生学习运用祖国语言文字的课程，学习资源和实践机会无处不在，无时不有。因而，应该让学生多读多写，日积月累，在大量的语文实践中体会、把握运用语文的规律。

语文课程应特别关注汉语言文字的特点对学生识字写字、阅读、写作、口语交际和思维发展等方面的影响，在教学中尤其要重视培养良好的语感和整体把握的能力。

综合以上阐述，我们可以把语文教育的特点概括为三个方面：一是突出人文性；二是强调实践性；三是把握规律性。所以语文教育要用先贤们高尚的心灵影响学生、感染学生，用文质兼美的文学作品陶冶学生的情操，更要在学习过程中尊重学生对语文材料的多元理解，尊重学生的个人感受和独特体验，鼓励学生发表富有个性的见解。语文教育绝不只是课堂教学一个方面，它应该广泛地存在于家庭和社会当中，所以语文教育要增强学生在各种场合使用语文、学习语文的意识，使学生凭借丰富的语文资源和大量的语文实践在学语文、用语文中逐步领悟语文学习的方法与规律。语文教育要让学生透过汉字的特点看到汉字背后的文化内涵，重视语感的培养。

初中语文单元整体课程跳出了传统语文课程以教科书为本的僵化思想，引入整本书阅读，从更广泛的文化领域选择课程资源，让学生汲取更丰富的精神营养，凸显了语文课程人文性的特点。初中语文单元整体课程跳出了传统语文课程以课堂为本的僵化思想，引入语文综合性实践活动，让学生在生活中学习语文，在生活中感悟语文，在生活中运用语文，充分落实了语文课程实践性的特点。初中语文单元整体课程跳出了传统语文课程以知识为本的僵化思想，从课程内容的选择、课程的具体实施、课程评价等方面系统考虑了知识之间的联系，汉语言文字的特点规律，通过合理利用母语的学习规律，提高了语文学习的效率，培养了学生良好的语感和整体把握语文的能力。

理念三：积极倡导自主、合作、探究的学习方式

学习方式是学生的学习活动组织形式，也是学生在完成学习任务时基本的行为和认知方式。学习方式的改革是课程改革的重要内容，是学生自身发展的需要，是社会发展的需要，更是时代发展的需要。《义务教育语文课程标准》对此阐述如下：

学生是学习的主体。语文课程必须根据学生身心发展的语文学习的特点，爱护学生的好奇心、求知欲，鼓励自主阅读、自由表达，充分激发他们的问题意识和进取精神，关注个体差异和不同的学习需求，积极倡导自主、合作、探究的学习方式。教学内容的确定，教学方法的选择，评价方式的设计，都应有助于这种学习方式的形成。

语文学习应注重听说读写的相互联系，注重语文与生活的联系，注重知识与能力、过程与方法、情感态度与价值观的整体发展。综合性学习既符合语文教育的传统，又具有现代社会的学习特征，有利于学生在感兴趣的自主活动中全面提高语文素养，有利于培养学生主动探究、团结合作、勇于创新的精神，应该积极提倡。

"自主、合作、探究"是一种学习方式，更是一种教育理念，旨在要求语文教育要转变传统教育中学生对于教师的依赖和教师对学生的包办，

以学生为中心,以促进学生的发展为宗旨,培养学生主动学习、独立学习的意识。让学生在他人、小组、班级的互动中学会合作,在学习过程中能独立发现问题,并通过各种途径寻求答案,最终获得自主发展。

初中语文单元整体课程发展于和谐高效课堂,打造和谐高效课堂的关键就是立足课堂,打破传统课堂以教师为中心,老师讲学生听的陈旧学习方式,把课堂还给学生,让学生成为课堂的主人,激发学生学习的兴趣与热情,唤醒学生在课堂上的生命力。"自主预习、小组合作、展示提升",这些重要的学习过程无不唤醒着学生自我发展的强烈愿望,无不彰显着个人在团队合作中的重要价值,无不充满着研究发现的快乐与成就感。"自主、合作、探究"的学习方式是语文课程积极倡导的学习方式,所以转变学习方式是高效课堂成功的关键,更是我们进行初中语文单元整体课程的坚实基础。

理念四:努力建设开放而富有活力的语文课程

建设开放而富有活力的语文课程这一理念是针对现行语文课程在体系上存在的一些弊端而提出的,如果课程过于强调学科本位,过分追求学科完整的知识系统或训练系统,那么就会把自己孤立起来;如果课程过于注重知识的传承,忽视语文实践,特别是忽视联系现实生活的语文实践活动,那么就会把自己封闭起来;如果课程过于强调统一、集中,使课程变得凝固、僵化,缺少弹性,那么语文课程也就走向了呆板、僵化。《义务教育语文课程标准》对此是这样阐述的:

语文课程的建设应继承我国语文教育的优良传统,注重读书、积累和感悟,注重整体把握和熏陶感染;同时应密切关注现代社会发展的需要,拓宽语文学习和运用的领域,注重跨学科的学习和现代科技手段的运用,使学生在不同内容和方法的相互交叉、渗透和整合中开阔视野,提高学习效率，初步养成现代社会所需要的语文素养。

语文课程应该是开放而富有创新活力的。要尽可能满足不同地区、不同学校、不同学生的需求，确立适应时代需要的课程目标，开发与之相适应的课程资源，形成相对稳定而又灵活的实施机制，不断地自我调节，更新发展。

建设开放而富有活力的语文课程主要是改变以教师为中心、以课堂为中心、以书本为中心的语文课程僵化的局面，主要从两个方面入手：一是开放，开放即联系。语文课程不仅仅是关于语文教材的课程，也不仅仅是学校的语文课，应整合各种资源，加强语文课程与其他学科和社会生活的联系，拓展语文学习的空间，坚持和树立大语文观。二是活力，活力即适应，要求语文课程能适应不同时代、不同地区、不同学校的发展需要，既有语文教学的共性，还要有地方、学校的个性。建设开放而富有活力的语文课程这一理念为我们的语文课程建设提出了更高的要求，也提供了更广阔的空间。

初中语文单元整体课程试图走出传统课程以教师为中心、以课堂为中心、以书本为中心的僵化思想，整合课程资源，重新构建单元主体，加强语文与生活与实践的联系，走向开放的课程。通过单元整体的思想促进师生的共同成长与发展，促进学生各种语文能力的提高，促进学生语文素养的全面提升。

初中语文单元整体课程是新时期语文课程改革与语文课堂教学改革发展的产物，它充分体现了语文课程的基本理念，也在努力落实着语文课程提出的课程目标。无论是从课程内容的选择、组织，还是课程的实施与评价上都体现了新课程的基本价值取向："为了中华民族的复兴，为了每位学生的发展"。初中语文单元整体课程必将在促进学生和谐、全面发展的过程中发挥其独特的优势。

初中"语文单元整体课程"实施的理论依据

社会发展促使教育出现了百花争艳的美好景象，风起云涌的教育思想、教学模式让我们应接不暇。只有适应时代发展，适应社会需求，适合学生个人发展需要的，在实践中经得起考验的改革，才真正富有生命力，才值得学习与推广。

从实践中走来的单元整体课程，愈来愈显示出其鲜活的生命力，表现出越来越明显的教育效果，究其根源是因为这一课程体系背后有着强大的理论支撑。

人本主义理论

和谐高效课堂的核心思想是把课堂还给学生，让学生成课堂的主人，发挥学生的主体作用，解放教师，解放学生。这一核心思想是人本主义在课堂教学中最完美的诠释。

人本主义的主要观点是主张研究应该以人为本，强调人的尊严和价值；主张研究要关注每一个人，强调个体的个别差异，重视研究特定个体的心理特点；主张研究方法要与研究对象相适应。

人本主义的代表人物美国心理学家马斯洛认为：教育的功能、教育的目的是人的目的，追根究底是人的自我实现，是人所能达到的最高发展，即帮助人达到他能够达到的最佳状态。在马斯洛看来，人具有一种与生俱来的潜能，发挥人的潜能，超越自我是人的最基本要求，环境具有促使潜能得以实现的作用。

人本主义另一位代表人物罗杰斯提出了"自由学习"和"学生中心"的学习观与教学观，旨在通过知情统一的方式，培养"躯体、心智、情感、精神、心力融汇一体"的人，即完人（whole person）。这种教育能"促进变化和学习，培养能够适应变化和知道如何学习的人"。其培养心理气氛的三个最基本的原则是真诚或真实，尊重、关注和接纳，以及移情性理解。

这些观点正是和谐高效课堂的核心理念和心理学基础。在和谐高效课堂的每时每刻，你都能看到学生在自由快乐地学习知识、与人合作、发展自我。自主预习、小组合作、展示提升……在课堂的每一个环节，都能感受到学生作为一个独立个体所获得的尊重与信任，理解与唤醒，以及自我实现的喜悦，创造与成长的幸福，体会着人生的价值、生命的意义。

系统论思想

单元整体是我们在课堂教学模式优化基础上的一种全新探索，是对语文课程的一种创新性建设，它旨在发挥受教育者作为独立个体的人的主动性的基础上，为受教育者提供更全面、更真实、更优秀的资源。单元整体之所以能发挥其独特的优势，是因为它建立在了系统论的基础之上。

系统一词，来源于古希腊语，由部分构成整体的意思。美籍奥地利理论生物学家 L. V. 贝塔朗菲创立的系统论的核心思想是系统的整体观念。

  贝塔朗菲强调，任何系统都是一个有机的整体，它不是各个部分的机械组合或简单相加，系统的整体功能是各要素在孤立状态下所没有的性质。他用亚里士多德的"整体大于部分之和"的名言来说明系统的整体性，反对那种认为要素性能好，整体性能一定好，以局部说明整体的机械论的观点。

  同时他认为，系统中各要素不是孤立地存在着的，每个要素在系统中都处于一定的位置上，起着特定的作用。要素之间相互关联，构成了一个不可分割的整体。要素是整体中的要素，如果将要素从系统整体中割离出来，它将失去要素的作用。正像人手在人体中，它是劳动的器官，一旦将手从人体中砍下来，那时它将不再是劳动的器官了一样。

  我们的单元整体观念就是以"整体大于部分之和"这一基本理念为依据，以单元为基本单位，从整体出发，为更好地落实单元整体目标，打破传统的单课教学的模式，从整体上设计单元教学。同时寻找单元内各个材料之间的联系，帮助学生在学习过程中构建完整的知识、方法、能力等方面的结构体系，以达到人的全面系统的发展。

初中"语文单元整体课程"和"语文单元教学"

语文单元教学的发展是社会发展和科学进步的结果,也是语文教育要满足时代、社会、个人发展需要的结果。

国内外语文单元教学研究发展概述

以单元为中心的教学理论最早可追溯到19世纪末,它是欧美"新教育运动"的产物。"新教育运动"的主导人物之一,比利时的德克乐利就提出了教学的"整体化"和"兴趣中心"原则,把儿童的需要和兴趣当作教育的出发点和归宿。在教学的组织上,他主张在教学中应先定单元题目,然后根据单元题目组织教学内容,安排教学方法。他将每个单元看作是一个相对独立的整体,一个单元的教学在一段时间内连续进行。例如,他把课程分为个人和环境两大类,并以儿童生活需要中的营养、居住、防卫、工作和活动为中心,把家庭、学校、社会、动物界、植物界、矿物界、天体等知识联系起来,组成教学单元。再根据儿童的年龄和心理年龄对儿童分组,每组20—25人之间。

在教学方法上,德克乐利根据心理学的研究成果,提出"观察、联想和表达"三步:1. 兴趣引发感觉经验;2. 通过联想形成和发展观念;

3. 用具体或抽象的表达方式进行实验和解释。"德克乐利教学法"所采用的单元教学，打破了传统的分科教学的局限，显露出单元教学的思想萌芽。①

20世纪初，美国学者杜威也提出了关于单元教学的教学模式，基本程序为：设置问题情境—确定问题或课题—拟定解决课题的方案—执行计划—总结评价。杜威虽然没有明确提出单元教学的概念，但他提出的"教育即生活"的主张及其课堂程序结构对单元教学的发展有着深远的影响。

20世纪20年代以后，心理学家莫礼生创设的"莫礼生单元教学法"盛行于美国。他将教学过程分为五步：探究（启发学生兴趣）、提示（教师演示，但不细讲）、吸收（学生收集材料，加深理解）、组织（引向结论）、表达（口头或书面表达学习结果）。莫礼生认为，指导学生学习的目的并非要他们记诵教科书里那些零散的知识，而是在于让学生能够获得一个完整的生活经验，这种完整的生活经验就称为学习单元。所以学生学习一项内容或解决一个问题，须历时数日或数周之久。②

随着系统论、信息论和控制论的出现，单元教学开始朝着科学主义的方向发展。上世纪60年代，布鲁姆提出的"掌握学习"教学理论及实验，进一步推进了单元教学，"掌握学习"即在各学科中，以单元为单位组织教学，以教学目标控制整个单元的教学活动。教学目标是单元教学的中心，一门学科的总教学目标被分解成一系列小目标，小目标又分为具体几个方面。按照目标，将教材划分成若干小的教学单元。在教学中不断运用反馈和矫正程序，保证学生掌握单元内容，达到教学目标。"掌

---

① 张斌贤、褚洪启等编著《西方教育思想史》，四川教育出版社，1994年版，参见第570页至594页。

② 滕大春编著《美国教育史》，人民教育出版社，1994年版，第176页。

握学习"理论为后来 80 年代我国单元教学的发展提供了启示。

我国的语文单元教学思想雏形最早可追溯到 20 世纪初创编的新制体系文选之中。1902 年《钦定学堂章程》和《奏定学堂章程》的颁布和实行，标志着我国中小学学堂分科教学新体制的确立。1908 年，由商务印书馆出版的林纾编写的《中国国文读本》和吴曾祺编写的《国文教科书》，在旧制教材基础上作改良，选文按作品年代归类编排，每一编的内容相对统一，并有眉批、评语。虽然没有划分单元，但是隐含了单元编排的思想。

"五四"运动之后，单元教学思想随着西方现代文化的广泛传播而真正萌发。最早提出单元教学主张的人当推梁启超，他不仅提出了分类编排、整组施教的观点，还提出了具体的教学方法："譬如先讲记静态之文，选十篇（或专选同类的或不同类）令学生看。先生教他如何看法（观点何在，时间空间关系如何），拿一组十篇做一比较，令学生知同是一类的文，有如此种种不同；或同一类的题目，必须如此做法。不注重逐字逐句之了解，要懂得他的组织。"[①] 梁启超虽然没有明确使用"单元教学"这一概念，但他提出的"分组比较"教学观点，强调教材的整体性和系统化，强调教师发挥主导作用，教给学生学习方法，通过比较思维，注重培养学生自学的能力，其实质正是单元教学思想的萌芽，因此梁启超的主张，可以看作是我国语文单元教学的发端。

随后的这些年中，单元教学的思想渗入一部分语文教材和语文教学领域，但是也并没有太大的发展。一直到新中国成立后，单元教学研究仍处于一个探索阶段，虽然大多数教材采用了单元编排的形式，但是普遍缺乏严密的系统性和科学性，而且结构松散，选文单调，各年级读写

---

① 谭惟翰《试论"一次多篇"语文教学法》，载《语文教学通讯》，1980 年第 12 期。

训练落实不够。

改革开放以来，在政治经济体制改革开放的大背景下，教育界也开始了认真的总结和反思，在借鉴国外的教育教学理论以及扬弃传统教学经验的基础上，积极寻求改革的道路。此时，语文单元教学重新受到人们的重视和关注。特别是在上世纪80年代后期，随着人教社统编教材的出版和使用，语文单元教学出现了一次声势浩大的研究热潮，这个阶段的语文单元教学研究，无论是从理论上还是实践上，甚或研究的深度上和参与的广度上都是空前的。这一时期也出现了不少有代表性的单元教学模式，比如：

山东省教研室吴兴田设计的"四步骤多课型语文单元教学"[①]，将单元教学进程归纳为四个基本步骤，即"起领—教读—自读—总结"，每一步骤可设计若干个不同的课型。这种单元教学一方面创造性地从微观的视角突出对课堂阅读教学过程研究，提出一套系统的完整的教学流程，使单元教学不只停留在理论的构想上；另一方面改变教师一讲到底"满堂灌"的教学结构，使课型多样化，开始注重学生主体性作用的发挥；最后，从整体观出发把握教学过程，"教读"到"自读"、"起领"到"总结"经历了由整体到部分再到整体的知识学习过程。

广东省顺德市教研室钟德赣设计实验的"五步三课型反刍式语文单元教学"[②]，是采用单元教学形式进行课堂教学，每个单元教学过程分为五个步骤：导读、仿读、自读、检查、写评。每个步骤又分为三个课型：自练、自改、自结。这种单元教学模式系统性、可操作性都很强，突出强调了对学生自学能力的培养，注重了教学的整体性、阶段性，注重了

[①] 吴心田：《怎样组织单元教学》，载《中学语文教师教学基本功讲座》，北京师院出版社，1991年7月版。

[②] 钟德赣：《"导"是为了"放"，大面积提高教学质量——五步三课型反刍式单元教学法的实践》，载《中学语文教学参考》，1990年第4/5期。

学习成果的交流和反馈,提高了学习效率。

这些单元教学模式的不同形式的尝试,都已经关注单元主体,教师的教读、学生的自读从很大程度上充分调动了学生学习的主动性,培养了学生举一反三、掌握规律和方法的能力,不能不说是教育改革上的一大进步。

对于单元整体教学,在我国现阶段已经有不少教育研究者开始尝试,常州语文教改实验小组曾做过"语文单元整体教学的思路和方法"的课题研究,湖南省宁乡四中也做过了这方面的实践,但从研究内容上来看,他们的研究思路也是从教科书本身构建的单元出发,充分发挥学生自主学习的能力,但不同的是他们已经开始关注"整体"这一关键,关注单元整体目标的落实,从整体上设计教学活动,关注学生语文素养的整体提高。

初中"语文单元整体课程"与以往"语文单元教学"的区别

现在我们所要研究的"语文单元整体课程"是在西方先进教育理论的基础上,在语文课程标准的指导下,在新时期教学改革的发展中,在和谐高效课堂的背景下提出来的,是在我们前期"语文单元整体教学"研究与实践基础上改进而来的,它和以往的单元教学有很大的区别:

一、强调单元整体"课程",而不是单元"教学"

从"课程"和"教学"这两个概念我们可以鲜明地感受到这两种研究的不同之处。"单元整体课程"已经从"单元教学"这一课堂的具体行为中走出来,走到了课程建设这个更广阔的天地里。它不仅仅包括课堂教学,还包括目标、内容、实施策略、评价等多方面内容,它已经是一个落实语文课程标准更具体更有效的体系。

"单元整体课程"是将语文课程的理念、构建，落实到语文教学的每一个单元，将初中三年的三十六个单元以语文课程标准总的课程目标为指导，转化成系统的三十六个单元整体课程。在每一个"单元整体课程"中都包括课程目标、课程内容、课程实施、课程评价四个方面的内容。

每个单元的课程目标都是由语文课程标准提出的总目标拆分落实而来，三十六个单元课程目标既相对独立，又相互联系，和以往的每个单元的教学目标就单元教材内容而定相比，课程目标更准确更全面，更能切实有效地实现提高各种语文能力、语文素养的最终目标。

"单元整体课程"的内容是我们打破了原有教科书的束缚，从课程建设的角度，为更好地实现单元课程目标，重新构建的单元内容。它对原有的教科书进行了大胆取舍，另外又引入了整本书阅读和语文综合性实践活动。这样单元整体课程与原有的单元教学内容（就教材统一编排的单元内的几篇选文）相比，内容更丰富了，更有针对性了，更切合学生的实际了，更有利于培养学生的语文素养了。

"单元整体课程"的实施不仅仅包括传统教学中的教学方法，更多的是从学生角度通过改善学习方式来促进课程的有效落实。单元整体课程的实施打破了原有的单元教学一课一学的教学模式，从整个单元入手，将整体单元的课程内容分成三个大模块：教科书教学、整本书阅读、语文综合性实践活动。教科书教学又分为：单元整体预习、理解内容与主题、品味语言与学习手法、单元评价与反馈。模块式教学更符合学生的认知规律，让实施过程更系统更有效。在每一个模块的教学中始终贯穿自主、合作、探究的学习方式，学生自主预习、小组合作展示、相互质疑探究、总结提升等无一不体现了学生的主体性，这与以往的单元教学"以一篇带多篇，精讲一二，略学其他"的实施方式相比，更能有效地落实目标，提高学生的语文学习能力和语文素养。

"单元整体课程"的评价是在语文课程标准所提出的评价要求的基础

上的具体落实，它针对单元目标从不同方面对学生学习的过程和学习的结果都进行评价，形成了一个整体的评价体系，比以往单元教学单一的评价更能全面准确地评价学生个人发展的情况。

所以，"初中语文单元整体课程"与以往单元教学最大的区别是将语文学科教学走向了语文单元整体课程建设，让我们更坚实地走向语文教育的最终目标。

二、是强调单元"整体"，而不仅仅是单元

"单元整体课程"和"单元教学"相比，更关注"整体"，从整体出发是"单元整体课程"的重要理念，也是和以往单元教学最重要的区别。

从整体出发就决定我们的课程体系构建是以关注学生的整体发展为重要目标，从整体出发就决定了我们看到的每一个单元不再是一个个孤立的个体，三年六个学期三十六个单元应该是一个完整的体系；每一个单元内不再是为了一个主题而堆在一起的一篇篇零散的课文、一个个零散的知识点，而应该是一个为达成单元目标而重新整合的整体；从整体出发就决定了我们教师不再是课堂的主宰，学生才是课堂的主人，发挥学生主动性、独立性、合作性、探究性才是教学最有效地措施；从整体出发就决定了知识不再是唯一的评价，学生在学习中掌握知识、方法、技能，提高能力、修养、内涵，得到整体的发展与提高才是关键。

所以"单元整体教学"以全面落实语文课程目标，培养全面发展的人为总目标，从"整体"的角度出发，整合单元中的教学资源、整合教学内容、整合教学策略、整合学习活动、整合教学评价，真正意义上关注学生的整体性发展，全面提高学生的语文素养。

初中"语文单元整体教学"的主要特征

初中语文单元整体教学以单元为基本单位，以整合为基本教学思想，以高效课堂为基本模式，以模块教学为基本组织形式，以自主、合作、探究为主要学习方式，将教学分为三个部分：教科书教学、整本书阅读、语文综合性实践活动。其中，教科书教学又分为四个模块：单元整体预习、内容与主题、品味与赏析、单元整体反馈。

初中语文单元整体教学以教科书教学为起点，以整本书阅读为桥梁，以语文综合性实践活动为路径，以提升学生的语文素养为最终目标。教科书教学一改以往传统教学的单课教学的模式，将单元内课文进行大胆取舍，主线整合，按模块设计导学案进行教学。整本书阅读一改以往观念中的把整本书作为课外阅读的思想，将阅读专题化、深入化，由一篇课文拓展到一本书，一位作家，一个时代，一种文化。语文综合性实践活动课也一改以往观念中似有实无的现象，从单元目标出发，在课堂上营造不同的情境，除培养学生听说读写的基本能力之外，更多地是培养学生从生活中发现语文、学习语文、运用语文的能力。无论是从教学内容还是从教学方式，无论是从学习内容还是从学习方式，单元整体教学都表现出了其独有的特征。

单元的课程性

语文课程目标是指导我们进行一切语文教学行为的关键，但在日常的教学工作中，我们也常常在备课、上课中，远离了语文课程的总目标，而只是关注了我们面前的每一篇文章、每一节课，这样导致的直接后果是丢失了语文课程的总目标，变成了每一篇文章要实现的几个毫不相关的小目标。而我们的学生也在三年的学习中获得了无数个毫不相关的零散知识，它们像一盘散沙一样，在学生的心中铺成了一片缺少绿洲的沙漠。

初中语文单元整体教学要求教师从语文课程理念出发，用课程的思想指导我们的每一次教学实践。最主要的体现就是我们把大的语文课程转变成一个个小的单元课程，将传统教学中的一个单元变成一个容目标、内容、方法、策略、评价在内的单元课程体系。

每一个小的单元课程体系都是大的语文课程的再现，我们将课标中所要求的初中三年总目标，拆分成六个学期的学期目标，再将六个学期的目标拆分到每册书的六个单元，所以三十六个单元的单元目标既是语文课程总目标的具体落实，又是每一个单元教学的具体引领；三十六个单元的目标不是彼此孤立的存在，而是通过知识与技能，过程与方法，情感、态度和价值观这三维目标整合成一个完整的符合学生认知规律和发展需要的目标体系。

初中语文单元整体教学的内容选择不再是传统的单一教材，而是以教科书为基础，选择更多有利于落实单元课程目标的材料，尤其是引进了整本书的阅读和语文综合性实践活动，让单元课程内容跳出了传统单元的狭窄范围，为学生学习语文提供了更广泛的内容和更自由的空间，更有利于单元整体目标的落实，也更有利于提升学生语文素养这一语文课程最终目标的实现。

  初中语文单元整体教学的课程性还体现在评价体系的构建上。新课标对于语文课程的评价只有一个广义上的评价建议，单元整体教学将这种广义的评价建议结合单元课程目标落实到了每一个单元，建立了具体可测的单元课程评价体系。这一评价体系运用多种评价方式，将教师评价、学生的自我评价及小组评价相结合，充分体现了语文课程评价的整体性和综合性，注意了识字与写字、阅读、写作、口语交际和综合性学习五个方面的有机联系，注意了知识与能力、过程与方法、情感态度与价值观的交融、整合。

  所以初中语文单元整体教学中的每一个单元都是一个完整的课程体系，这样让我们每一位语文教师在上每一节课时，都会将语文教育赋予我们的责任牢记在心中，不会丢失课程目标，课程内容不再单一，课程评价不再僵化，每一节语文课都会成为我们迈向语文课程最高理想的坚实的脚步。

内容的整合性

  叶圣陶先生说："语文教材无非是个例子，凭这个例子要使学生能够举一反三，练成阅读和作文的熟练技能。"

  "语文教学内容，是教学层面的概念，从教的方面说，主要指教师为达到教学目标而在教学的实践中呈现的种种材料。它既包括在教学中对现成教材内容的沿用，也包括教师对教材内容的'重构'——处理、加工、改编乃至增删、更换；既包括对课程内容的执行，也包括在课程实施中教师对课程内容（正的负的）的创生。"①

所以课程不等同于教材，课程开发不是专家的特权。课程是生成的，教师和学生都是课程的创造者。在语文教学中需要打破封闭的学科知识体系，学生和教师都有自主选择学习内容的权利，对教材的内容可根据实际进行改换、增删，使学生从丰富的教学资源中获取语文知识。课程标准提倡"用教科书教"，而不是"教教科书"。在语文教学中，教师应结合学习内容，拓宽学习资源，提高学生综合素质。并且要结合生活、应用于生活，达到学以致用的目的。

创造性地使用语文教材，最大限度地整合教学内容，以达到教学效益的最大化是初中语文单元整体教学的最大特点。创造性地使用教材就是指不局限于原有的教科书，在单元课程目标的指引下，找准整合点，或以主题，或以阅读方式，或以某种写作手法，对教材进行大胆地取舍，舍去内容重复以及对单元目标达成作用不大的内容，引入更利于单元目标落实的篇目，特别是每个单元都引入整本书阅读和语文综合性实践活动，表面上看起来舍去了原有教材中的篇目，学习的内容少了，实际上引入的整本书阅读和语文实践活动，让教学内容更广泛了，更精细了，更有针对性了，更有实践性了，更有利于提升学生的语文素养了，更突出以学生为中心、为学生终身发展服务了。

以人教版语文教材七年级下册第四单元为例，该单元的主题是"文化艺术"，所以编者围绕各种艺术形式选择了五篇文章：鲁迅的《社戏》、刘成章的《安塞腰鼓》、丰子恺的《竹影》、冰心的《观舞记》、林嗣环的《口技》。这五篇文章编排上的目的是为了让学生通过阅读文学作品体会戏曲、绘画、舞蹈、民间技艺等多种艺术形式的魅力，在提高文学修养

---

① 倪文锦、谢锡金主编《新编语文课程与教学论》，华东师范大学出版社，2006年版，第61页。

的同时培养学生的艺术情操。但是从单元目标的落实效果看，《竹影》一文无论是从文学角度还是从绘画这一艺术角度表现都不是很鲜明，所以可以只让学生进行自主阅读、有个性化地了解即可。而《社戏》和《安塞腰鼓》这两篇文章无论是从内容上、情感上，还是从文学语言上都不愧是经典之作，需要我们深入学习与研究，反复阅读与品味。《口技》作为初中阶段重要的一篇文言文，无论是从文言的工具性上，还是从内容的人文性上也值得深入学习。所以在单元目标的指引下，我们把本单元的学习整合设计为：

模块一：单元整体预习，处理基础知识与文学常识，对全单元文章进行初步阅读感知，整体把握。

模块二：戏外有戏——艺术与人生。将鲁迅的《社戏》与苏教版王英琦《看社戏》整合阅读，用品读的学习方式，透过文学作品所表达的艺术看人生，体会作者的思想情感。

模块三：戏里有戏——艺术与表达。将《安塞腰鼓》与《观舞记》进行整合阅读，用反复诵读的方式，品味优美的文学作品字里行间所流淌出来的艺术之美，一篇文章两种享受。

模块四：戏里戏外都是戏——语文综合性学习，戏外看戏、听戏、学戏；戏里说戏、评戏、演戏、写戏。

模块五：阅读《梅兰芳传》，举办专题读书交流会，了解京戏艺术家梅兰芳传奇的一生，在阅读文学传记中了解人物、欣赏艺术。

在这五个模块的设计中，处处都体现了整合的思想：课内外同艺术形式不同主题内容的整合，课内同艺术形式不同写作风格的整合，教材学习与生活实践的整合，可以说整合是单元整体教学最大的特点也是最大的优势。另外，对于文言文教学我们一般都是作为单元的重要组成部分单独学习，以诵读为主要方式，以体悟为主要目标，在内容上与单元整体紧密相连，在方法、规律上，初三年几十篇文言文又循序渐进自成体系。

方式的多样性

初中语文单元整体教学是在"和谐高效课堂"这一前提条件下进行的，和谐高效课堂的基本理念就是把课堂还给学生，让学生成为课堂的主人，激发学生学习的热情。"单元整体"更是从"整体"出发，关注学生语文知识、语文能力、语文素养的全面整体的发展。

单元整体教学以学生为中心，从"整体"的角度关注学生的学习方式，每一个模块的学习过程中，都充分落实自主、合作、探究的学习方式。以单元整体预习模块为例：

第一个主要环节：学生首先进行自主预习完成导学案，积累基础知识和文学常识，然后自主阅读，在导学案的引导下，初步感知文本内容，初步有自己个性化的阅读体验。这一环节充分调动了学生自主学习的积极性，在自我学习、自我发现中体会自我的价值。

单元整体教学的自主学习与传统语文教学相比，在强调主动性基础上更强调个体的独立性，它主要表现为独立发现问题的意识，针对语文学习中的问题寻找解决方法的意识，从多角度解读文本的意识，敢于发表不同见解并坚持自己意见的意识，敢于对他人作品与观点进行独立评价的意识。

第二个主要环节：学生针对自主学习中出现的问题进行小组交流，在与他人的合作中解决个人不能解决的问题，也同时用自己的智慧帮助他人解决问题。然后将重点、难点在班内进行展示，在展示中积极探寻问题的答案，通过小组合作，相互质疑、评价，使问题得到解决，规律得到总结，能力得到提升。这一环节处处都体现着合作、探究这两种学习方式的重要价值。

单元整体教学给学生提出了更多有合作价值、有探究意义的问题，因为根据现代教学论的观点，问题才是学习产生的根本原因。在探究学习中，问题既是学习的中心，也是学习的出发点。没有问题就无法有效诱发学生的求知欲，学习活动就无法真正成为学生的内在需要。

单元整体教学在学习过程中给学生提供了更多的体验经历，因为探究学习就是让学生去直接阅读文本，通过亲自查阅资料了解作家，通过亲自分析资料感悟作品，通过主动的分析与研究得出对作品的独特理解，因此，有效地开展探究学习有助于学生语文素养的提高。

当然自主、合作、探究的学习方式不是单一出现在某一个环节，而是贯穿在整个学习过程中，这些多元的学习方式让学生知道了主动学习、独立学习，让学生学会了与人合作，让学生学会了深入分析与研究问题。这些多元的学习方式让大容量的单元整体课程内容得到了更好的落实，从学习习惯和学习能力方面也让学生得到了更全面的发展。

设计的系统性

初中语文单元整体课程是以系统论为理论依据的，系统论强调任何系统都是一个有机的整体，它不是各个部分的机械组合或简单相加，系统中各要素不是孤立地存在着，每个要素在系统中都处于一定的位置上，起着特定的作用，要素之间相互关联，构成了一个不可分割的整体。所以单元整体课程旨在用完整的具体的单元课程体系更有效地实现总的语文课程目标。

首先单元整体课程本身就是一个用三年六个学期三十六个单元的课程目标联系在一起的大的系统。每个单元的每一个小目标都是从大的语文课程目标拆分而来的，都是这一个大体系中不可分割的一部分。

其次，每一个单元课程本身又是一个以单元课程目标为引领的小系统,从单元课程目标到单元课程内容,再到单元课程的具体实施,最后再到单元课程的评价,各部分之间紧密相连,不可分割。

在课程具体实施中我们使用学案导学,导学案的设计同样体现系统性,因为零散的知识是缺乏联系的知识,只有建立起联系的知识才真正能运用,才是有价值的知识。所以在具体教学中,我们的导学案必须帮助学生将知识联系起来,构建知识体系,总结方法规律。

课堂是我们实施课程的主阵地,在课堂教学的具体设计中,也必须体现系统性。从自主预习、初步感知到合作交流、解决疑难,再到展示探究、拓展提升,最后再到评价反馈、灵活运用,这些教学策略既符合学生学习的规律,更将课堂构建成一个完整的活动体系,在这个体系中学生的知识、能力、情感等都能得到全面提升。

所以"初中语文单元整体课程"的四个典型特征充分表明了它是能切实有效地落实语文课程目标的课程,它是能在课堂教学实践中发挥最大效益的课程,它是能从根本上促进学生整体发展的课程。

初中"语文单元整体课程"的框架体系

"初中语文单元整体课程"以落实语文课程总目标,培养有语文能力和语文素养的全面发展的人为目标统筹设计,确定了"课程目标"、"课程实施"、"课程评价"的基本结构,每个部分都包含"教科书"、"读整本书"、"语文综合性实践活动"这三个教学模块。

课程目标

语文课程标准中的总体目标是基于人的终身需要及和谐发展所应具备的综合语文素养而提出的,它是将知识与技能,过程与方法,情感、态度与价值观相互融合在一起的概括性目标。语文课程标准中的学段目标对初中三年的语文教学从识字与写字、阅读、写作、口语交际、综合性学习五个方面进行具体要求,学段目标虽然比总体目标细化和具体化了,但是对于指导一线教师的每一单元甚至每一节还是不够明确。

初中语文单元整体课程目标是在语文课程理念指导下,结合语文教学的实际情况,结合学生的发展情况,将语文课程标准中提出的总目标及学段课程目标细化、具体化,并按照初中三年六个学期三十六个单元的方式进行了编排。在单元整体目标中既有对识字与写字、阅读、写作、口语交际、综合性学习五个方面的具体要求，还有对学习习惯、学习方法策略的具体体现，当然更有对品德修养、审美情趣、良好个性和健全人格的明确要求。最重要的是为了更好地实现提高学生语文素养这一最终目标，还特别引入整本书阅读目标，对不同年段的学生的阅读策略和阅读能力作出了不同的要求。例如：

七年级上学期

第一单元

1. 能在老师的周读书计划指导下，用精读的方式阅读《爱的教育》，能在每天的读书时间积累好词好句，能随时在书的旁边写下几句自己的感悟。

2. 能有自己喜欢的人物并能从书中找到喜欢的理由，能有自己成长的收获，并能以读后感的形式写出自己的收获，能在读书交流会上积极发言。

七年级下学期

第一单元

1. 能在老师周读书计划的指导下，用精读与品读的方式阅读《城南旧事》，能在每天的读书时间积累精彩片段，能随时用圈点勾画的方法作批注。

2. 能理清故事情节，能概括主人公英子童年经历的故事，并能有自己个性化的体验，能把自己的童年生活与英子的童年生活进行对比，有所感悟，并能写成文章，能在读书交流会上大胆展示。

八年级上学期

第一单元

1. 能在老师周读书计划的指导下,用精读与品读的方式阅读《钢铁是怎样炼成的》,能在每天的读书时间积累精彩语句,并能对精彩片段进行赏析。

2. 能从整体上把握全书的结构,理清故事情节。尤其是能认识保尔这一英雄形象,能分析人物的性格,感悟作品主题,并能将自己的感悟写成文章,能在专题性读书交流会上发表自己的见解。

八年级下学期

第一单元

1. 能在老师周读书计划的指导下,用精读与品读的方式阅读《假如给我三天光明》,能在每天的读书时间积累精彩语句,并能对精彩片段进行品读赏析。

2. 能理清内容情节,感受人物的精神力量,并能将文本与自己的思想发生碰撞,能从不同的角度解读作品,并写成文章表达自己的感悟。能在手抄报评比、读书报告会等多种活动中展示自己。

九年级上学期

第一单元

1. 能在老师周读书计划的指导下,用朗诵赏析与研读的方式阅读《毛泽东诗词》,能在每天读书时间积累名篇,并能对名篇名句作出赏析。

2. 能背诵经典名篇,在品味诗词语言的基础上感受诗人的情怀。并尝试为诗歌分类,做专题性研究,并写出研究内容,并能在读书交流会上用多种形式展示自己的感受。

九年级下学期

第一单元

1. 能在老师周读书计划的指导下,用精读与研读的方式阅读《格列佛游记》,能在每天读书时间积累精彩片段,并能对精彩片段作出赏析。

2. 能在理清故事情节、分析人物形象的基础上把握小说的主题。能结合文本,研究体会小说的艺术特色,能从小说的社会背景、人物、情节、主题、语言、结构、手法等不同的角度选择专题进行研读,写出研读报告,并积极进行展示。

从上面的示例我们可以清楚地感受到,虽然仅仅是每一个学期第一单元的整本书阅读的目标,但它已经表现出了我们的单元整体课程目标的特点和优势。无论是习惯养成、学习策略还是目标的达成度,单元整体目标都作出了明确要求,而且根据学生认知程度、学习能力的不同,在三年六个学期中还表现出了发展性与系统性。比如学习方式:初一以精读与欣赏为主,初二以精读与品味为主,初三以精读与探究为主,当然方法不是唯一不变的。年级段不同,学生水平不同,学习的策略、目标达成度当然也不同。

课程目标的细化和具体化,让教师在具体的课堂教学实践中明晰了每一个单元的课程目标,并且在具体的教学中总能看到语文课程总目标的影子,不至于在日复一日的教学中丢失了语文课程的最终目的。

课程目标的细化和具体化,让教师在具体的课堂教学实践中能更有效地整合课程内容,设计实施策略,从而实现课堂的和谐高效,真正发挥学生的主体作用,让学生成为学习的主人,促进学生的全面发展。

课程实施

课程的实施是课程目标的具体落实，它主要体现在我们平时的课堂教学上。初中语文单元整体课程的实施，以单元为单位，将单元整体课程实施分为教科书教学、读整本书教学、语文综合性实践活动这三个部分，并作为一个单元的整体，按步骤来实施。

虽然单元整体在构建课程内容时的整合点不同，有的是增加，有的是减少，有的是扩展，有的是深入，有的是合并，有的是分类，有的是比同，有的是存异……但实施中我们都按照整体思路进行教学实施，按照学生认知的规律和学习方式，将整个单元教学分成了不同的几个模块组织教学。

在教科书教学中为了更好地发挥教师和学生双方在教学中的主动性和创造性，更好地培养学生的创新精神和实践能力，我们在高效课堂建设的前提下，将教学设计变成引领学生全过程自主、合作、探究学习的学案设计。

在长期的教学实践中，我们确定了基本的设计模板，教师面对不同的单元内容，只要按照从整体出发的理念，按照这样的模板进行设计和教学便可。在学案设计中，强调了学生学习什么、怎样学、学到什么程度，并且将教材中直接的知识呈现变成了各种具体情境下的各种层次的问题。事实证明，这样的设计不但能使教学目标更加清晰，而且能时刻以学生为中心，促进教学目标的全面有效落实。

下面通过一个单元的教学设计模板来说明单元整体课程是如何实施的。

第一部分：单元导读

单元整体构想

单元目标

第二部分:教科书教学设计

模块一 单元整体预习

从整体上对整个单元的内容进行全面预习,指导学生自主阅读文本,解决基础知识方面的问题,积累字词及文学常识。初步感知文本,在整体了解的基础上有自己个性化的阅读感受。

模块二 内容与主题

通过指导学生多种方式的阅读和完成各种引导性问题,激发学生深入研读文本,在理解内容的基础上,把握文章的主题,读出自己个性化的见解。

模块三 语言与手法

指导学生用多种方式阅读,在品味语言中,体会语言文字的魅力。指导学生在反复的研究文本中,掌握多种写作手法,并能灵活运用。

第三部分:整本书阅读教学设计

让学生阅读与本单元教学有关的一本书(或是内容主题相同、或是写作手法一致、或是本单元一位作家的作品、或是同一种文学风格的作品),来对本单元学习的内容加以拓展与延深,更好地开阔学生视野,增加学生积累,提升学生的阅读能力,提高学生的语文素养。

第四部分:语文综合性实践活动教学设计

设计与学生生活密切联系的各种实践活动,让学生在各种活动的体验过程中,既掌握知识更掌握方法,既学会合作更学会探究,既积极实践更学会应用。

模块式教学不是单一的僵化的教学形式,它表现的是我们一般的教学实施过程,是我们的单元整体课程实施的一般设计思路。所以它也会根据单元内容的实际,学生学习的实际,课堂教学的实际,进行恰当有效的调整。

当然这些设计也不是静止不动的，它会随着我们单元整体课程研究的深入和实践的检验而进一步发展、完善，但是我们单元整体的思想理念是不会改变的，它只会在无数次的教学实践中越来越成熟。

课程评价

语文课程标准评价建议指出：语文课程评价的根本目的是为了促进学生学习、改善教学。语文课程评价应准确反映学生的学习水平和学习状况，全面落实语文课程目标。应充分发挥语文课程评价的多重功能，恰当运用多种评价方式，注重评价主体的多元与互动，突出语文课程评价的整体性与综合性。要根据不同年龄学生的学习特点，按照不同学段的课程目标，抓住关键，突出重点，采用合适方式，提高评价效率。

初中语文单元整体课程课程评价部分主要包括形成性评价和终结性评价。

形成性评价多以个人或小组的形式呈现，包括个人自评、小组互评、教师评价三种形式。我们把学生个人评价放在第一位，强调学生在学习过程中能随时对自己的学习习惯、学习策略、学习能力进行评价，让他们通过自我评价养成自我反思的习惯，养成主动学习的意识。在小组互评、教师评价中，学生可以正确认识自己，相互学习，激发学习的热情与积极性，所以形成性评价表现在我们课堂教学实施的全过程中。

终结性评价是以"测评"的方式实现的，在实施过程中以每个模块最后的拓展训练和单元整体反馈测试相结合的方式进行。评价内容包括识字与写字、文学常识、阅读、写作、整本书阅读、综合性实践活动，评价的内容与我们课程实施内容一一对应，这就更全面、更准确地表现了课程目标的达成情况。并且每一项评价都包括评价目标、评价内容、评价方法三部分，而且在评价方法中又详细地分了不同的等级。这就让评价体系更全面、更准确、更能针对所有学生，体现不同的学生个体。

　　当然，初中语文单元整体课程也仅仅是一个框架体系而已，在现实的教学中它还会受到很多条件如教学时间、教学对象、学校实际等的影响，在实际教学中它还会受到教师个人素质的影响。所以初中语文单元整体课程的全面落实还需要学校、教师、学生、家长等所有教育参与者的共同努力。

初中"语文单元整体课程"实施保障

初中语文单元整体课程是从课堂教学实践中研究而来的,也要再回到实际的课堂教学中去,只有在课堂教学实际中有效实施才能将初中语文单元整体课程转化成教学效益。所以为保证单元整体课程的有效落实,我们从以下几个方面进行了保障。

课时保障

为了保障单元整体课程的全面实施,尤其是保障整本书阅读的落实,我们在课时上专门做了有关规定与安排:

1. 每周在语文课时安排上,排两节连堂课,单周实践活动课,双周写作讲评课。

2. 每天安排二十五分钟的读书时间,学生在周读书计划的指导下进行整本书阅读。

3. 单周周日上午两节读书课,专门用来整理读书笔记和写作读书感悟。

4. 单周周日下午三节课,专门用来进行班级读书交流会或年级、学校举行的大型读书报告会。

有了充足的课时保障,整本书阅读才能真正地得以落实,尤其是将阅读、写作、活动的时间固定化，加强了读写用的结合，真正地让整本书教学成为我们单元整体课程的一个重要部分，真正将课堂教学与阅读、实践整合一体，真正落实了提升学生语文素养的目标。

研究保障

给予课时上的保障仅仅是课程实施的第一步，课程的实践者是教师，教师的专业水平影响着我们的单元整体课程的落实，不断提高教师的专业水平、研究意识也是单元整体课程实施的关键。

所以用研究的方式对待教学中的一切问题是我们的又一个有力保障。我们从单元整体教学研究开始就将这一研究课题申请为校级课题，用课题研究的方式来营造浓厚的研究氛围。

边研究边实践，开学初我们就制订好课程实施计划，然后针对计划每位教师都上研讨课，听课时把发现的问题在学科组内深入研究分析，找出解决办法和改进措施，然后在修改的基础上再进行课堂研讨，听课后再在学科组内进行集中讨论，总结提升。在两轮课堂研讨和两轮集中交流中课程计划得到了全面落实，问题得到了及时发现，尤其是得到了及时解决，而且在不断的课堂研讨中单元整体课程得到了迅速的完善与改进，越来越具有实践性。

除了针对具体实施的课堂研讨外，为了不断提高教师的研究水平，我们还定期举行教师专业理论学习和专题培训。正因为我们把初中语文单元整体课程放在研究的角度上，所以它才能得以生根、发芽，将来也会在我们一如既往的深入研究中长成参天大树，结出丰硕的果实。

评价保障

课程实施的评价直接影响到单元整体课程实施的深度和广度，尤其是课程目标的达成度。对于初中的学生来说，还有很重要的一点就是课程的实施有没有真正提高他们的语文能力与语文修养，面对考试他们掌握的语文方法、具有的语文能力能否变成可喜的语文成绩。如果这一现实问题得不到解决，我们的单元整体课程就无法得到真正落实。面对这些问题，我们也制订了一系列评价措施来保障单元整体课程的有效实施。

1. 课程计划的评价

所有老师在上课前要先将每个单元的课程计划制订好，学部进行统一评价，以保障教师能按计划有目的有步骤地实施。

2. 导学案设计评价

学生学习的主线图就是导学案，它是单元整体课程在课堂上具体实施的关键，也是引导学生自主学习的依据。所以定期对教师的导学案进行评价也是单元整体课程能有效实施的有力保障。

3. 课堂评价

课堂是教学的主阵地，也是单元整体课程实施的关键所在，所以课堂教学也是我们评价的重要内容。由学部成立专门的评价小组对课堂进行全面评价，既评价教师课堂教学的落实，更评价学生学习的状态。课堂教学的及时评价有效地促进了单元整体课程的实施。

4. 统一的诊断性评价和终结性评价

每学期进行四次以学生学科素养和学习能力为核心的统一评价，落实对单元整体课程实施的评价。当然在评价什么、怎么评价、成绩怎样反馈上都进行了深入的研究，一改以往只考查知识点的传统评价，更多地侧重于能力的评价、规律的应用、个性化的理解与表达。

多种评价方式，让我们有效地落实了单元整体课程，也让我们及时发现了实施过程中存在的问题，并及时解决了问题。相信有评价的保障，初中语文单元整体课程在实践的路上会越走越远。

初中语文单元整体课程的提出，经历了由"教学到课程"，再由"课程到教学"的过程，在一来一往中，我们看到的不再是简单的知识与方法，而是一种语文教育的思想。我们的课程建设正是这种教育思想的具体体现。

伴随单元整体课程的实施，我们惊喜地发现，真正指导我们这些语文教师教学的是好的教育理念，当这些教育理念落实到学生身上的时候，它就是最好的课程。当然，当我们能把这些教育理念灵活运用的时候，教学才真正能达到"信马由缰"的教学境界。相信我们这些一直实践在教学一线的语文教师们，会在单元整体课程实施的路上努力前行，实现自己的教育理想。

第二篇
课程目标

  初中语文单元整体课程目标是在语文课程理念指导下，结合语文教学的实际情况，结合学生的发展情况，将语文课程标准中提出的总目标及学段课程目标细化、具体化。在单元整体目标中既有对识字与写字、阅读、写作、口语交际、综合性学习五个方面的具体要求，还有对学习习惯、学习方法策略的具体体现，当然更有对品德修养、审美情趣、良好个性和健全人格的明确要求。

初中语文单元整体课程总目标

识字与写字

1. 能熟练地使用字典、词典独立识字，会用多种检字方法。累计认识常用汉字 3500 个左右。

2. 在使用硬笔熟练地书写正楷字的基础上，学写规范、通行的行楷字，提高书写的速度。

3. 临摹名家书法，体会书法的审美价值。

4. 写字姿势正确，有良好的书写习惯。

阅读

1. 能用普通话正确、流利、有感情地朗读。

2. 养成默读习惯，有一定的速度，阅读一般的现代文，每分钟不少于 500 字。能较熟练地运用略读和浏览的方法，扩大阅读范围。

3. 在通读课文的基础上，理清思路，理解、分析主要内容，体味和推敲重要词句在语言环境中的意义和作用。

4. 对课文的内容和表达有自己的心得，能提出自己的看法，并能运用合作的方式，共同探讨、分析、解决疑难问题。

5. 在阅读中了解叙述、描写、说明、议论、抒情等表达方式。

6. 能够区分写实作品与虚构作品，了解诗歌、散文、小说、戏剧等文学体裁。

7. 欣赏文学作品，有自己的情感体验，初步领悟作品的内涵，从中获得对自然、社会、人生的有益启示；对作品中感人的情境和形象，能说出自己的体验；品味作品中富于表现力的语言。

8. 阅读简单的议论文，区分观点与材料（道理、事实、数据、图表等），发现观点与材料之间的联系，并通过自己的思考，作出判断。阅读新闻和说明性文章，能把握文章的基本观点，获取主要信息。阅读科技作品，还应注意领会作品中所体现的科学精神和科学思想方法。阅读由多种材料组合、较为复杂的非连续性文本，能领会文本的意思，得出有意义的结论。

9. 诵读古代诗词，阅读浅易文言文，能借助注释和工具书理解基本内容。注重积累、感悟和运用，提高自己的欣赏品位。

10. 随文学习基本的词汇、语法知识，用来帮助理解课文中的语言难点；了解常用的修辞方法，体会它们在课文中的表达效果；了解课文涉及的重要作家作品知识和文化常识。

11. 能利用图书馆、网络搜集自己需要的信息和资料，帮助阅读。

12. 学会制订自己的阅读计划，广泛阅读各种类型的读物，课外阅读总量不少于260万字，每学年阅读两三部名著；背诵优秀诗文80篇（段）。

写作

1. 写作要有真情实感，力求表达自己对自然、社会、人生的感受以及体验和思考。

2. 多角度观察生活，发现生活的丰富多彩，能抓住事物的特征，有自己的感受和认识，表达力求有创意。

3. 注重写作过程中搜集素材、构思立意、列纲起草、修改加工等环节，提高独立写作的能力。

4. 写作时考虑不同的目的和对象；根据表达的需要，围绕表达中心，选择恰当的表达方式；合理安排内容的先后和详略，条理清楚地表达自己的意思；运用联想和想象，丰富表达的内容；正确使用常用的标点符号。

5. 写记叙性文章，表达意图明确，内容具体充实；写简单的说明性文章，做到明白清楚；写简单的议论性文章，做到观点明确，有理有据；根据生活需要，写常见应用文。

6. 能从文章中提炼主要信息，进行缩写；能根据文章的基本内容和自己的合理想象，进行扩写；能变换文章的文体或表达方式等，进行改写。

7. 根据表达的需要，借助语感和语文常识，修改自己的作文，做到文从字顺；能与他人交流写作心得，互相评改作文，以分享感受，沟通见解。

8. 作文每学年一般不少于14次，其他练笔不少于1万字，45分钟内能完成不少于500字的习作。

口语交际

1. 注意对象和场合，学习文明得体地交流。

2. 耐心专注地倾听，能根据对方的话语、表情、手势等，理解对方的观点和意图。

3. 自信、负责地表达自己的观点，做到清楚、连贯、不偏离话题。

4. 注意表情和语气，根据需要调整自己的表达内容和方式，不断提高应对能力，增强感染力和说服力。

5. 讲述见闻，内容具体、语言生动；复述转述，完整准确、突出要点；能就适当的话题作即席讲话和有准备的主题演讲，有自己的观点，有一定说服力。

6. 讨论问题，能积极发表自己的看法，有中心、有根据、有条理；能听出讨论的焦点，并能有针对性地发表意见。

综合性学习

1. 自主组织文学活动，在办刊、演出、讨论等活动过程中，体验合作与成功的喜悦。

2. 能提出学习和生活中感兴趣的问题，共同讨论，选出研究主题，制订简单的研究计划；能从书刊或其他媒体中获取有关资料，讨论分析问题，独立或合作写出简单的研究报告。

3. 关心学校、本地区和国内外大事，就共同关注的热点问题，搜集资料，调查访问，相互讨论，能用文字、图表、图画、照片等展示学习成果。

4. 掌握查找资料、引用资料的基本方法，分清原始资料与间接资料的主要差别，学会注明所援引资料的出处。

初中语文单元整体课程学段目标

七年级上学期

第一节　教科书课程目标

一、识字与写字目标

1. 能熟练使用字典、词典独立识字，会用多种检字方法；累计认识常用汉字 500 个左右。

2. 在使用硬笔熟练地书写正楷字的基础上，学写规范、通行的行楷字。

3. 临摹名家书法，体会书法的审美价值。

4. 写字姿势正确，有良好的书写习惯。

二、阅读目标

1. 能用普通话正确、流利、有感情地朗读，把握朗读的重音、停顿和节奏。

2. 养成默读的习惯，有一定速度，阅读一般的现代文，每分钟不少于 250 字。

3. 在通读课文的基础上，理清思路，理解、分析主要内容，体味和推敲重要词句在语言环境中的意义和作用。

4. 对课文的内容和表达有自己的心得，能提出自己的看法，并能运用合作的方式，共同探讨、分析、解决疑难问题。

5. 在阅读中了解叙述、描写、说明、议论、抒情等表达方式。

6. 阅读诗歌和散文，初步领悟课文的内涵，从中获得对自然、社会、人生的有益启示；对作品中感人的情境和形象，能说出自己的体验；品味作品中凝练、富于表现力的语言；阅读童话和寓言，理解课文寓意，培养联想和想象的能力；体验诗意的生活。

7. 诵读古代诗词，阅读浅显文言文，能借助注释和工具书理解基本内容；注重积累、感悟和运用，提高自己的欣赏品位。

8. 了解常用的修辞方法，体会它们在课文中的表达效果；了解课文涉及的重要作家作品知识和文化常识。

9. 能利用图书馆、网络搜集自己需要的信息和资料，帮助阅读。

三、写作目标

1. 写作要有真情实感，力求表达自己对自然、社会、人生的感受、体验和思考。

2. 多角度观察生活，发现生活的丰富多彩，能抓住事物的特征，有自己的感受和认识，表达力求有创意。

3. 注重写作过程中搜集素材、构思立意、列纲起草等环节，培养独立写作能力。

4. 正确使用常用的标点符号。

5. 写作记叙类文章，内容具体充实，条理清晰，详略得当，以记叙为主，合理使用议论、抒情来突出中心。

6. 写作写景类文章，抓住景物特征，条理清晰，生动形象，合理运用联想和想象，以描写为主，情景交融。

7. 学习写通知和启事。

8. 能从文章中提取主要信息，进行缩写。

9. 作文不少于 14 次，其他练笔不少于 3000 字，45 分钟能完成不少于 300 字的习作。

四、口语交际目标

1. 注意对象和场合，学会文明得体地交流。

2. 耐心专注地倾听，能根据对方的话语、表情、手势等，理解对方的观点意图。

3. 准确地表达自己的观点，做到清楚、连贯、不偏离话题。

4. 讲述见闻，内容具体；复述转述，完整准确。

5. 讨论问题，能发表自己的看法，有中心、有根据；能听出讨论的焦点，并能发表意见。

第二节　读整本书课程目标

1. 能熟练地使用字典、词典独立识字，会用多种检字方法。

2. 养成默读的习惯，有一定的速度，阅读一般的现代文，每分钟不少于 350 字。

3. 在阅读中了解叙述、描写、说明、议论、抒情等表达方式。

4. 阅读诗歌和散文，有自己的情感体验，初步领悟作品的内涵，从中获得对自然、社会、人生的有益启示；对作品中感人的情境和形象，能说出自己的体验；品味作品中富于表现力的语言；阅读童话和寓言，理解作品寓意，培养联想和想象的能力；体验诗意的生活。

5. 能独立完成人物评论不少于 3 篇，读书笔记不少于 1 万字，读后感不少于 3 篇。

6. 根据所读内容及时开展班级读书交流会，承办一次年级组大型读书交流会。

7. 本学期共读书 16 本，其中研读一本，精读 5 本，泛读 10 本。

第三节　语文实践活动课程目标

1. 积极参加学校组织的语文活动，在办报、演出、讨论等活动过程中，体验合作与成功的喜悦。

2. 能提出学习和生活中感兴趣的问题，共同讨论，选出研究主题，制订简单的研究计划；能从书刊或其他媒体中获取有关资料，讨论分析问题，合作写出简单的研究报告。

3. 关心学校、本地区和国内外大事，就共同关注的热点问题，搜集资料，调查访问，相互讨论，能用文字、图表、图画、照片等展示学习成果。

4. 掌握查找资料、引用资料的基本方法，分清原始资料与间接资料的主要差别，学会注明所援引资料的出处。

七年级下学期

第一节　教科书课程目标

一、识字与写字目标

1. 能熟练地使用字典、词典独立识字，会用多种检字方法；累计认识常用汉字 500 个左右，并能准确书写。

2. 在使用硬笔熟练地书写正楷字的基础上，学写规范、通行的行楷字。

3. 临摹名家书法，体会书法的审美价值。

4. 写字姿势正确，有良好的书写习惯。

二、阅读目标

1. 能用普通话正确、流利、有感情地朗读，把握朗读的重音、停顿和节奏。

2．养成默读的习惯，有一定速度，阅读一般的现代文，每分钟不少于400字。

3．在通读课文的基础上，理清思路，理解、分析主要内容，体味和推敲重要词句在语言环境中的意义和作用。

4．对课文的内容和表达有自己的心得，并能运用合作的方式，共同探讨、分析、解决疑难问题。

5．在阅读中了解叙述、描写、说明、议论、抒情等表达方式。

6．阅读散文和小说，初步领悟作品的内涵，从中获得对自然、社会、人生的有益启示；对作品中感人的情境和形象，能说出自己的体验，品味作品中富于表现力的语言。

7．阅读人物传记和报告文学，能理解作品中人物的精神和思想，学习杰出人物的优秀品质。

8．阅读说明性文章，能把握文章的基本观点，获取主要信息。

9．诵读古代诗词，阅读浅显文言文，能借助注释和工具书理解基本内容；注重积累、感悟和运用，提高自己的欣赏品位。

10．学习汉语实词词类知识，用来帮助理解课文中的语言难点；了解常用的修辞方法，体会它们在课文中的表达效果；了解课文涉及的重要作家作品知识和文化常识。

11．能利用图书馆、网络搜集自己需要的信息和资料，帮助阅读。

三、写作目标

1．写作要有真情实感，力求表达自己对自然、社会、人生的感受、体验和思考。

2．多角度观察生活，发现生活的丰富多彩；能抓住事物的特征，有自己的感受和认识，表达力求有创意。

3．注重写作过程中搜集素材、构思立意、列纲起草等环节，培养独立的写作能力。

4. 正确使用常用的标点符号。

5. 写作记叙类文章，要把握人物性格，围绕中心选材，内容具体充实，条理清晰，详略得当，以记叙为主，合理使用议论、抒情来突出中心。

6. 写简单的说明性文章，做到条理清晰，语言准确，明白清楚。

7. 学习写请假条和申请书。

8. 能根据文章的基本内容和自己的合理想象，进行扩写。

9. 作文不少于14次，其他练笔不少于3000字，45分钟能完成不少于350字的习作。

四、口语交际目标

1. 注意对象和场合，学习文明得体地交流。

2. 耐心专注地倾听，能根据对方的话语、表情、手势等，理解对方的观点意图。

3. 准确、自信地表达自己的观点，做到清楚、连贯、不偏离话题。

4. 注意表情和语气，根据需要调整自己的表达内容和方式。

5. 讲述见闻，内容具体、语言生动。复述转述，完整准确、突出要点。

6. 讨论问题，能发表自己的看法，有中心、有根据、有条理。能听出讨论的焦点，并能发表个人意见。

第二节　读整本书课程目标

1. 能熟练地使用字典、词典独立识字，会用多种检字方法。

2. 养成默读习惯，有一定速度，阅读一般的现代文，每分钟不少于400字。

3. 在阅读中了解叙述、描写、说明、议论、抒情等表达方式。

4. 阅读小说，结合自己的情感体验，初步领悟作品的内涵，从中获得对自然、社会、人生的有益启示；对作品中感人的情境和形象，能说出自己的心得和体会，品味作品中富于表现力的语言；阅读科普读物，开阔视野，品味学习准确、简洁、生动的语言。

5. 能独立完成人物评论不少于3篇，读书笔记不少于1万字，读后感不少于3篇。

6. 根据所读内容及时开展班级读书交流会，承办一次年级组大型读书交流会。

7. 本学期共读书16本，其中研读一本，精读5本，泛读10本。

第三节 语文实践活动课程目标

1. 积极参加学校组织的语文活动，在办报、演出、讨论等活动过程中，体验合作与成功的喜悦。

2. 能提出学习和生活中感兴趣的问题，共同讨论，选出研究主题，制订简单的研究计划；能从书刊或其他媒体中获取有关资料，讨论分析问题，合作写出简单的研究报告。

3. 关心学校、本地区和国内外大事，就共同关注的热点问题，搜集资料，调查访问，相互讨论，能用文字、图表、图画、照片等展示学习成果。

4. 掌握查找资料、引用资料的基本方法，分清原始资料与间接资料的主要差别，学会注明所援引资料的出处。

八年级上学期

第一节 教科书课程目标

一、识字与写字目标

1. 能熟练地使用字典、词典独立识字,会用多种检字方法;累计认识常用汉字 700 个左右,并能准确书写。

2. 在使用硬笔熟练地书写正楷字的基础上,学写规范、通行的行楷字,并提高书写速度。

3. 临摹名家书法,体会书法的审美价值。

4. 写字姿势正确,有良好的书写习惯。

二、阅读目标

1. 能用普通话正确、流利、有感情地朗读,把握朗读的重音、停顿和节奏。

2. 养成默读习惯,有一定速度,阅读一般的现代文,每分钟不少于 450 字。

3. 在通读课文的基础上,理清思路,理解、分析主要内容,体味和推敲重要词句在语言环境中的意义和作用。

4. 对课文的内容和表达有自己的心得,能提出自己的看法,并能运用合作的方式,共同探讨、分析、解决疑难问题。

5. 在阅读中了解叙述、描写、说明、议论、抒情等表达方式。

6. 能够区分写实作品与虚构作品。

7. 阅读写人记叙文,能把握人物性格,学习人物身上的优秀品质,体会生活的艰辛,获得更多人生启示;对作品中感人的情境和形象,能说出自己的体验;品味作品中富于表现力的语言。

8. 阅读新闻和说明性文章，能把握文章的基本观点，获取主要信息；阅读科技作品，还应注意领会作品中所体现的科学精神和科学思想方法。

9. 诵读古代诗词，阅读浅显文言文，能借助注释和工具书理解基本内容；注重积累、感悟和运用，提高自己的欣赏品位。

10. 学习汉语虚词词类知识，用来帮助理解课文中的语言难点；了解常用的修辞方法，体会它们在课文中的表达效果；了解课文涉及的重要作家作品知识和文化常识。

11. 能利用图书馆、网络搜集自己需要的信息和资料，帮助阅读。

三、写作目标

1. 写作要有真情实感，力求表达自己对自然、社会、人生的感受、体验和思考。

2. 多角度观察生活，发现生活的丰富多彩，能抓住事物的特征，有自己的感受和认识，表达力求有创意。

3. 注重写作过程中搜集素材、构思立意、列纲起草、修改加工等环节，提高独立写作能力。

4. 正确使用常用的标点符号。

5. 写作记叙类文章，要把握人物性格，围绕中心选材，内容具体充实，条理清晰，详略得当，以记叙为主，合理使用议论、抒情来突出中心。

6. 写简单的说明性文章，做到条理清晰，语言准确，明白清楚。

7. 学习写感谢信、表扬信。

8. 能变换文章的文体或表达方式等，进行改写。

9. 根据表达的需要，借助语感和语文常识，修改自己的作文，做到文从字顺。

10. 作文不少于14次，其他练笔不少于3000字，45分钟能完成不少于 400 字的习作。

四、口语交际目标

1. 注意对象和场合，学习文明得体地交流。

2. 耐心专注地倾听，能根据对方的话语、表情、手势等，理解对方的观点意图。

3. 自信、负责地表达自己的观点，做到清楚、连贯、不偏离话题。

4. 注意表情和语气，根据需要调整自己的表达内容和方式，提高应对能力。

5. 讲述见闻，内容具体、语言生动；复述转述，完整准确、突出要点；能就适当的话题作有准备的主题演讲，有自己的观点，有一定说服力。

6. 讨论问题，能积极发表自己的看法，有中心、有根据、有条理。能听出讨论的焦点，并能针对性地发表意见。

第二节 读整本书课程目标

1. 能熟练地使用字典、词典独立识字，会用多种检字方法。

2. 养成默读习惯，有一定速度，阅读一般的现代文，每分钟不少于 450 字。

3. 在阅读中了解叙述、描写、说明、议论、抒情等表达方式。

4. 欣赏文学作品，有自己的情感体验，初步领悟作品的内涵，从中获得对自然、社会、人生的有益启示；对作品中感人的情境和形象，能说出自己的体验，品味作品中富于表现力的语言；阅读科普读物，开阔视野，品味学习准确、简洁、生动的语言；阅读文化散文，读懂作者的思想、观点，体会作品中蕴含的人生哲理。

5. 能独立完成人物评论不少于 3 篇，读书笔记不少于 1 万字，读后感不少于 3 篇。

6. 根据所读内容及时开展班级读书交流会，承办一次年级组大型读书交流会。

7. 本学期共读书 16 本，其中研读一本，精读 5 本，泛读 10 本。

第三节　语文实践活动课程目标

1. 自主组织语文活动，在办刊、演出、讨论等活动过程中，体验合作与成功的喜悦。

2. 能提出学习和生活中感兴趣的问题，共同讨论，选出研究主题，制定简单的研究计划；能从书刊或其他媒体中获取有关资料，讨论分析问题，独立或合作写出简单的研究报告。

3. 关心学校、本地区和国内外大事，就共同关注的热点问题，搜集资料，调查访问，相互讨论，能用文字、图表、图画、照片等展示学习成果。

4. 掌握查找资料、引用资料的基本方法，分清原始资料与间接资料的主要差别，学会注明所援引资料的出处。

八年级下学期

第一节　教科书课程目标

一、识字与写字目标

1. 能熟练地使用字典、词典独立识字，会用多种检字方法；累计认识常用汉字 700 个左右，并能准确书写。

2. 在使用硬笔熟练地书写正楷字的基础上，学写规范、通行的行楷字，并提高书写速度，积极参加硬笔书法比赛。

3. 临摹名家书法，体会书法的审美价值。

4. 写字姿势正确,有良好的书写习惯。

二、阅读目标

1. 能用普通话正确、流利、有感情地朗读,把握朗读的重音、停顿和节奏。

2. 养成默读的习惯,有一定速度,阅读一般的现代文,每分钟不少于 500 字。

3. 在通读课文的基础上,理清思路,理解、分析主要内容,体味和推敲重要词句在语言环境中的意义和作用。

4. 对课文的内容和表达有自己的心得,能提出自己的看法,并能运用合作的方式,共同探讨、分析、解决疑难问题。

5. 在阅读中了解叙述、描写、说明、议论、抒情等表达方式。

6. 阅读散文和小说,有自己的情感体验,初步领悟作品的内涵,从中获得对自然、社会、人生的有益启示;对作品中感人的情境和形象,能说出自己的体验,品味作品中富于表现力的语言。

7. 阅读说明性文章,能把握文章的基本观点,获取主要信息。

8. 诵读古代诗词,阅读浅显文言文,能借助注释和工具书理解基本内容;注重积累、感悟和运用,提高自己的欣赏品位。

9. 随文学习短语结构类型、句子成分、标点符号用法等基本的词汇、语法知识,用来帮助理解课文中的语言难点;了解常用的修辞方法,体会它们在课文中的表达效果;了解课文涉及的重要作家作品知识和文化常识。

10. 能利用图书馆、网络搜集自己需要的信息和资料,帮助阅读。

三、写作目标

1. 写作要有真情实感,力求表达自己对自然、社会、人生的感受、体验和思考。

2. 多角度观察生活,发现生活的丰富多彩,能抓住事物的特征,有自己的感受和认识，表达力求有创意。

3．注重写作过程中搜集素材、构思立意、列纲起草、修改加工等环节，提高独立写作能力。

4．正确使用常用的标点符号。

5．写作记叙类文章，要把握人物性格，围绕中心选材，内容具体充实，条理清晰，详略得当，以记叙为主，合理使用议论、抒情来突出中心。

6．写作写景类文章，抓住景物特征，条理清晰，生动形象，合理运用联想和想象，以描写为主，情景交融。

7．写简单的说明性文章，做到条理清晰，语言准确，明白清楚。

8．学习写书信。

9．能变换文章的文体或表达方式等，进行改写。

10．根据表达的需要，借助语感的语文常识，修改自己的作文，做到文从字顺；能与他人交流写作心得，互相评改作文，以分享感受，沟通见解。

11．作文不少于 14 次，其他练笔不少于 3000 字，45 分钟能完成不少于 450 字的习作。

四、口语交际目标

1．注意对象和场合，学习文明得体地交流。

2．耐心专注地倾听，能根据对方的话语、表情、手势等，理解对方的观点意图。

3．自信、负责地表达自己的观点，做到清楚、连贯、不偏离话题。

4．注意表情和语气，根据需要调整自己的表达内容和方式，提高应对能力，增强感染力和说服力。

5．讲述见闻，内容具体、语言生动。复述转述，完整准确、突出要点；能就适当的话题作有准备的主题演讲，有自己的观点，有较强说服力。

6. 讨论问题，能积极发表自己的看法，有中心、有根据、有条理；能听出讨论的焦点，并能针对性地发表意见。

第二节　读整本书课程目标

1. 能熟练地使用字典、词典独立识字，会用多种检字方法。

2. 养成默读的习惯，有一定速度，阅读一般的现代文，每分钟不少于500字。

3. 在阅读中了解叙述、描写、说明、议论、抒情等表达方式。

4. 阅读人物传记，能理解作品中人物的精神和思想，学习杰出人物的优秀品质。欣赏文学作品，有自己的情感体验，初步领悟作品的内涵，从中获得对自然、社会、人生的有益启示；对作品中感人的情境和形象，能说出自己的体验，品味作品中富于表现力的语言；阅读国学经典，准确理解作品内容，汲取传统文化精华，积累吟诵经典语句。

5. 能独立完成人物评论不少于3篇，读书笔记不少于1万字，读后感不少于3篇。

6. 根据所读内容及时开展班级读书交流会，承办一次年级组大型读书交流会。

7. 本学期共读书16本，其中研读一本，精读5本，泛读10本。

第三节　语文实践活动课程目标

1. 自主组织语文活动，在办刊、演出、讨论等活动过程中，体验合作与成功的喜悦。

2. 能提出学习和生活中感兴趣的问题，共同讨论，选出研究主题，制订简单的研究计划；能从书刊或其他媒体中获取有关资料，讨论分析问题，独立或合作写出简单的研究报告。

3. 关心学校、本地区和国内外大事，就共同关注的热点问题，搜集资料，调查访问，相互讨论，能用文字、图表、图画、照片等展示学习成果。

4. 掌握查找资料、引用资料的基本方法，分清原始资料与间接资料的主要差别，学会注明所援引资料的出处。

九年级上学期

第一节　教科书课程目标

一、识字与写字目标

1. 能熟练地使用字典、词典独立识字，会用多种检字方法；累计认识常用汉字 600 个左右，并能准确书写。

2. 在使用硬笔熟练地书写正楷字的基础上，学写规范、通行的行楷字，提高书写速度；积极参加硬笔书法比赛。

3. 临摹名家书法，体会书法的审美价值。

4. 写字姿势正确，有良好的书写习惯。

二、阅读目标

1. 能用普通话正确、流利、有感情地朗读，把握朗读的重音、停顿和节奏。

2. 养成默读习惯，有一定速度，阅读一般的现代文，每分钟不少于 500 字。

3. 在通读课文的基础上，理清思路，理解、分析主要内容，体味和推敲重要词句在语言环境中的意义和作用。

4. 对课文的内容和表达有自己的心得，能提出自己的看法，并能运用合作的方式，共同探讨、分析、解决疑难问题。

5. 在阅读中了解叙述、描写、说明、议论、抒情等表达方式。

6. 能够区分写实作品与虚构作品，了解诗歌、小说等文学体裁。

7. 阅读诗歌，品味诗歌的意象与意境，理解诗歌丰富的内涵，品味诗歌跳跃性的、富有表现力的语言，学习诗歌常用的表现手法。

8. 阅读小说，把握、分析小说的三要素，结合个人体验，理解作品丰富深刻的内涵，获得对自然、社会、人生的有益启示，品味、赏析作品中富于表现力的语言。

9. 阅读简单的议论文，区分观点和材料（道理、事实、数据、图表等），发现观点与材料之间的联系，并通过自己的思考，作出判断。

10. 诵读古代诗词，阅读浅显文言文，能借助注释和工具书理解基本内容；注重积累、感悟和运用，提高自己的欣赏品位。

11. 随文学习复句常用关联词语知识，用来帮助理解课文中的语言难点；了解常用的修辞方法，体会它们在课文中的表达效果；了解课文涉及的重要作家作品知识和文化常识。

12. 能利用图书馆、网络搜集自己需要的信息和资料，帮助阅读。

三、写作目标

1. 写作要有真情实感，力求表达自己对自然、社会、人生的感受、体验和思考。

2. 多角度观察生活，发现生活的丰富多彩，能抓住事物的特征，有自己的感受和认识，表达力求有创意。

3. 注重写作过程中搜集素材、构思立意、列纲起草、修改加工等环节，提高独立写作能力。

4. 写作时考虑不同的目的和对象；根据表达的需要，围绕表达中心，选择恰当的表达方式；合理安排内容的先后和详略，条理清楚地表达自己的意思；运用联想和想象，丰富表达的内容；正确使用常用的标点符号。

5. 写作记叙类文章，要把握人物性格，围绕中心选材，内容具体充实，条理清晰，详略得当，以记叙为主，合理使用议论、抒情来突出中心。

6. 写简单的议论性文章，做到观点明确，有理有据。

7. 学习写书信和倡议书。

8. 能变换文章的文体或表达方式等，进行改写。

9. 根据表达的需要，借助语感的语文常识，修改自己的作文，做到文从字顺。能与他人交流写作心得，互相评改作文，以分享感受，沟通见解。

10. 作文不少于14次，其他练笔不少于3000字，45分钟能完成不少于500字的习作。

四、口语交际目标

1. 注意对象和场合，学习文明得体地交流。

2. 耐心专注地倾听，能根据对方的话语、表情、手势等，理解对方的观点意图。

3. 自信、负责地表达自己的观点，做到清楚、连贯、不偏离话题。

4. 注意表情和语气，根据需要调整自己的表达内容和方式，不断提高应对能力，增强感染力和说服力。

5. 讲述见闻，内容具体、语言生动；复述转述，完整准确、突出要点；能就适当的话题作即席讲话和有准备的主题演讲，有自己的观点，有一定说服力。

6. 讨论问题，能积极发表自己的看法，有中心、有根据、有条理。能听出讨论的焦点，并能针对性地发表意见。

第二节　读整本书课程目标

1. 能熟练地使用字典、词典独立识字，会用多种检字方法。

2. 养成默读的习惯，有一定速度，阅读一般的现代文，每分钟不少于500字。

3. 在阅读中了解叙述、描写、说明、议论、抒情等表达方式。

4. 欣赏现当代经典诗歌，品味诗歌的意象与意境，理解诗歌丰富的内涵，品味诗歌跳跃性的、富有表现力的语言，学习诗歌常用的表现手法，记诵、积累优秀诗歌。

5. 阅读《傅雷家书》，掌握书信格式，了解父与子之间的浓浓深情。

6. 研究鲁迅作品，知人论世，结合个人体验，理解作品丰富深刻的内涵，品味、赏析作品中富于表现力的语言，理解鲁迅崇高的灵魂。

7. 阅读《培根随笔》，品味作品透出的道理，积累含蓄、隽永的警句。

8. 阅读古典小说，能借助注释和工具书理解基本内容，把握作品主题，注重积累、感悟和运用，提高自己的欣赏品位。

9. 能独立完成人物评论不少于3篇，读书笔记不少于1万字，读后感不少于3篇。

10. 根据所读内容及时开展班级读书交流会，承办一次年级组大型读书交流会。

11. 本学期共读书16本，其中研读一本，精读5本，泛读10本。

第三节　语文实践活动课程目标

1. 自主组织文学活动，在办刊、演出、讨论等活动过程中，体验合作与成功的喜悦。

2. 能提出学习和生活中感兴趣的问题，共同讨论，选出研究主题，制订简单的研究计划；能从书刊或其他媒体中获取有关资料，讨论分析问题，独立或合作写出简单的研究报告。

3. 关心学校、本地区和国内外大事，就共同关注的热点问题，搜集资料，调查访问，相互讨论，能用文字、图表、图画、照片等展示学习成果。

4. 掌握查找资料、引用资料的基本方法，分清原始资料与间接资料的主要差别，学会注明所援引资料的出处。

九年级下学期

第一节 教科书课程目标

一、识字与写字目标

1. 能熟练地使用字典、词典独立识字，会用多种检字方法；累计认识常用汉字600个左右，并能准确书写。

2. 在使用硬笔熟练地书写正楷字的基础上，学写规范、通行的行楷字，提高书写速度；积极参加硬笔书法比赛。

3. 临摹名家书法，体会书法的审美价值。

4. 写字姿势正确，有良好的书写习惯。

二、阅读目标

1. 能用普通话正确、流利、有感情地朗读，把握朗读的重音、停顿和节奏。

2. 养成默读的习惯，有一定速度，阅读一般的现代文，每分钟不少于500字。

3. 在通读课文的基础上，理清思路，理解、分析主要内容，体味和推敲重要词句在语言环境中的意义和作用。

4. 对课文的内容和表达又自己的心得，能提出自己的看法，并能运用合作的方式，共同探讨、分析、解决疑难问题。

5. 在阅读中了解叙述、描写、说明、议论、抒情等表达方式。

6. 能够区分写实作品与虚构作品，了解诗歌、散文、小说、戏剧等文学样式。

7. 阅读诗歌，品味诗歌的意象与意境，理解诗歌丰富的内涵，品味诗歌跳跃性的、富有表现力的语言，学习诗歌常用的表现手法。

8. 阅读小说，把握、分析小说的三要素，结合个人体验，理解作品丰富深刻的内涵，获得对自然、社会、人生的有益启示，品味、赏析作品中富于表现力的语言。

9. 阅读散文，理解作品内涵，品味含蓄隽永的语言，把握散文形散神聚的特点

10. 阅读剧本，了解戏剧知识，在戏剧冲突中分析人物性格，品味个性化的人物语言，见识人生百态，品尝生活百味。

11. 诵读古代诗词，阅读浅显文言文，能借助注释和工具书理解基本内容；注重积累、感悟和运用，提高自己的欣赏品位。

12. 系统复习基本的词汇、语法知识，用来帮助理解课文中的语言难点；掌握常用的修辞方法，体会它们在课文中的表达效果；了解课文涉及的重要作家作品知识和文化常识。

13. 能利用图书馆、网络搜集自己需要的信息和资料，帮助阅读。

三、写作目标

1. 写作要有真情实感，力求表达自己对自然、社会、人生的感受、体验和思考。

2. 多角度观察生活，发现生活的丰富多彩，能抓住事物的特征，有自己的感受和认识，表达力求有创意。

3. 注重写作过程中搜集素材、构思立意、列纲起草、修改加工等环节，提高独立写作能力。

4. 写作时考虑不同的目的和对象；根据表达的需要，围绕表达中心，选择恰当的表达方式；合理安排内容的先后和详略，条理清楚地表

达自己的意思；运用联想和想象，丰富表达的内容；正确使用常用的标点符号。

5. 写记叙性文章，要把握人物性格，围绕中心选材，内容具体充实，条理清晰，详略得当，以记叙为主，合理使用议论、抒情来突出中心；写简单的议论性文章，做到观点明确，有理有据。复习各类应用文体。

6. 根据表达的需要，借助语感的语文常识，修改自己的作文，做到文从字顺；能与他人交流写作心得，互相评改作文，以分享感受，沟通见解。

7. 作文不少于14次，其他练笔不少于3000字，45分钟能完成不少于300字的习作。

四、口语交际目标

1. 注意对象和场合，学习文明得体地交流。

2. 耐心专注地倾听，能根据对方的话语、表情、手势等，理解对方的观点意图。

3. 自信、负责地表达自己的观点，做到清楚、连贯、不偏离话题。

4. 注意表情和语气，根据需要调整自己的表达内容和方式，不断提高应对能力，增强感染力和说服力。

5. 讲述见闻，内容具体、语言生动；复述转述，完整准确、突出要点；能就适当的话题作即席讲话和有准备的主题演讲，有自己的观点，有一定说服力。

6. 讨论问题，能积极发表自己的看法，有中心、有根据、有条理。能听出讨论的焦点，并能针对性地发表意见。

第二节 读整本书课程目标

1. 能熟练地使用字典、词典独立识字，会用多种检字方法。

2. 养成默读的习惯，有一定速度，阅读一般的现代文，每分钟不少于 500 字。

3. 在阅读中了解叙述、描写、说明、议论、抒情等表达方式。

4. 欣赏文学作品，有自己的情感体验，初步领悟作品的内涵，从中获得对自然、社会、人生的有益启示；对作品中感人的情境和形象，能说出自己的体验，品味作品中富于表现力的语言。

5. 阅读由多种材料组合、较为复杂的非连续性文本，能领会文本的意思，得出有意义的结论。

6. 能独立完成人物评论不少于 3 篇，读书笔记不少于 1 万字，读后感不少于 3 篇。

7. 根据所读内容及时开展班级读书交流会，承办一次年级组大型读书交流会。

8. 本学期共读书 16 本，其中研读一本，精读 5 本，泛读 10 本。

第三节　语文实践活动课程目标

1. 自主组织文学活动，在办刊、演出、讨论等活动过程中，体验合作与成功的喜悦。

2. 能提出学习和生活中感兴趣的问题，共同讨论，选出研究主题，制订简单的研究计划；能从书刊或其他媒体中获取有关资料，讨论分析问题，独立或合作写出简单的研究报告。

3. 关心学校、本地区和国内外大事，就共同关注的热点问题，搜集资料，调查访问，相互讨论，能用文字、图表、图画、照片等展示学习成果。

4. 掌握查找资料、引用资料的基本方法，分清原始资料与间接资料的主要差别，学会注明所援引资料的出处。

初中语文单元整体课程单元目标

七年级上册单元整体课程目标

第一单元

1. 能够熟练使用字典、词典独立识字,正确书写 70 个左右的重点词汇。

2. 能够用普通话正确、流利、有感情地朗读文章,停顿合适,语气恰当。

3. 能够在通读课文的基础上,理解主要内容,体味和推敲重要词句在语言环境中的意义和作用。

4. 能针对课文的内容,提出自己的看法和疑问,并能运用小组合作的方式,共同探讨关于人生的疑难问题,能感悟作者对生命、对人生的思考,也能联系自己的生活,加深对人生的理解与感悟。

5. 学会面对人生道路上的困难与不幸,培养积极向上的思想感情,树立正确的人生观和价值观。

6. 能借助注释和工具书识记文言字词,初步了解文言词语的基本用法,在理解基本内容并背诵文言文的基础上培养文言语感。

7. 能背诵默写并课外古诗《龟虽寿》、《过故人庄》，培养语感，增加文学积累。

8. 能在老师的周读书计划指导下，用精读的方式阅读《爱的教育》一书，能在每天的读书时间积累好词好句，能随时在书的旁边写下几句自己的感悟。

9. 阅读本书后，能有自己喜欢的人物并能从书中找到喜欢的理由，能有自己成长的收获，并能用读后感的形式写出自己的收获，能在读书交流会上积极发言。

10. 在综合性学习活动中能够认识自我、发现自我、评价自我，完成《这就是我》的写作。

11. 能在学校或班级开展的各种活动中用多种形式、大方自然地展示独特的精彩的自己。

第二单元

1. 了解课文涉及的作家作品和文化常识，记忆有关孔子及《论语》的知识。

2. 能够熟练地使用字典、词典独立识字词80个，正确书写60个左右的词汇。

3. 能够有感情朗诵本单元文章并背诵《理想》、《〈论语〉十则》，能做到准确、流畅、有感情。

4. 能够在多种方式阅读课文的基础上，从整体上把握主要内容，体会作者的情感；体味和推敲重要词句在语言环境中的意义和作用，体会关于人生信念和人生修养的意义。

5. 针对课文的内容能够表达自己的心得，能提出自己的看法和疑问；能运用讨论交流的方式，共同探讨疑难问题，学会从他人的人生经验中收获自己的人生感悟。

6. 能够借助注释和工具书识记常用文言字词，阅读并背诵文言文《〈论语〉十则》，在自主学习与小组共同合作探究中理解文章内涵，感悟人生启示。

7. 背诵默写课外古诗《题破山寺后禅院》、《闻王昌龄左迁龙标遥有此寄》，增加文学知识积累。

8. 能在老师周读书计划的指导下较熟练地运用略读与精读结合的方法阅读《居里夫人传》，能从书中发现给予人精神鼓励的句子并写读书笔记。

9. 能从整体上了解居里夫人这一伟大女性不平凡的一生，并能从居里夫人的品质、工作精神、处事态度中获得激励，结合自己升入初中以来面对的困难和自己的人生理想写出读后感，并在读书交流会上积极展示。

10. 初步了解查找资料、运用资料的方法，搜集家庭、校园、社会生活中最新鲜、最活泼的语言现象，了解生活中语言文字使用不规范的现象，培养热爱祖国语言的情感；在发现语文世界丰富多彩的表现形式的基础上，完成"生活中处处有语文"这一话题的作文。

第三单元

1. 能够熟练地使用字典、词典独立识词 80 个，正确书写 70 个左右重点词汇。

2. 重点掌握本单元出现的作家、作品的有关文学常识，在识人基础上读文。

3. 了解散文这一体裁，能用普通话正确、流利、有感情地朗读美文，培养良好的语感。

4. 在多种形式朗读课文的基础上，在整体上感知课文内容大意，体会作者对自然的喜爱之情，揣摩精彩句段和词语，运用各种修辞手法进行赏析。

5. 能够熟练背诵默写《古代诗歌四首》，并能用自己的语言再现诗歌情境，体会作者表达的思想感情。

6. 培养走进自然、热爱自然、热爱生活、追求美好事物的情感。

7. 背诵默写课外古诗《夜雨寄北》、《泊秦淮》，增加文学积累。

8. 能在老师周读书计划的指导下，较熟练地运用精读和诵读相结合的方法阅读《朱自清散文》，并能学会用圈点勾画的方法作批注，随时将精美语句摘抄做读书笔记。

9. 能在阅读中体会朱自清清秀隽永、质朴腴厚的艺术风格，能在一些经典名篇中感受他独特的艺术风格和审美情趣；能尝试用优美的语言为精彩片段写赏析，能用手抄报、读后感等形式展示自己的作品。

10. 能在走进自然、观察自然、感受自然的基础上描绘自然、赞美自然、感悟自然，并能用多种方式表达对自然的喜爱之情，完成以"走过四季"为话题的写作。

第四单元

1. 能够熟练地使用字典、词典独立识词 90 个，正确书写 80 个左右的词汇。

2. 了解说明文的相关知识，能够初步进行应用。

3. 能够用快速默读的方式，理清文章思路，抓住主要信息，理解主要内容。

4. 在合作探究的基础上，深入理解文章的结构，品味感受说明文的语言特点。

5. 能在了解各种科学知识的基础上，激发起对科学的求知欲，并且能用科学的精神去探索未知的世界。

6. 能借助注释和工具书识记文言词汇，重点掌握表示时间的文言词语；在背诵默写《山市》的基础上，理解文言文的基本内容，展开丰富的想象。

7. 背诵默写课外古诗词《浣溪沙》、《过松源晨炊漆公店》，增加文学常识的积累。

8. 在老师周读书计划的指导下，用略读与精读相结合的方式阅读整本书《贪玩的人类——那些将我们带进科学的人》，并能随时用圈点勾画的方法作批注，完成读书笔记。

9. 在了解人类几千年来的科学历程的过程中，知道科学带给我们的不仅仅是智慧的启示，还有生命的力量；把自己对科学的好奇，把自己从书中收获到的知识与智慧用多种形式表现出来。

10. 学会搜集关于月亮的诗词和有关科学知识，培养搜集、筛选、探究、使用信息的能力，组织各种汇报活动，在活动中可以用多种形式表达自己对月亮的认识，并进行写作，培养想象力。

第五单元

1. 能够熟练地使用字典、词典独立识字 90 个，正确书写 80 个左右的词汇。

2. 了解本单元所涉及作家的文学常识，牢记有关鲁迅、冰心与刘义庆的文学知识。

3. 能够在有感情朗读课文的基础上理解主要内容，把握文章主题，体会"情感"的内涵；能从多角度、有创意地理解文章内容；能运用交流合作的方式，共同探讨疑难问题。

4. 能够用品读的方式体味和推敲重要词句在语言环境中的意义和作用，注意语言的积累和写法的借鉴。

5. 懂得重视亲情、珍惜亲情，培养高尚的道德情操和审美情趣。

6. 能够借助注释和工具书识记文言词汇；能够在阅读并背诵文言文

《〈世说新语〉两则》的基础上，用自主学习和小组共同合作的学习方式理解基本内容，获得启示，增加文言文阅读语感。

7. 背诵默写并赏析课外古词《如梦令》、《观书有感》，提高诗歌鉴赏能力，增加文学积累。

8. 能够在老师周读书计划的指导下，熟练地运用略读和诵读的方式阅读《繁星·春水》；能够随时将自己喜欢的小诗进行摘抄，并能写几句赏析。

9. 能够在字里行间体会到"母爱"、"童真"；能从哲理小诗中有所感悟，学习冰心体小诗的艺术风格；能结合自己对生活的理解，创作小诗，并在读书交流会上积极展示。

10. 能够通过"我爱我家"的展示活动，讲述关于亲情的故事，体会父母的恩情，学会感恩，学会回馈，完成写作练习。

第六单元

1. 能够熟练地使用字典、词典独立识字词 50 多个，正确书写 45 个左右的词汇。

2. 积累佳词妙句，掌握本单元中外著名作家、作品等文学常识。

3. 能够运用多种朗读方式，了解文章内容，感悟文章主题，并能在合作与探究中大胆表达自己的理解与想法。

4. 能够体味和推敲重要词句在语言环境中的意义和作用，了解想象、联想和夸张的作用，感受文中栩栩如生的人物形象及意义。

5. 能够联系自己生活实际，树立憎恶假、恶、丑，向往真、善、美的价值观念，培养善于想象的志趣。

6. 能借助注释和工具书识记文言词汇，阅读并背诵文言文《智子疑邻》、《塞翁失马》，能自主领悟文章蕴含的道理。

7. 能在老师周读书计划的指导下，用略读和精读的阅读方式阅读

《伊索寓言》，并能用圈点勾画的方法作批注，并能对故事写出自己的感悟。

8. 充分掌握寓言的文体特点，体会本书的艺术特色，能将自己从书中获得的哲理启示，联系自己的生活实际；能学会从不同角度解读作品。能用多种方式展示自己的读书收获。

9. 能够通过多种途径搜集资料，并能准确地筛选、归类、使用各种资料；在主动体验和合作探究中感受古人丰富的想象力和古代神话永恒的魅力，运用联想和想象进行写作练习。

七年级下册单元整体课程目标

第一单元

1. 熟练识记每课的生字词，共70个左右；了解本单元的几位作家，积累有关文学常识。

2. 进一步养成默读和速读的习惯，提高朗读质量。

3. 在通读文本的基础上能从整体把握课文内容，深入体会作者的思想感情，并联系自己的生活体验，用心领会引起共鸣。

4. 学会用研读、揣摩、品味方式赏析含义深刻且富于情感的精彩语句，学习作者表情达意的手法，提高语言感知的能力。

5. 了解他人的成长足迹，促成自己的成长意识；正确对待成长中的苦与乐、得与失、成功与失败，勇于面对生活、面对挑战。

6. 能借助工具书和注释识记文言词汇，在背诵默写课文的基础上，理解文章内容；能在合作探究学习中体会作者表达的观点。

7. 背诵默写课外古诗《山中杂诗》、《竹里馆》，能赏析重点语句，体会情感。

8. 能在老师周读书计划的指导下，用精读与品读的方式阅读《城南旧事》，能在每天的读书时间积累精彩片段，并随时用圈点勾画的方法作批注。

9. 能理清故事情节，概括主人公英子童年经历的故事，并能有自己个性化的体验，把自己的童年生活与英子的童年生活进行对比，有所感悟，并能写成文章，在读书交流会上大胆展示。

10. 能够在走进校园、走进家庭、走进社会的实践活动中，用采访的方式了解他人的烦恼，能将搜集的资料整理、使用，用多种方式表达；从他人的故事中悟出对生活积极的态度，进而关心他人、关注自己、关顾生活，完成有关"成长的烦恼"为话题的写作。

第二单元

1. 熟练识记每课的生字词，共 80 个左右。

2. 提高朗诵水平，能读准字音，读出感情，在反复朗读中领会文意，培养语感。

3. 能够联系课文内容，引导学生了解中国现代国情（如"五四"运动、"九一八"事变、抗日战争），培养学生热爱祖国山河和语言文化的爱国主义情操。

4. 在多种方式阅读的基础上，用自己的话说出对文本的整体感受，通过互动、交流把握文章内容，体会作者表达的情感。

5. 能够细致分析、细心揣摩课文中的精彩段落和关键词句，充分体会到汉语言丰富、优美的表现力，饶有兴趣地锻炼运用语言的能力，培养语感。

6. 背诵默写《木兰诗》，在自主学习的基础上小组合作探究理解诗歌内容，体会木兰这一人物形象，品味赏析乐府诗歌的语言特色。

7. 背诵课外古诗《峨眉山月歌》、《春夜洛城闻笛》，赏析品味语句，体会情感。

8. 能够在老师周读书计划的指导下，用精读与品读的方式阅读《童年》一书，边读边用圈点勾画的方式作批注，将精彩片段做读书笔记。

9. 在整体上把握全书故事情节的基础上，了解人物形象，并能结合文本，分析人物性格，学习阿廖沙在苦难中成长的精神，激励自我；能从不同角度解读作品，并能在年级读书报告会上积极发言。

10. 能用多种途径搜集有关"黄河"的资料，并能正确地分类使用，全面了解母亲河的历史、现状，在各种形式的活动中表达自己的观点；走到黄河边，感受母亲河，热爱母亲河，完成写作。

第三单元

1. 熟练识记每课的生字词，共 90 个左右。

2. 能够通过查阅有关资料，了解本单元涉及的名人的生平经历和文学常识，增加积累。

3. 能够在通读课文的基础上，理清作者的思路，深入理解课文的思想内容；加深对邓稼先、闻一多、贝多芬和福楼拜等名人的理解，了解名人的品格、气质和生活道路。

4. 欣赏精炼含蓄、富于感情和音韵美的语言，学习用不同的描写手法表现人物性格和围绕中心选材的方法。

5. 学习名人的崇高品格和奉献精神，在与名人心灵的对话中，促进健全人格的形成和健康个性的发展。

6. 借助工具书和注释，自主学习文言文《孙权劝学》，了解文章内容大意，通过合作探究，掌握文言实词、虚词和特殊句式，品味人物的语言、神态描写，懂得学习的重要性。

7. 背诵默写课外古诗《逢入京使》、《滁州西涧》，赏析品味语句，体会情感，提高鉴赏能力，增加文学积累。

8. 能够在老师周读书计划的指导下,用略读和精读相结合的方式阅读《凡·高传》,并用圈点勾画的方式作批注,及时将感悟深刻的片段做读书笔记;激发学生的兴趣和动机,通过同学之间的相互启发、激励、合作,帮助学生树立对待明星的正确态度,进行写作训练。

9. 能够通过阅读,了解伟大画家不平凡的一生,感受凡·高在生活中屡屡遭挫折,艰辛备尝,仍热爱生活,献身艺术,大胆创新的精神。能从人物、语言、结构等不同角度对本书作评价。

10. 通过查找资料,提高信息搜集、整理的能力,通过各种活动能多角度了解认识名人、明星。积极表达、大胆质疑,树立正确的偶像观念,让自己以名人为榜样,努力进取。

第四单元

1. 熟练识记每课的生字词,共 80 个左右。

2. 巩固记忆有关鲁迅、冰心、林嗣环的文学常识,增加文学积累。

3. 在精读文本的基础上,理解文章内容,感悟作者表达的情感,并能结合自己的生活实际,发挥创造力,对作品发表自己的见解。

4. 在精读课文的基础上,品味赏析优美、细腻、自然的语言,学习多种细节描写的手法,感受文学与艺术双重的魅力。

5. 能够鼓励学生开阔视野,接触各种各样的文化艺术形式,丰富自己的文化素养,从人类宝贵的精神财富中得到滋养,初步形成自己的审美观、价值观,对文化艺术有自己一定程度的认识。

6. 借助工具书和注释积累文言词汇,重点掌握时间性词语,在背诵默写的基础上理解《口技》的主要内容,品味赏析表现声音的细节刻画,感受中华民族民间技艺的伟大魅力。

7. 背诵默写课外古诗《江南逢李龟年》、《送灵澈上人》,赏析语句,体会情感,提高诗歌鉴赏能力,增加文学积累。

8. 在老师周读书计划指导下,用略读与精读相结合的方式阅读《梅兰芳传》,能用圈点勾画的方式作批注,将精彩片段做读书笔记。

9. 能够通过阅读了解京剧艺术家梅兰芳精彩的一生,了解作为国粹的京剧这种艺术形式,体会学习本书严谨而真实的语言;能对梅兰芳其人或是京剧这一艺术或是这一传记写出自己的感悟。

10. 通过走进生活去听戏、看戏、学戏一系列的社会实践活动,再通过课堂上说戏、评戏、演戏一系列活动,提高自己的综合能力和艺术情操,加深自己对中国戏曲艺术的了解;在活动中认真体验,记录自己的感受,完成写作。

第五单元

1. 熟练识记每课的生字词,共60个左右。

2. 理解重点词语的含义,积累生动的词语和优美深刻的语句。

3. 通过学习能够丰富探险知识、地理知识和其他文化知识,继续提高阅读能力。

4. 能够用速读的方式,抓住课文主要信息,概括内容要点;在朗读和复述中理解课文内容,感受文章蕴含的思想感情。

5. 品味文中具有强烈抒情色彩的语句,感受文章所蕴含的悲壮美,学习环境描写的手法。

6. 能够激发起学生探索未知世界的兴趣,培养开拓创新精神、团结协作观念和舍己为人的品质。

7. 借助工具书和注释自主学习文言文《短文两篇》,理解文章内容,增加文言积累,在背诵默写的基础上,体会古代劳动人民征服自然的精神,培养文言语感。

8. 背诵默写古诗词《约客》、《论诗》,品味赏析语句,体会诗情,增加文学积累。

9. 在老师周读书计划指导下,用精读与品读相结合的方式阅读《老人与海》,并用圈点勾画的方式作批注,把描写细腻、感受深刻的句子做读书笔记。

10. 通过阅读从整体上把握全书的故事情节,体会主人公桑地亚哥在困难面前不屈不挠的精神品质,感受其对于生命的态度,联系自己生活实际写出感悟,激励自己热爱生活,热爱生命。

11. 查阅搜集有关人类探险的资料,在各种活动中能够对人类探险及其意义有一定的认识,学习探险家乐于探究进取、勇于挑战自然、挑战自我的精神;了解在探险过程中必备的生存知识和基本技能;在活动中培养战胜困难的勇气和信心,完成写作训练。

第六单元

1. 熟练识记每课的生字词,共 70 个左右。

2. 能够积累生动的词语和优美、深刻的语句,提高对不同题材文章的整体感知能力。

3. 能够在通读课文基础上复述故事情节,从整体上理解文章内容,体会作者的情感,结合生活实际,引发深刻的思考,从不同角度解读文本,大胆表达自己观点。

4. 反复诵读精彩片段,品味其深刻的含义,学习文章严谨的结构与细节描写。

5. 通过人类对动物世界的了解和认识,加深人与自然关系的思考,能够激发学生珍视生命、关爱动物的情感。

6. 借助工具书和注释积累文言词语,掌握重点语句的翻译。在背诵默写的基础上理解文章,了解狼的本性,感悟文章给我们启示。提高文言语感。

7. 能够在老师周读书计划的指导下,用略读与精读相结合的方式阅读《昆虫记》，并用圈点勾画的方法作批注，并能将生动的描写做读书笔记。

8. 通过阅读，了解昆虫的生活习性，体会作者细腻的笔触和生动的语言，培养细心观察、持之以恒的科学精神；能将自己学习的收获写在读后感，在读书交流会上交流。

9. 引导学生从语言、文字、历史、文学、艺术等方面搜集资料，了解马的有关知识、历史作用、艺术内涵，并用各种形式表达自己对马个性化的认识，激发学生善待动物、关爱生命的情感，完成写作练习。

八年级上册单元整体课程目标

第一单元

1. 熟读课文，在熟读课文的基础上掌握60个左右的重点字词。
2. 积累本单元有关作家的文学常识，了解新闻这一文体。
3. 能够用快速默读的方法阅读课文，在阅读的过程中能够把握叙事性作品中的人物和事件，学会在初读过程中迅速抓住课文中的人物、时间、地点、事件发生的原因、经过和结果的方法；能从整体上把握文章内容，并结合背景理解文章主题。
4. 品味作品中感人肺腑的形象、惊心动魄的情境和各具特色的语言，有自己的心得和评价，形成自己对课文的理解；学习文章中细节描写和人物刻画的手法。
5. 欣赏文学作品，能有自己的情感体验，领悟作品的深刻内涵，看到战争的罪恶，珍惜今天的幸福生活，热爱和平。
6. 背诵课外古诗《长歌行》、《野望》，品味赏析语句，体悟诗情，增加文学积累。

7. 能在老师周读书计划的指导下,用精读与品读的方式阅读《钢铁是怎样炼成的》;能在每天的读书时间积累精彩语句,并能对精彩片段进行赏析。

8. 能从整体上把握全书的结构,理清故事情节;尤其是能认识保尔这一英雄形象,能分析人物的性格,感悟作品主题;能将自己的感悟写成文章,在专题性读书交流会上发表自己的见解。

9. 学会利用图书馆、网络等信息渠道查阅关于二战和抗日战争的资料,并将自己搜集到的关于战争的资料进行分类和整理;懂得写作是为了自我表达和与人交流,有意识地丰富自己的见闻,珍视个人的独特感受,积累习作素材,进行写作练习。

第二单元

1. 在熟读课文的基础上掌握重点字词和常用字词 55 个左右。

2. 积累本单元所涉及的作家作品,查阅资料了解作家创作背景。

3. 能够用普通话正确、流利、有感情地朗读,并养成默读习惯,有一定的阅读速度,感受课文所表现的形形色色的"爱",从而陶冶自己美好的情操。

4. 能在多种方式朗读文本的基础上,理解文章,在分析人物形象的基础上,把握主题,体会作者表达的情感,欣赏文学作品,能联系文化背景对作品的思想感情倾向作出自己的评价。

5. 品味作品中富于表现力的语言,能够在阅读的过程中了解叙述、描写等表达方式,揣摩记叙文语言的特点;学习作者刻画人物形象的多种描写手法。

6. 背诵默写古诗《早寒江上有怀》、《望洞庭湖赠张丞相》,品味赏析语句,体会诗情,提高诗歌鉴赏能力,增加文学积累。

7. 能在老师周读书计划的指导下,用精读与品读相结合的方式阅读

《骆驼祥子》、《朝花夕拾》，能圈点勾画的方法作批注，能将精彩片段做读书笔记。

8. 反复阅读《朝花夕拾》几篇经典篇目，了解作者童年的生活与经历，领会文章强烈的感情和笔法的精妙；在全面理清《骆驼祥子》故事情节的基础上，分析人物形象，了解那一时期下层人民的生活，体会作品主题，感受作品的民族风格和地方特色；能从不同的角度对这本书作出评价，并能用多种方式表现出来。

9. 能够运用图书馆、网络搜集关于"爱"的信息和资料，到生活中去观察、经历、感受普通人爱的故事，用多种形式表达出这种爱；学会与人相处、与人共事、与人合作；学会用自然、朴实、真诚的语言表达情感，完成写作训练。

第三单元

1. 能够在熟读课文的基础上掌握本单元课文所涉及的重点字词80个左右。

2. 了解说明文的有关常识，掌握说明文的基本特点和常用说明方法。

3. 在通读课文的基础上，把握文章的结构，在理清文章说明顺序的基础上掌握文章的主要内容。认识到说明事物要抓事物的特征。

4. 品味重点语句在文中的作用，体会说明文语言准确严密的特点。

5. 了解我国的传统建筑桥、园林所取得的光辉成就，激发对祖国文化的自豪感。

6. 背诵默写古诗词《黄鹤楼》、《送友人》，赏析诗句，品味诗情，增加文学知识积累。

7. 能在老师周读书计划的指导下，用略读与选读的相结合的方式阅读《八十天环游地球》，并能用圈点勾画的方法作批注，能对重点片段发表自己感悟。

8. 能通过阅读作品，在了解主人公的旅行路线的基础上学习大量的人文地理知识，在阅读中尽情领略原著中跌宕起伏的故事情节、栩栩如生的人物形象，让文学的甘露滋润心田，享受知识带来的快乐。

9. 能够运用图书馆、网络搜集关于桥的故事、诗歌、俗语、成语等信息，观察生活中的桥，对它作出调查研究分析，利用手抄报、摄影、调查报告等多种形式展示自己的成果；运用本单元学习的有关说明文的知识，学会写简单的说明文。

第四单元

1. 能够在熟读课文的基础上掌握重点字词 70 个左右。

2. 掌握事理说明文的基本特点，明白事理说明文所采用的说明顺序。

3. 在提高默读速度的基础上，准确地筛选信息，理清说明顺序，了解文章的基本内容，了解不同领域的科学知识，开阔自己的视野。

4. 品味重要语句，体会说明语言的特点，培养注重观察、讲究实证的科学态度，求真创新的科学精神，正确的科学思想方法。

5. 背诵默写课外古诗《秋词》、《鲁山山行》，赏析语句，体会诗情，提高文学修养，增加文学知识积累。

6. 能在老师周读书计划的指导下，用略读和精读相结合的方式阅读《科学是美丽的》，能边读边作批注，并把自己感兴趣的内容做读书笔记。

7. 通过阅读本书，体会科学之真、文学之美，不仅从中学到许多先进科学知识和学习方法，而且要在充满科学美的氛围中陶冶性情；将自己读本书对科学、对语言、对生活的感悟写下来，展示出来。

8. 能够运用图书馆、网络搜集自己所需要的信息和资料，并在搜集和整理的过程中提高筛选信息的能力，学会用自己手中的材料来证明自己的观点，进行写作训练。

第五单元

1. 能够在熟读课文的基础上掌握重点文言字词 90 个左右。

2. 积累本单元所涉及的古代名家的有关文学常识。

3. 能借助注释和工具书理解本单元文言文的内容；能够掌握一定数量的文言实词和虚词，并积累一定数量的文言句式。

4. 翻译并背诵本单元课文，在诵读的过程中了解文章的内容，体会作者表达的思想感情、古人所向往的美好的生活、古人所具有的志趣和节操，以及我国古代劳动人民所具有的精湛的雕刻技术。

5. 阅读古代诗词，有意识地在积累、感悟和运用中，提高自己的欣赏品位和审美情趣。

6. 背诵默写课外古诗词《浣溪沙》、《十一月四日风雨大作》，品味诗句，体悟诗情。

7. 能在老师周读书计划指导下，用精读与品读相结合的方法阅读《田园诗人：陶渊明》，边读边作批注，并将优美深刻的语句做读书笔记。

8. 阅读本书了解田园诗人陶渊明奋斗的历程，在细致的环境描写和心理刻画中体会他高尚的品质，了解全书丰富的内容，深远的意境，并能将自己对陶渊明的认识写出来，对人物进行解读。

9. 利用图书馆和网络搜集有关"莲"的知识和图片，观察生活中的莲，在班内举办一次"莲文化节"，在各种形式的活动中，在与他人的合作探究中体会莲的精神品质。运用托物言志的方法进行写作。

第六单元

1. 能够在熟读课文的基础上掌握 90 个左右的重点字词。

2. 培养学生借助注释和工具书，整体感知课文的能力，积累文言词语和文言句式。

3. 反复朗读背诵本单元的课文，在整体感知的基础上，深入理解文章，把握文章的主题。

4. 能够深入品味文章的精美语言，感受课文中所体现的优美意境，感受大自然的美景，体会文中所蕴含的作者的思想感情；学习借景抒情的写作手法，提高古典文学的欣赏能力。

5. 在诵读经典美文中与古代文人进行心灵的碰撞，激发灵性，陶冶情操，丰富文化积累。

6. 能在老师周读书计划的指导下，用精读与品读相结合的方式阅读《苏轼传》，并能边读边作批注，将精彩片段做读书笔记。

7. 阅读本书要了解苏轼一生的经历和他一生璀璨的作品，了解那感人肺腑的诗词后面的一段段鲜为人知的故事；于传记中解读苏词、苏诗、苏文，将自己对苏轼其人或是对其作品的个性化、创造性的感悟写下来，自己选择角度设计专题展示。

8. 在利用图书馆和网络等多种途径搜集有关中秋节、三峡和浙江潮、杭州西湖的有关知识，并将搜集到的资料进行整理，制成手抄报；选择本单元中的任意一篇文章进行改写练习。

八年级下册单元整体课程目标

第一单元

1. 累计认识常用汉字 90 个，其中 80 个左右能正确书写。
2. 了解课文涉及的重要作家作品知识和文化常识。
3. 能用普通话正确、流利、有感情地朗读课文；提高默读的速度和质量，学会在默读中把握课文主要内容；用心感受、体验、理解、比较、思考课文中有特色的语言和感人肺腑的形象，并有自己的心得和评价。

4. 培养默读的技能，养成对语言文字进行品味的能力和习惯，了解记叙文的写作方法：叙事能与抒情有机结合，写人能抓住主要特征。

5. 通过感受作家们一段段难忘的人生经历，体悟到人生奋斗的意义，感受到人间的关爱与温情，从而认识到珍惜现在，走好人生的每一步。

6. 背诵默写课外古诗《赠从弟》、《送杜少府之任蜀州》，赏析语句，体悟诗情，增加文学积累。

7. 能在老师周读书计划的指导下，用精读与品读的方式阅读《假如给我三天光明》，能在每天的读书时间积累精彩语句，并能对精彩片段进行品读赏析。

8. 能理清内容，感受人物的精神力量，并能将文本与自己的思想发生碰撞；能从不同的角度解读作品，并写成文章表达自己的感悟；能在手抄报评比、读书报告会等多种活动中展示自己。

9. 通过组织"献给母亲的歌"这一活动，引导学生体会母爱，并用适当的方法向母亲表达感情；学会理性地思考母爱以及"爱"的内涵，培养学生按专题搜集、整理资料的能力，进行写作。

第二单元

1. 累计认识常用汉字 80 个，其中 70 个左右能正确书写。

2. 了解课文涉及的重要作家作品知识和文化常识。

3. 能用普通话正确、流利、有感情地朗读课文，引导学生通过对语气、语调、重音、语速的把握，将课文蕴含的感情准确地表达出来。

4. 通过反复诵读，把握作者的思路，理解文章语境，结合时代背景和作者经历，领悟文章表达的思想感情。

5. 在反复阅读的基础上，通过自主品味、合作探究的方式，品味散文诗的语言美；理解象征、比喻、拟人等修辞手法的使用，了解直接抒情与间接抒情的表达方式。

6. 在美读文章的基础上，感受文章蕴含的哲理，激起对人生、对生活美好信念的追求，以及对困难的斗争精神。

7. 背诵默写课外古诗《登幽州台歌》、《终南别业》，赏析诗句，品味诗情，提高古诗鉴赏能力，增加文学积累。

8. 能在老师周读书计划的指导下，用精读与品读相结合的方式阅读《林清玄散文自选集》，能边读边作批注，将优美而深刻的句子做读书笔记。

9. 能够在阅读作者经历的一些小故事中，体会其中蕴含的深刻道理，感受作品朴实、清新、自然的语言，塑造一颗真诚、纯真、美好、庄严的心；能结合自己的生活实际写出自己的感悟。

10. 在"寻觅春天的足迹"活动中，引导学生走进自然，走进生活，从自己的生活中发现美、感受美；能在活动展示中用多种形式表达自己对美的感受与赞美，并能用散文诗化的语言表现美、创造美。

第三单元

1. 累计认识常用汉字 70 个，其中 50 个左右能正确书写。

2. 引导学生逐步学会精读，引导学生结合现实生活理解课文内容，学会主动发现问题，在探究中注意理解关键词句、把握文意、概括要点，注意语言的积累、感悟及运用。

3. 了解科学文艺作品的特点，既要把握其科学的内容与文学的形式相结合的共同特点，又要了解各种体裁的不同特点。

4. 培养学生运用自主、合作的方式探究学习的能力，培养学生多角度理解的能力和探究性阅读的能力。

5. 通过学习本单元，正确认识人与自然的关系，认识到关注自然、保护自然是每一个人的责任，培养科学理性精神和人文关怀精神。

6. 背诵默写课外古诗《宣州谢朓楼饯别校书叔云》、《早春呈水部张十八员外》，赏析诗句，体悟诗情，增加文学积累。

7. 在老师周读书计划的指导下，用精读与品读相结合的方式阅读《海底两万里》，边读边作批注，将精彩片段做读书笔记。

8. 通过阅读了解全书曲折的故事情节，认识重要的几个人物形象，感受人物身上所表现出来高尚、献身科学的精神，体会作品非凡的想象力；能从不同的角度以专题的形式解读文本。

9. 学会熟练地利用网络、图书馆按主题查阅、搜集信息，并将信息进行分类整理，了解不同领域的科学，尤其是发现生活中的科学；在"科海泛舟"的活动激发学生热爱科学的兴趣，培养科学的态度，在追求科学的过程中同时也培养人文关怀意识；同时培养学生正确传达科技信息的口语交际能力和写作浅显科学小品的文字表达能力。

第四单元

1. 累计认识常用汉字 70 个，其中 60 个左右能正确书写。

2. 了解课文涉及的重要作家作品知识和文化常识。

3. 能用普通话正确、流利、有感情地朗读课文；提高默读的速度和质量，学会在默读中了理解文章的主要内容，在合作探究中深入领会课文的思想情感。

4. 引导学生描摹、品味文章中重要的词语句子，加强语言的积累、感悟和运用；学习多角度、多手法描写事物的手法，学习欣赏比较复杂的记叙类文章。

5. 通过反复诵读欣赏文章，在不断地发现问题、解决问题中感悟民俗文化，学会欣赏民俗文化，增强保护民俗文化的意识，培养学生的社会责任感。

6. 背诵默写课外古诗词《无题》、《相见欢》，赏析诗句，感悟诗情，增加文学积累。

7. 能在老师周读书计划的指导下，用精读与研读的方式阅读《边城》，边读边作批注，并将感悟深刻的地方做读书笔记。

8. 通过阅读作品感受到湘西小镇像诗、像画，更像音乐的优美意境；感受人物身上鲜明的性格和淳朴的民风；感受沈从文的语言风格和艺术特色；从不同角度表达自己的阅读体验，能在不同专题的读书交流会中积极展示。

9. 走出学校，走进图书馆、走进乡村，用查阅、寻访等多种方式感受自己家乡的民风民俗，并在朗诵会、民歌会、民间故事会、民俗展示会上积极展示自己的成果；培养学生搜集、归纳整理、分析提炼资料的能力，能创造性地提出个人观点和建议并形成文字的能力。

第五单元

1. 累计认识常用汉字 80 个，其中 60 个左右能正确书写。

2. 了解课文涉及的重要作家作品知识和文化常识；了解作者丰富深厚的情感，理解古人博大精深的思想。

3. 做到有感情地朗读和流利地背诵，培养学生养成诵读的习惯。

4. 通过诵读，整体感知课文内容；借助注释和工具书，熟悉和掌握一定量的文言词汇和常用的文言句式；通过自主学习与合作探究的方式，理解课文内容；结合创作背景，理解作者的感情。

5. 在反复的诵读中，品味语言，学习古人写景、叙事、议论、抒情相结合和托物言志、借物寓意或借景抒情的写法。

6. 通过对古诗文的广泛接触，感受古代文人对自然、对社会、对人生的深刻感悟和对美好生活、理想人格的追求；感受古代文化的灿烂辉煌，提高学生的审美情趣和文化品位，激发学生对优秀传统文化的热爱之情。

7. 背诵默写课外古诗词《登飞来峰》、《苏幕遮》,赏析诗句,感悟诗情,增加文学积累。

8. 能在老师周读书计划的指导下,用精读与研读相结合的方式阅读《名人传》,边读边作批注,并将感悟深刻的片段做读书笔记。

9. 通过阅读作品,了解三位不同领域的名人苦难而坎坷的一生,感受他们身上所表现出来的不屈的品格和执着的追求,能结合自己生活实际写出读后感。

10. 学会用多种方式搜集资料,并将材料分类;在"古诗苑漫步"的活动中,按自己喜爱制作古诗集,用音乐、美术、电脑制作等多种方式展示自己对古诗的理解;在搜集、整理的过程中积累古诗词,提高对古诗词的欣赏能力。

第六单元

1. 累计认识常用汉字 80 个,其中 60 个左右能正确书写。

2. 了解课文涉及的重要作家作品知识和文化常识。

3. 能用普通话正确、流利、有感情地朗读课文并熟练背诵相关篇目。

4. 通过注释和查阅工具书阅读理解文言文,掌握实词,了解一些虚词的意义和用法;结合写作背景,把握文章的主旨和要点,理解作者的思想感情。

5. 诵读古代诗词,理解诗歌的意境,对重点语句能适当地加以赏析和评价,了解古代诗歌的体裁,学习景物描写的方法。

6. 通过本单元的学习,感受文学作品中山水的优美意境,感受古人身上积极的人生态度。

7. 能在老师周读书计划的指导下,通过精读与品读相结合的方式阅读《万水千山走遍》,边读边作批注,能将精彩片段做读书笔记。

8. 通过阅读作品，让自己的心灵同三毛一起游历，走过万水千山，感受异域风情与作家独特的语言风格；激发自己走进山水，感受经历的热情，从不角度表达自己对作品的见解。

9. 走出教室，到自己家乡的名胜古迹去游历，欣赏风景，了解文化，然后在交流活动中，展示自己的成果；通过综合性学习活动，让学生认识到"行万里路"是增长人生见识和锻炼独立生活能力的必要途径；锤炼和提升语文的写作和口头表达的能力。

九年级上册单元整体课程目标

第一单元

1. 累计认识常用汉字 50 个，并能正确书写。

2. 了解课文涉及的重要作家作品知识和文化常识。

3. 能用普通话正确、流利、有感情地朗读诗歌。

4. 在朗读课文的基础上，理清思路，理解主要内容，体味和推敲重要词句在语言环境中的意义和作用，理解诗人的思想感情。

5. 在反复朗读与背诵的基础上，展开联想和想象，感受诗歌的意境，感受诗歌中的自然美景。

6. 品味诗歌含蓄、精炼、优美的语言，学习借景抒情、象征、拟人等诗歌常用的艺术表现手法，体会这些表现手法的表达效果。

7. 背诵默写课外古诗《观刈麦》、《月夜》，赏析诗句，感悟诗情，增加文学积累。

8. 能在老师周读书计划的指导下，用朗诵赏析与研读的方式阅读《毛泽东诗词》，能在每天读书时间积累名篇，并能对名篇名句作出赏析。

9. 能背诵经典名篇，在品味诗词语言的基础上感受诗人的情怀，并尝试为诗歌分类作专题性研究，并写出研究内容；能在读书交流会上用多种形式展示自己的感受。

10. 走进自然寻找雨的脚步，倾听雨的声音，搜集雨的诗句，用多种形表达对雨的喜爱之情，以"雨"为话题，完成作文练习；力求抓住事物的特征，有创意地表达，并能根据表达的中心，选择恰当的表达方式；合理安排内容的先后和详略，运用联想和想象，丰富表达的内容；有独立完成写作的意识，注重写作过程中搜集素材、构思立意、列纲起草、修改加工等环节。

第二单元

1. 累计认识常用汉字 100 个，其中 90 个左右会写。

2. 了解课文涉及的重要作家作品知识和文化常识。

3. 能用普通话正确、流利、有感情地朗读课文，掌握演讲技巧；学会通过演讲的形式，鲜明地亮出自己的观点。

4. 在通读课文的基础上，理清思路，把握文章的主旨和要点，揣摩含义深刻的语句，对课文的内容和表达有自己的心得；能提出自己的看法和疑问，并能运用合作的方式，共同探讨疑难问题。

5. 能提出学习和生活中感兴趣的问题，共同讨论，就适当的话题作即席讲话和有准备的主题演讲，并有自己的观点，有一定说服力；练习写演讲词、书信，体会口语和书面语的差异。

6. 背诵默写课外古诗词《商山早行》、《卜算子·咏梅》，品味诗句，感悟诗情，增加文学积累。

7. 能在老师周读书计划指导下，用略读与精读相合的方式阅读《傅雷家书》，边读边作批注，将启迪深刻的片段做读书笔记。

8. 能通过阅读作品，感受到傅雷对祖国、对儿子深厚的爱；结合生活实际，学会做人、面对生活；能从内容、感情、语言多角度表达自己对作品理解。

9. 掌握查找资料、引用资料的基本方法，分清原始资料与间接资料的主要差别；学会注明所援引资料的出处。

10. 积极参与演讲活动，认真体验活动过程，学会与人合作，学会善待他人；在演讲中提升思想境界，提高语言表达水平和写作水平，完成演讲稿的创作。

第三单元

1. 累计认识常用汉字 90 个，其中 80 个左右会写。

2. 了解课文涉及的重要作家作品知识和文化常识。

3. 养成默读的习惯，有一定的速度，阅读一般的现代文每分钟不少于 500 字，理清思路，理解主要内容，体味和推敲重要词句在语言环境中的意义和作用。

4. 把握小说的题材特点，了解人物、情节、环境等要素，阅读过程中能有自己的情感体验，初步领悟作品的内涵，从中获得对自然、社会、人生的有益启示。

5. 品味作品中富于表现力的语言；对作品的思想感情倾向，能联系文化背景作出自己的评价；对作品中感人的情境和形象，能说出自己的体验。

6. 学习小说创作中环境描写手法和塑造人物形象中的常用的描写手法，并体会这些手法的作用。

7. 背诵默写课外古诗词《破阵子》、《浣溪沙》，赏析诗句，感悟诗情，增加文学积累。

8. 能在老师周读书计划的指导下，用精读与研读相结合的方式阅读《呐喊》，边读边作批注，能对精彩片段做读书笔记。

9. 在反复研究《呐喊》一书经典名篇基础上，结合鲁迅其人，其生活的时代，理解小说的主题，体会作者的思想感情；能对作品进行专题性研究性阅读，并能从不同角度写读后感，并积极参加校级读书报告会。

10. 多角度、多侧面地了解青春期知识，形成健康个性和人生观；能用多种表达方式来表达自己的情感和意愿，在交流过程中，注意根据需要调整自己的表达内容和方式，不断提高应对能力。

第四单元

1. 累计认识常用汉字 80 个，其中 60 个左右会写。
2. 了解课文涉及的重要作家作品知识和文化常识。
3. 了解议论文的基本文体知识，能阅读简单的议论文；能够区分观点与材料（道理、事实、数据、图表等），发现观点与材料之间的联系，并通过自己的思考，作出判断。
4. 能在通读课文的基础上，理解文章内容，在合作探究中把握作者的观点，并且有自己个性化、创造性的理解。
5. 品味关键语句，体会议论性文体准确、严密的语言特点；能够积累准确、严密、生动的论述语言，形成自己的语言库。
6. 在阅读文本中，与作者进行对话，明确要用科学的、严谨的、创造性的态度对待求知，提高认识水平，丰富文化素养。
7. 背诵默写课外古诗词《醉花阴》、《南乡子》，赏析诗句，体会诗情，增加文学积累。
8. 能在老师周读书计划的指导下，用精读与研读相结合的方式阅读《培根随笔》，边读边作批注，并能将哲理深刻的句子做读书笔记。
9. 能通过阅读作品，了解培根对很多方面的认识，学习培根的思想精华，体会作品语言简洁、文笔优美、说理透彻的写作特色并联系自己的实际表达感受，能结合一个方面创造性地谈自己的观点。
10. 课堂内外讨论问题，能积极发表自己的看法，有中心、有条理、有根据；能听出讨论的焦点，并有针对性地发表意见，能写简单的议论文，努力做到有理有据。

第五单元

1. 累计认识常用汉字 90 个，其中 80 个左右会写。

2. 了解课文涉及的重要作家作品知识和文化常识；了解明清优秀章回小说概貌，激发学生热爱古典文学的热情。

3. 能借助注释和工具书理解文中较为生僻的古典白话词汇，正确理解语意；熟悉课文内容，能提取主要信息，完整地复述故事。

4. 能够紧扣人物所处的典型环境、紧扣人物的身份经历、抓住人物的语言行动等诸多描写来分析人物性格，理解作品的思想意义，体会作者的艺术匠心，培养学生初步鉴赏古典文学作品的能力。

5. 体会古典白话名作的语言特色，学习用生动洗练、富有表现力的语言写人状物。

6. 背诵默写课外古诗词《山坡羊》、《朝天子》，赏析诗句，体悟诗情，增加文学积累。

7. 在老师周读书计划指导下，用精读与研读相结合的方式阅读《水浒传》，边读边作批注，能将精彩片段做读书笔记。

8. 能通过阅读作品，了解作品的故事情节，能结合背景，透彻地分析人物形象，从而把握作品的主题；能就不同的专题进行深入阅读与评价，全面提高文学阅读与鉴赏能力。

9. 能按要求搜集有关货币的资料，能针对金钱问题发表自己的观点，敢于质疑；树立正确的价值观、金钱观，能合理理财；能针对某一问题做社会调查，并形成调查报告。

第六单元

1. 累计认识常用汉字 90 个，其中 70 个左右会写。

2. 了解课文涉及的重要作家作品知识和文学常识，体会文言文语言的特点。

3. 能用普通话正确、流利、有感情地朗读并背诵经典文言文。

4. 通过注释和查阅工具书阅读理解文言文，把握文章的主旨和要点；辨析文言词语，特别是词语古今意义的变化和联系；培养对古代思想的感悟、理解评价和反思能力。

5. 背诵所有文言文，品味精彩的片段，在理解文意的基础上，把握作者的思想感情，培养文言语感。

6. 通过反复朗读与背诵，能用历史唯物主义的观点认识历史事件和历史人物；在与他们的心灵对话中，感受他们身上杰出的智慧、高尚的追求与无私的奉献精神。

7. 能在老师周读书计划的指导下，用精读与研读相结合的方式阅读《康熙大帝》，边读边作批注，能及时将描写精彩的片段做读书笔记。

8. 能通过阅读作品，从整体上把握全书的主要故事情节，在不断地研究阅读中体会传记文学与历史著作的不同；能从不同角度作创造性的分析与评价，完成专题性阅读创作，做专题性汇报。

9. 引导学生跨学科学习，学习古代杰出人物的优秀品格；引导学生学会透过表层的资料收集，多角度、有创意地探究深层次的东西；注重学生的文化感悟，让学生审视中国传统文化，积淀人文素养，在浓郁的人文氛围中培养学生综合素养和学习能力，抒写千古风流人物。

九年级下册单元整体课程目标

第一单元

1. 累计认识常用汉字 60 个，其中要求正确书写 40 个。

2. 了解本单元所涉及的作家作品，积累文学常识。

3. 有感情地朗诵诗歌，理解诗中的艺术形象，体会诗人表达的思想感情。

4. 鉴赏诗歌，欣赏品味凝练的诗歌语言，在合作探究中体味、推敲重点句子的意义、作用；学习象征的艺术手法。

5. 在吟诵与欣赏诗歌中，陶冶情操，净化心灵，加深对祖国和家乡的热爱之情。

6. 背诵默写课外古诗《从军行》、《月下独酌》，赏析语境，体悟诗情，增加文学积累。

7. 能在老师周读书计划的指导下，用精读与研读的方式阅读《格列佛游记》；能在每天读书时间积累精彩片段，并对精彩片段作出赏析。

8. 能在理清故事情节，分析人物形象的基础上把握小说的主题；能结合文本，研究体会小说的艺术特色，能从小说的社会背景、人物、情节、主题、语言、结构、手法等不同的角度选择专题进行研读，并写出研读报告，积极进行展示。

9. 利用图书馆、网络搜集其他爱国主义诗篇，进行拓展阅读；运用真挚情感讲述有关土地的故事，注意清楚流畅表达；写作关于土地的文章，有自己独到的感受和真切体验，培养高尚的爱国主义情感。

第二单元

1. 累计认识常用汉字 100 个,其中要求正确书写 70 个。

2. 学习小说的有关知识,了解并记忆重要作家作品等文学常识。

3. 能够熟练运用默读、略读相结合的方法阅读小说,每分钟不少于 500 字;对小说内容和表达有自己心得,能提出自己看法、疑问,并运用合作方式共同探讨疑难,体验合作与成功的喜悦。

4. 能够运用已有的情感体验,领悟作品内涵,联系文化背景作出自己的评价,品味其中富有表现力的语言。

5. 着重欣赏人物形象,把握人物性格特点,了解刻画人物性格的多种艺术手法。

6. 背诵默写课外古诗《羌村三首》、《登楼》,赏析诗句,体悟诗情,提高诗歌鉴赏能力,增加文学积累。

7. 能在老师周读书计划指导下,用精读与研读相结合的方式阅读《契诃夫短篇小说选》,边读边作批注,将精彩片段做读书笔记。

8. 通过阅读作品,充分感受契诃夫小说语言与艺术的风格,研究经典篇目,分析人物性格,结合背景了解作品的主题;能从不同角度解读自己喜欢篇目,并能完成创作。

9. 广泛查找资料,开展小说推荐活动,在相互交流中感受小说的艺术魅力;能用多种方式展示自己对小说中人物的喜爱之情;重新设计小说中人物命运,为小说续写故事;寻找周围生活中的小说素材,进行虚构、演绎,编故事,试写小说。

第三单元

1. 累计认识常用汉字 90 个,其中要求正确书写 50 个。

2. 在反复的诵读中理解文章内容,能结合自己的情感体验,谈论自己对生命和人生的独特感受和深沉思索，获得对生命、对人生的有益启示。

3. 欣赏品味散文富有表现力的语言，重点品味议论与抒情相结合的表达方式。

4. 通过不同形式的阅读，培养审美情趣和对文字的感悟、理解能力。

5. 背诵默写课外古诗《走马川行奉送封大夫出师西征》、《左迁至蓝关示侄孙湘》，赏析诗句，体悟诗情，提高诗歌鉴赏水平，增加文学常识积累。

6. 能在老师周读书计划的指导下，用精读与研读相结合的方式阅读《平凡的世界》，边读边作批注，将生动精彩的片段做读书笔记。

7. 通过阅读作品，从整体上把握故事情节，在研究性阅读中，感受以孙少安和孙少平两个主人公为代表的，那些为生活默默承受着人生苦难的人们所表现出来的人性的自尊、自强与自信；能从不同角度解读文本，发表自己个性化、创造性的理解。

8. 关注社会时事，进行社会调查，形成社会调查报告或发表演讲。

9. 多角度观察，发现生活的丰富多彩，力求有创意地表达自己对自然、人生的独特感受和真切体验。

第四单元

1. 累计认识常用汉字80个，其中要求正确书写60个。

2. 了解本单元的作家作品，了解戏剧常识，增加文学常识积累。

3. 在诵读文章的基础上，分角色朗读表演戏剧内容，见识人生百态，品尝生活百味。

4. 欣赏话剧及影视剧本，注意人物性格在戏剧冲突中的体现，深入体会作品主题。

5. 学习以个性化语言塑造人物形象的方法，注意体会剧本的画面感；培养阅读和欣赏戏剧文学的能力，提高学生的审美情趣。

6. 背诵默写课外古诗《望月有感》、《雁门太守行》，赏析诗句，体悟诗情，提高诗歌鉴赏能力，增加文学积累。

7. 能在老师周读书计划的指导下，用精读与研读相结合的方式阅读《雷雨》，边读边作批注，将精彩片段做读书笔记。

8. 能通过阅读作品从整体上把握故事情节，能结合背景理解作品的主题，结合矛盾冲突，感受人物形象，体会戏剧不一样的文学魅力；能在不同的主题探究中，表达自己的见解，写成读后感。

9. 欣赏和表演戏剧，向同学推荐自己喜欢的戏剧剧目或表演艺术家，注意表情和手势，注意要有自己的观点、有说服力，有鉴赏力。

10. 根据表达中心，选择恰当的表达方式，运用个性化的语言塑造人物形象，形成强烈画面感，展开联想和想象进行戏剧小创作。

第五单元

1. 累计认识常用汉字80个，其中要求正确书写50个。

2. 了解重要作家、作品等文学常识，认识古代社会，增进对传统文化的了解。

3. 能够借助注释和工具书理解文言文的基本内容，背诵并默写经典诗文。

4. 加强诵读，注意把握各篇文章的思想观点，了解它们各自的论述方式和语言风格。

5. 在反复的吟诵中，从我国古代先贤们的思想主张中汲取精神营养，促进形成积极、高尚的思想追求。

6. 背诵默写课外古诗词《卜算子·送鲍浩然之浙东》、《别云间》，赏析诗句，体悟诗情，提高诗歌鉴赏能力，增加文学积累。

7. 能在老师周读书计划的指导下，用精读与研读相结合的方式阅读《〈论语〉心得》，边读边作批注，将富有哲理的片段做读书笔记。

8. 能通过阅读作品，从于丹教授独特的视角来解读儒家的经典著作《论语》，从中汲取做人、求知、处事等积极正确的人生态度。并且在探究阅读中从不同角度解读作品，按主题写下自己独特的见解。

9. 学会从图书馆、报纸、书籍或其他媒体中获取有关资料，了解《论语》、《孟子》承载的社会理想、政治主张，以及他们在修身、交友、学习方面的见解。

10. 以孔子、孟子的某一句名言为题，写议论文，注意立论要有依据；学会修改作文，能够互评互改，写作字数达 700 字以上。

第六单元

1. 累计认识常用汉字 80 个，其中要求正确书写 50 个。

2. 了解文学常识，了解先秦名篇所反映的人们的政治理念、生活理想和人生追求。

3. 能够借助注释和工具书理解文言文的基本内容，背诵优秀经典篇目，背诵并默写古诗；积累文言材料，培养语感，提高文言文阅读能力。

4. 联系学过的文言诗文，对一些常用的文言词语的意义和用法进行梳理和区分。

5. 反复诵读，在理解文意的基础上，注意把握各篇文章的思想观点，了解它们各自的论述方式和语言风格。

6. 在阅读先秦散文的基础上，学习这些历史人物杰出的智慧与伟大的人格，让这些有益的启迪，引领我们走好青春之路。

7. 能在老师周读书计划的指导下，用精读与研读相结合的方式阅读《简·爱》，边读边作批注，能将描写细腻的片段做读书笔记。

8. 能通过阅读作品，从整体上把握故事情节，体会主人公富于激情、幻想和反抗的精神,能对主人公作出个性化的评价;在探究性的阅读中感受小说浓郁真挚、丰富细腻的情感,不朽的艺术魅力;能在专题性阅读交流中发表个人的见解。

9. 总结三年的收获和难忘故事进行演讲,写作"岁月如歌",要有真情实感。

第三篇
课程实施与评价

  课程的实施是课程目标的具体落实。初中语文单元整体课程的实施,以单元为单位,将单元整体课程实施分为:教科书教学、读整本书教学、语文综合性实践活动三个部分。整体的思想始终指导着每一部分内容的实施。评价内容与课程实施内容一一对应,贯穿实施全过程。

轻嗅亲情芳香

——人教版初中语文七年级上册
第五单元单元整体课程设计

第一部分　课程设计

【单元导读】

浓浓亲情，动人心弦。亲情是人间真挚而美好的感情，描写亲情的文章往往最能打动人心。在本单元的这几篇课文中，作者以自己切身的体验，写出了亲情的丰富和多样，引起了我们的共鸣。

【单元教学整体构想】

本单元的学习分为五个模块：

模块一：单元整体预习（3课时）。通读全单元课文，消除字词障碍。能用不同的方式朗读本单元课文并形成自己初步的阅读体验，能感受到不同内容的亲情。

模块二：理解内容，解读亲情（2课时）。重在引导学生在有感情的朗读中理解内容，并能引导学生抓住关键语句反复体会，形成自己个性化的阅读体验，深入体会到字里行间流淌出的亲情。

模块三：品味语言，学习表达（2课时）。在学习圈点勾画阅读方法的基础上，引导学生能从文章中找出关键性语句，能在反复的朗读品味中体会语言表达的作用，并能总结学习借物抒情这种重要的写作手法。

模块四：读整本书活动——《繁星·春水》读书交流会（2课时）。旨在读整本书中，熟练运用圈点勾画的阅读方法，能有感情读诗，能有独特感受地品诗，能用借物抒情的手法尝试写诗。

模块五：综合性实践活动——我爱我家（2课时）。让学生学会从生活实践中选择材料，利用各种形式表达自己对亲情的理解，以达到学生听、说、读、写各个方面能力的提高。

【单元整体目标】

1. 能够熟练地使用字典、词典独立识字90个，正确书写80个左右的词汇。

2. 了解本单元所涉及作家的文学常识，牢记有关鲁迅、冰心与刘义庆的文学知识。

3. 能够在有感情朗读课文的基础上理解主要内容，把握文章主题，体会"情感"的内涵，能多角度、有创意地理解文章内容，能运用交流合作的方式，共同探讨疑难问题。

4. 能够用品读的方式体味和推敲重要词句在语言环境中的意义和作用，注意语言的积累和写法的借鉴。

5. 懂得重视亲情，珍惜亲情，培养高尚的道德情操和审美情趣。

6. 能够借助注释和工具书识记文言词汇，能够在阅读并背诵文言文《〈世说新语〉两则》的基础上，用自主学习和小组共同合作的学习方式理解基本内容，获得启示，增加文言文阅读语感。

7. 背诵默写并赏析课外古词《如梦令》、《观书有感》，提高诗歌鉴赏能力，增加文学积累。

8. 能够在老师周读书计划的指导下，熟练地运用略读和诵读的方式阅读《繁星·春水》，能够随时将自己喜欢的小诗进行摘抄，并能写几句赏析。

9. 能够在字里行间体会到"母爱"与"童真"，能从哲理小诗中有所感悟，学习冰心体小诗的艺术风格，自己也能结合自己对生活的理解，创作小诗，并在读书交流会上积极展示。

10. 能够通过"我爱我家"的展示活动，讲述关于亲情的故事，体会父母的恩情，学会感恩，学会回馈，完成写作练习。

模块一：预习交流教学设计

【预习目标】

1. 扫清文字障碍，掌握重点字词，了解相关文学常识。
2. 能够在阅读文本的基础上，从整体上把握文章的主要内容。

【预习过程】

一、自主预习

1. 借助课下注释，查阅资料，了解本单元涉及的五位作家：鲁迅、泰戈尔、冰心、张之路、莫怀戚，重点掌握前三位。

2. 通读本单元课文，边读边画出重点字词，借助工具书完成注音或解释。

3. 美读课文，画出课文中语言优美或感情饱满的语段，有感情地朗读，做到读音准确、停顿恰当、读出语气。并用自己的话说说你体会到怎样的感情，由此，你回忆起怎样的经历？

4. 感悟亲情，通过美读课文，你对亲情有什么新的认识或感悟？用你喜欢的方式和大家交流一下。（可以写一段话，可以诵一首诗，可以唱一首歌，也可以画一幅画……）

二、填写预习汇报单

1. 我来介绍（提示：可以介绍名人生平、故事、作品等，可以文字介绍，也可以表演短剧）

鲁迅：

泰戈尔：

冰心：

2. 我会读（给加点字注音）

丫杈（　　）　　花蕾（　　）　　嫌恶（　　）

苦心孤诣（　　）　掷（　　）　　虐（　　）杀

堕（　　）　　　　坠（　　）　　怦（　　）怦

逮（　　）着玩　　逮（　　）捕　　攥（　　）着

抹（　　）眼泪　　熬（　　）　　分歧（　　）

霎（　　）时　　　匿（　　）笑　　衍（　　）

并蒂（　　）　　　菡萏（　　）　　攲（　　）斜

荫（　　）蔽

3. 我会写（根据拼音写汉字）

jì mò（　　）　　líng dīng（　　）　　qiáo cuì（　　）

jué（　　）别　　dàng yàng（　　）　　hán zhàn（　　）

水波 lín lín（　　）　chāi（　　）散　　gè dé qí suǒ（　　）

dǎo gào（　　）

4. 我会解释

熬：　　　　　　　　　　委屈：

粼粼：　　　　　　　　　匿笑：

菡萏：　　　　　　　　　攲斜：

5. 我是小小朗诵家

选择你读得最好的文章或段落，准确、流利、有感情地读给大家听，也可以小组合作分角色朗读课文，并尝试给所读段落写一段导入语、过渡语或结束语，来展示你对所读文字的理解。

6. 我的感悟

亲情是人间真挚而美好的感情，描写亲情的文章往往最能打动人心。

写下你阅读这些文章后的感悟，并有感情地读给大家听。

三、结语

通过对本单元的预习，我们可以初步感知文中所描写的母爱、手足情和友情。高尔基曾经说过："世界上的一切光荣和骄傲都来自母亲。"王勃也曾经说过："海内存知己，天涯若比邻。"所以我们要深深体会到亲情、友情在我们前行道路上的重要性，并且要学会珍惜生活中的每一段"情"，愿同学们在以后的生活中都有一颗懂得感恩，懂得珍惜的心。

第二模块：内容与主题教学设计

【学习目标】

1. 能够有感情地朗读课文，揣摩文章的亲情美。
2. 抓住关键语句理解亲情，把握主题。

【学习过程】

一、导入

亲情是一个难以完美诠释的词汇，有时，亲情是黑夜里明亮的烛光，掀开夜幕，指引前进的方向；亲情是冬日里和煦的太阳，驱走严寒，给我们带来温暖。在生活中，我们既承受着来自亲情的呵责与打击，也沐浴着亲情中饱含的浓浓爱意。我们常常因为亲情而不知所措，也总是能在亲情中找到心灵最后的归宿。今天我们将继续体味亲情之旅，寻找那些似曾相识的故事，回顾那些颇有同感的内心体验。

二、感受人间真情

（一）母爱似水

1.《金色花》中的孩子为什么想变成一朵金色花，而且一而再、再而三地不让妈妈知道？妈妈为什么反而责怪孩子？还骂"你这坏孩子"，这是什么口吻？请你找出文中的相关语句，有感情地反复朗读，揣摩作品中蕴含的情感。

2.《荷叶 母亲》抒发了作者什么样的情感？你从文中的哪些语句可以感受到？找出这些句子，有感情地反复朗读，说说你从中感受到的细腻情感。

（二）手足情深

《风筝》所叙事件并不复杂，但是其中暗含的情感却是多元的，你觉得应该怎样理解本文的主题？结合文中具体语句来谈。

（三）温馨家庭

《散步》一文中，"我们"一家为什么要去散步？散步的过程中发生了怎样的分歧？又是如何解决的？从文中哪些地方可以看出来？你怎样理解文章最后一段话？你在生活中有这样的情感体验吗？

（四）当亲情遭遇友情

《羚羊木雕》一文中，父母心目中珍视的是羚羊木雕，"我"心目中珍视的是友情，由此而起冲突。应该说，父母是有欠缺的，"我"也是有欠缺的。作者的感情倾向是怎样的？你从文中哪些地方可以看出来？如果将来你也会遇到类似的事件，你会怎么做？

三、书写美丽情怀

几篇充满爱意的课文把我们带入了浓浓的亲情世界，大家心中一定有很多感触，有很多话想说给自己的家人听。请你拿起手中的笔，为自己的亲人写一段文字，可以是一段话，可以是一首诗歌，并大声地有感情地朗读出来。听读的同学可以进行积极评价，并能提出有价值的修改意见。

四、结束语

这节课，每一个同学都在用心用情品味和亲情有关的每一个文字，老师看到了你们那颗充满热情的心。希望你们在今后的生活中，学会理解并用简单的方式回馈亲情。请大家记住，亲人，永远是危险来临时，第一个冲到我们身边、给我们撑起一方保护的人！请大家给这无价的亲情一次最热烈的掌声吧！

第三模块：语言与手法教学设计

【学习目标】

1. 体味推敲重点词句在表现亲情中的意义和作用。
2. 学习借物抒情的写作手法。

【学习过程】

一、品味隽永真挚的文字

（一）教你一个方法

圈点勾画批注阅读方法是一种边阅读、边勾画作标记的阅读方法。阅读时要求一边读，一边想，一边品味，一边勾画，用一些自己习惯用的符号，圈点勾画，标出重要的字、词、句，写出感想。圈点勾画往往有自己的一套符号，如：

①好句子：〜〜；②疑难句：?；③重点理解的字词：＿＿；④文章的重点和或中心思想：＝＝；⑤重点段：〔　〕；⑥全篇课文的分界：∥，段内的分层次：／；⑦打算摘抄的词语：〜〜〜。

请你试着用圈点勾画批注阅读的方法再读本单元课文，并标出：

1. 文中饱含真情的文字，反复朗读，把握好节奏、停顿、语速，读出真情，并说说你从文字中体会到怎样的情感。

2. 文中含义深刻富有哲理的句子，反复朗读，说说这些句子令你对文章有何深刻的理解，由此你想到自己怎样的经历，你对人生、对亲情又有怎样的感悟。

3. 文中生动优美的句子，从修辞、景物描写的技巧等角度赏析句子的表达效果。

4. 文中生动准确的词语，品味、推敲这些词语在句中的表达效果。

（二）给你一个舞台

请将你阅读过程中勾画出的重点词句有感情地读给大家听，说说你对这些文字及文章情感的理解，赏析它们的表达效果，并谈谈你的生活体验。

二、学习借物抒情的写法

（一）教你一个方法

借物抒情法，是指用描写客观事物来表达自己思想感情的写作方法。这种方法的要点是描写事物要紧扣与此事物有关的人事的变迁、荣辱、生死等，一草一木，一砖一石，处处都浸染着人物的喜怒哀乐。虽只是对事物的描绘，但读者读起来却字字都饱含着真切动人的情感。

借物抒情要求我们在描写物品时，把感情寄托于对事物的爱憎之中，要借物品的形象含蓄地抒发自己的感情。运用借物抒情的方法，关键是找准物品的特点与自己的感情引起共鸣的地方，使事物与感情相统一，使感情有所依托。

（二）给你一个舞台

本单元的课文中，鲁迅借风筝表达对童年往事的悔恨之情，泰戈尔借金色花表达对母爱的赞美回报之情，冰心借荷叶赞美母爱保护孩子的伟大。请你借小船、小树、小草、火把、春风……写一则小作文，300字左右，表达自己的某种情感。（追求理想、渴望风雨、不畏挫折、勇于奉献、思念亲友……）

三、问题预设与教师追问

1. 怎样理解"灰黑色的秃树枝丫叉于晴朗的天空中，而远处有一二风筝浮动，在我是一种惊异和悲哀"？

2. "张着小嘴，呆看着空中出神"，说明了什么？"很惊惶地站起来，失了色瑟缩着……留他绝望地站在小屋里"，"惊惶"、"瑟缩"、"绝望"

三个词表现了什么？

3. "我愤怒他的瞒了我的眼睛……即刻伸手折断了蝴蝶的一支翅骨，又将风轮掷在地下，踏扁了"，一个"折"字，一个"掷"字，一个"踏"字，有何作用？

4. 怎样理解"我的心也仿佛同时变了铅块，很重很重地堕下去了"？

5. 阅读文章最后四个自然段，分析："我"得到解脱了么？弟弟为什么不怨恨"我"呢？弟弟是真的忘记了么？结尾又出现了"悲哀"，究竟因何事而悲哀呢？单单是因为自己的愧疚么？

三、结束语

通过本单元的学习，我们更熟悉了对圈点勾画法的使用，希望同学们在以后的学习中多多练习，会极大地提高大家的阅读质量。对语言的分析把握，大家也有了很大程度的提高，分析得到位准确，并能充分结合语境，避免只在细枝末节上纠缠，培养大局观。在写法上，我们使用托物寄情的写法进行了创作，提高了写作水平，为以后的写作又多了一层积累。希望同学们多多努力，收获更多，成长更快！

模块四：《繁星·春水》读书交流会教学设计

【学习目标】

1. 学习用圈点勾画的方法阅读诗歌。
2. 学习有感情地诵读诗歌感受诗意。
3. 能够在品味赏析中体悟"母爱"深情。

一、仰望不落的星辰——冰心

你认识冰心老人吗？请查阅资料，把她的有关情况及其代表作品用简洁的语言介绍一下吧。

（提示：通过各种资料的搜集，了解冰心老人的主要生活及写作经历,了解她的"爱的哲学",了解她的代表作品并记住主要代表作。)

二、共享不朽的经典——《繁星·春水》

1. 略读全书,你觉得诗歌主要写了哪些内容,请概括一下。

(提示:通过阅读,学会从整体上把握诗歌的主要内容。)

2. 通过初读诗歌,你觉得这些诗歌在写法上有哪些特点呢?

(提示:通过阅读,初步感悟这些小诗的写作特色,了解什么是"冰心体"。)

三、赏读不老的情怀——"母爱"

1. 找出《繁星·春水》中关于"母爱"的诗歌,并进行朗读。

(朗读指导:注意把握语调、语速,注意节奏、重音,揣摩作者情感。)

2. 运用圈点勾画的方法再读诗歌,并从这些写"母爱"的诗歌中,选择最有感触的一至两首诗,结合自己的生活体验,展开联想和想象,说说自己的理解和感悟。

(阅读指导:在阅读过程中,进行圈点勾画,作批注,写出自己的心得感悟。在此基础上,选择最有感触的一至两首有关"母爱"的诗歌重点赏析。可以说说自己对诗歌的理解,可以联想自己生活中类似的体验和感受,可以重点品味、咀嚼重点词语或句子。)

3. 请用最真挚、最饱满的情感把你最喜爱的诗歌诵读出来吧,并与同组同学共同分享。

四、推荐不凡的佳作——"童真、自然"

除了"讴歌母爱"的作品之外,诗集中还有许多抒写"童真、自然"和富含哲理的诗作,请你再向大家推荐一首你最欣赏的其他佳作吧,并简单说说你的推荐理由。

五、倾诉不尽的收获

通过对《繁星·春水》的诵读欣赏,你从中都收获到了什么呢?

（提示：可以从读书的好处、诵读欣赏的要领、作者写作风格、对母爱的感悟、受到哲理诗的启发、自己的诗歌小创作等等多方面来谈。）

模块五：综合性学习教学设计

【学习目标】

1. 学会恰当选材，具体生动、真切感人。
2. 做到流畅表达，条理清晰、中心明确。
3. 能够感悟亲情，尊敬亲人、承担责任。

【学习准备】

1. 准备一张家人的照片。
2. 准备一件凝聚亲情的"宝贝"。
3. 搜集歌颂亲情的诗歌散文，感受作品深情。

【学习过程】

一、我有一个温暖的家——秀秀我的家人

每个人都有一个温暖的家，在这个家里，有慈祥的爷爷奶奶，有亲爱的爸爸妈妈，还有善良的兄弟姐妹。我们的家里也有我们挚爱的亲人，我们也带来了家人的照片，那就拿起笔为照片上的人物写一段介绍，让我们一起来秀秀家人吧！

要求：语言流畅，人物性格鲜明。

二、我有一份爱的回忆——晒晒我家宝贝

每个人的家里都有很多"宝贝"，有的宝贝虽不名贵却凝聚家人的关爱，带给我们爱的回忆。请你用生动感人的文字记下与你的宝贝有关的那段往事，让我们一起来晒晒宝贝，感受亲情！

要求：语言流畅，有中心，有故事性。

三、感悟亲情——我为我家抒真情

是啊，家是如此温馨，如此幸福！而你又想以什么样的形式表达你心中的感动呢？是一段优美流畅的文字，是一首发自肺腑的诗歌，还是一幅画、一首歌、一支舞？请你选择你最喜欢、最擅长的方式，表达你对亲情的赞叹。

四、我爱我家——我为我家做实事

家庭是我们成长的摇篮，是我们的港湾和第一所学校；父母是我们最亲的人，也是我们的第一任老师；兄弟姐妹是我们的手足，是我们最亲密的朋友。他们视我们为掌上明珠，无微不至地关怀、爱护我们，使我们尽享家庭的亲情和温暖。同学们，你爱你的家吗？你爱你的家人吗？你打算怎样去表达爱呢？请写下你今后要为家人、家庭所做的具体事件，把你满腔的热情化作最普通最平凡的行动，让你的家人感受到你对他们的爱。

五、我有一个强大的家——爱的升华

我爱我家，我爱我的爸爸妈妈，这是每个同学的心里话。但是如果把对"家"的理解停留在这一层面上，那未免太过狭隘了。请同学们用心感受一下，还有其他地方能用"家"这个字眼吗？这些家是不是也同样需要你用真心去热爱，用生命去捍卫呢？

六、写作训练

整理以上素材，结合自己亲身实践的经历，以"亲情"为话题，完成一篇不少于600字的作文，题目自拟，体裁不限（诗歌除外）。

第二部分　整体评价

语文基础知识评价

一、识字写字能力评价

（一）评价目标

本单元累计认识常用汉字 90 个左右，并能用正楷字认真、准确、工整书写。

（二）评价内容

注音写字（共 40 分，见本书第 108 页"我会读"、"我会写"）

（三）评价方法

1. 完成预习学案，当堂达标检测。

2. 第二节课前在个人展示板块内抽查听写。

（1）准确率

A. 40 分　B. 39—32 分　C. 31—24 分　D. 23 分以下

（2）书写

A. 写字规范，书写笔顺正确，笔画正确且到位，字体正确；字迹工整、端正；行款整齐，布局合理、匀称，整体效果好；纸面整洁；书写速度较快；写字姿势正确。

B. 写字较规范，笔顺正确，笔画正确，字迹工整、端正；大小匀称；纸面整洁；书写有一定的速度；写字姿势正确。

C. 写字不规范，有多个错字；字体不端正，结构比例失调，歪斜不稳；纸面不整洁；书写速度慢；写字姿势欠正确。

二、文学、文化常识积累

（一）评价目标

了解课文涉及的重要作家的生平，熟记作家作品及文学、文化常识。

（二）评价内容

文学常识填空（30 分）

1.《风筝》是一篇_____，作者_____，原名_____，字_____，浙江绍兴人，是我国著名的_____家、_____家、_____家。他的第一篇白话小说是_____。作品集有：小说集_____、_____、_____；散文集_____；散文诗集

_____；杂文集_____、_____、_____等。

2. 《金色花》选自_____，作者是_____（国籍）文学家_____，曾获_____奖，主要作品有_____等。

3. 《荷叶 母亲》选自_____，作者_____，是我国现代著名女作家、儿童文学家。代表作有散文集_____，诗集_____等。她的创作内容大致包括_____、_____、_____三个方面。以宣扬"_____"而著称。

（三）评价方法：考试、讲述作家故事

1. 准确率

A. 30 分　B. 29—24 分　C. 23—18 分　D. 17 分以下

2. 兴趣

A. 喜欢搜集作家生平故事，能讲述作家生平经历，介绍主要作品集内容及创作风格。

B. 了解作家生平主要经历，知道作家的代表作，但没有阅读作品。

C. 不能准确记忆有关作家信息，不了解作家。

三、朗读与背诵能力

（一）评价目标

能用普通话正确、流利、有感情地朗读课文，准确、熟练地背诵文言文。

（二）评价内容

1. 有感情地朗读课文。

2. 背诵《金色花》、《荷叶 母亲》、《咏雪》、《陈太丘与友期》、《如梦令》、《观书有感》。

（三）评价方法

1. 朗诵以听读的方式进行考察，划分为四个等级：

A. 正确、流利、有感情。

B. 正确、流利、但没有感情。

C. 有丢字、添字现象，超过三处。

D. 读不成句，不流畅。

2. 背诵以听背和默写的方式进行，划分为三个等级：

A. 能准确默写。B. 能准确背诵，默写错误在两处以内。C. 背诵错误超过三处。

阅读能力评价

一、评价目标

1. 通过有感情地朗读，理解内容，抓住关键语句反复体会，形成自己个性化的阅读体验，深入体会字里行间流淌出的亲情。

2. 在学习圈点勾画阅读方法的基础上，从文章中找出关键性语句，能在反复地朗读品味中体会语言表达的作用，并能总结学习借物抒情这种重要的写作手法。

3. 能借助注释和工具书识记文言字词，理解基本内容并背诵文言文。

二、评价内容

1. 阅读下面的文字，回答后面的问题。（15分）

①不知什么时候，奶奶站在门口。她一定想说什么，可是，她没有说。这时，妈妈从柜子里拿出一铁盒糖果对我说："不是妈妈不懂道理，你把这盒糖送给你的好朋友……那只羚羊，就是爸爸妈妈妈妈也舍不得送人啊！"我从妈妈的眼睛里看出了羚羊的贵重。她和爸爸一起看着我，像是在等待着什么。我知道事情已经无可挽回了，眼泪顺着我的脸颊流下来。屋子里静极了。奶奶突然说："算了吧，这样多不好。"奶奶一边递过糖盒一边说："您不知道那是多么名贵的木雕！"

②我再也受不了了,推开妈妈的糖盒,冒着雨飞快地跑出门去。

③我手里攥着万芳送给我的小刀一路走一路想,叫我怎么说呢?她还会像以前一样和我要好吗?一定不会了。

(1) 第一节中妈妈说的话是什么意思?(2分)

_____

(2) 第一节中写奶奶"一定想说什么,可是,她没有说",此情此景,奶奶会说些什么呢?为什么又没有说?(4分)

_____

(3) 画线第二句是奶奶的话,你同意奶奶的观点吗?为什么?(3分)

_____

(4) 从描写方法角度看第二、三节属于_____,表现出了我的_____。(4分)

(5) 写奶奶的目的是什么?(2分)

_____

2. 阅读下面的文章,完成下列各题。(22分)

有一天,我忽然想起,似乎多日不很看见他了,但记得曾见他在后园拾枯竹。我恍然大悟似的,便跑向少有人去的一间堆积杂物的小屋去,推开门,果然就在尘封的什物堆中发现了他。他向着大方凳,坐在小凳上;便很惊惶地站了起来,失了色瑟缩着。大方凳旁靠着一个蝴蝶风筝的竹骨,还没有糊上纸,凳上是一对做眼睛用的小风轮,正用红纸条装饰着,将要完工了。我在破获秘密的满足中,又很愤怒他的瞒了我的眼睛,这样苦心孤诣地来偷做没出息孩子的玩意。我即刻伸手折断了蝴蝶的一支翅骨,又将风轮掷在地下,踏扁了。论长幼,论力气,他是都敌不过我的,我当然得到完全的胜利,于是傲然走出,留他绝望地站在小屋里。后来他怎样,我不知道,也没有留心。

然而我的惩罚终于轮到了，在我们离别得很久之后，我已经是中年。我不幸偶尔看了一本外国的讲论儿童的书，才知道游戏是儿童最正当的行为，玩具是儿童的天使。于是二十年来毫不忆及的幼小时候对于精神的虐杀的这一幕，忽地在眼前展开，而我的心也仿佛同时变了铅块，很重很重地堕下去了。

（1）解释下列词语。（2分）

①恍然大悟_____

②苦心孤诣_____

（2）按要求从文中摘录关键词句，填写下表。（6分）

人物	细节描写	内心活动
小兄弟		
"我"		

（3）如果把"又将风轮掷在地下，踏扁了"改为"又将风轮扔在地下，踩扁了"行不行？（3分）

_____

（4）画线句子运用了什么修辞方法？有什么作用？（3分）

_____

（5）请用简洁的语言概括第一段的内容。并说说"精神的虐杀这一幕"指的是哪一幕？（2分）

_____

（6）作者为什么千方百计地阻止小兄弟放风筝？为什么后来又称之为"精神虐杀"？（4分）

_____

（7）在文中找出一句有关文章主旨的句子。（2分）

3. 阅读《世说新语》，思考回答下列问题。（13分）

（1）《世说新语》是六朝志人小说的代表作，是_____（朝代）_____（姓名）组织编写的。（2分）

（2）解释下列各句中加点的词。（4分）

与友期约_____   去后乃至_____

撒盐空中差可拟_____   俄而雪骤_____

（3）"谢太傅寒雪日内集，与儿女讲论文义"这一句总述了谢太傅家人咏雪的背景，极精炼地交代了时间"_____"、地点"_____"人物"_____"、事件"_____"等要素。（4分）

（4）下列说法不正确的是（　　）。（3分）

A."期日中，过中不至"这一句话点明了不守信用的人是客而不是陈太丘

B."与儿女讲论文义"一句中"儿女"指的是谢太傅的儿子和女儿

C."未若柳絮因风起"这句话的意思是：还不如化作风把柳絮吹得满天飞舞

D."尊君"、"家君"，前者是敬词，对别人父亲的一种尊称；后者是谦词，是对人称自己的父亲

三、评价方式

以考试的形式进行评价，根据成绩划分为三个等级：

A. 40—50分，有较高的文字阅读能力，能读懂文章内容，深入理解作品主题，并能对文章语言进行准确、全面、细致的赏析。

B. 30—39分，能读懂文章大意，初步把握作品情感，能找出关键语句，但对这些语句的分析不够准确。

C. 29分以下，阅读文章有障碍，不能准确理解文章的内容及情感并分析语言的表达效果。

习作评价

一、评价目标

1. 从生活小事和家庭细节中体会家所蕴含的情感和意义。

2. 学习"以小见大"的写作手法。

3. 融入真情实感，围绕一事一物写一篇文章，做到具体、真切、生动感人。

二、评价内容

以"我爱我家"为题，完成作文练习。

三、评价方式

1. 评价原则

个人评价、小组评价与教师评价相结合。

2. 评价形式

（1）书面评价。采用分数、评语来表示。

（2）口头评价。采取面批的形式，当面指出作文存在的问题。

3. 评价过程

第一步：自评

学生完成作文之后，通读自己的作文，理清文章的思路，修改、补充文章的不当之处，使之清晰、自然、流畅。自评修改过程中，看文章是否围绕一事一物来组织材料，详略是否得当，能否在小事中表现浓厚的感情。

第二步：互评

自评完毕后，小组内交换互评。评价中，小组共同讨论，就作品中选材问题，是否有效地表现亲情，能否做到"以小见大"，对材料中细节的处理是否得当、有无细节描写的精彩之处等等问题进行小组点评。

第三步：师评

紧紧围绕此次习作的目标，挖掘学生习作中"小事"、"细节"处表现真情的优秀范例，对习作中"以小见大"写法运用成熟的同学进行表扬，同时指出写作中存在的事例不典型、细节处理欠妥当等问题，并进行集中讲评。

附：作文评价标准

一类作文（44分—50分）

有很好的切入点，成功运用了生活中的小事，表现了亲情的主题。对亲情有自己独特的感悟和视角；叙事过程中对细节的处理到位，能于细节的描写中表现人物感情和主题；语言流畅、生动，叙述中饱含真情，有打动人的力量和魅力。

二类作文（37分—43分）

能围绕主题选材，但选取的材料不够典型，在从一般观察到具体准确地提炼上还有一定困难；有具体的事例，但缺少能够触动或吸引读者的细节；未能反映出个人的独特感悟和视角，缺少打动人的力量和魅力。

三类作文（30分—36分）

内容空洞，缺少具体的事例和细节；观点、细节或事件以一种松散、随便的方式搅在一起，缺乏逻辑性；叙述平淡，在事例和细节的处理上缺乏自己独到的观察；不能将对亲情的感悟融入叙述之中；感情虚假做作。

四类文（29分以下）

不能在规定时间内完成作品，字数不够；叙事不完整，没有细节的刻画；对亲情没有自己的情感体验，或者抄袭他人作品；表露出消极情绪等等。

综合性实践活动评价

一、评价目标

1. 用普通话流利地介绍自己的家人和珍藏的"宝贝",发言时态度大方。

2. 能注意对象和场合,学习文明得体地进行交流。

3. 耐心专注地倾听,能根据对方的话语、表情、手势等,理解对方的观点和意图。

4. 准确地表达自己的观点,做到清楚、连贯、不偏离话题。

5. 注意表情和语气,使说话有感染力和说服力。

6. 在交流过程中,注意根据需要调整自己的表达内容和方式,不断提高应对能力。

7. 能够感悟亲情,尊敬亲人,学会承担责任。

二、评价内容

1. 为大家展示家人的照片,用流畅生动的语言介绍自己的家人,能突出人物性格,感受家人之间的亲情。

2. 为大家介绍凝聚着家人关爱的一件"宝贝",用生动感人的文字记录与"宝贝"有关的那段往事,和大家分享你感受到的亲情。语言流畅,有中心,有故事性。

3. 选择你最喜欢、最擅长的方式,表达你对亲情的赞叹。可以是一段优美流畅的文字,可以是一首发自肺腑的诗歌,也可以是一幅画、一首歌、一支舞……

4. 利用在家中的时间为家人,为你的家做几件力所能及的事,并用流畅、生动的文字记录下来,让大家感受到你对家人的关爱和付出。

三、评价方法

1. 在活动中评价。根据学生在交流中的发言次数和质量进行评价。划分为优、良、中、差四个等级。

2. 以书面测试的形式进行评价。规定时间内以笔答形式完成上面三项活动。按成绩分为优、良、中、差四个等级。

读整本书教学评价

一、评价目标

精读《繁星·春水》,学习用圈点勾画的方法阅读诗歌。学习有感情地诵读诗歌感受诗意。能够在品味赏析中体悟"母爱"深情。

二、评价内容

1. 完成读书笔记。

2. 撰写读书交流会的发言稿。

三、评价方式

1. 将读书笔记按质量划分为优、良、中、差四个等级。

2. 通过召开班级交流会,在活动中根据学生的发言次数和发言质量进行评价,划分为优、良、中、差四个等级。

成长的历程

——人教版初中语文七年级下学期
第一单元单元整体课程设计

第一部分　课程设计

【单元导读】

成长,是必须由每个人自己来完成的一段人生旅程。每个人都从成长中走来,用自己的心灵感知世界,但每个人的经历并不相同,因而拥有不同的成长体验,既有幸福的回忆、美好的憧憬,又有朦胧的烦恼、铭心的痛苦……他们给每个人的人生都烙下了不可抹去的印记。这个单元的五篇课文,或记录作者成长的感悟,或展示他人成长的历程,给正漫步在成长道路上的我们以莫大的鼓舞、激励、启迪和警示。

【单元整体教学构想】

本单元的学习分为五个模块:

模块一:单元整体预习(3课时)。通读本单元的课文,扫清字词障碍;能用朗读、默读、速读等不同的方式阅读本单元的课文,并形成自己初步的阅读体验,能总结概括出文章中人物的成长经历。

模块二:理解内容,领悟主题(2课时)。重在引导学生在有感情地朗读中,理解内容,了解主要人物的成长经历;能结合自身经历,对文本内容形成自己独到的见解或感受;学会正确面对成长中的苦与乐、得与失、成功与失败，勇于面对生活、面对挑战，从中受到教育与启迪。

模块三：品味语言，学习方法（2课时）。重在引导学生能从文中找出关键性的语句，能在反复的朗读中品味精彩语句、语段中所用的修辞手法及其表达作用；学习作者细致观察、抓住特点、具体真切地描写事物的方法；养成自主地观察和表达的习惯；学习插叙的作用。

模块四：读整本书《城南旧事》。了解作者多彩的童年，感受童年生活的无穷乐趣，珍惜人生的童年时光从而使单元主题得到延展和升华；继续训练单元组阅读能力重点：体会词句表达的感情，学习留心观察生活，用心感受生活，真实地表达自己的感受；学习批注读书法，使课内习得的读书方法能够熟能生巧。

模块五：综合性学习"成长的烦恼"。引导学生认识自我，正确对待成长过程中出现的烦恼，采取积极的生活态度；提高表达能力，与别人交谈应口齿清楚，态度大方，话语通顺完成，能准确地表情达意，说话不带口头禅，不要重复啰唆；写作要围绕中心，有主题；写自己要能写出独特的认识，写别人要注意本人的审视和评论，帮朋友解忧要注意语言得体。

【单元目标】

1. 熟练识记每课的生字词，共70个左右；了解本单元的几位作家，积累有关文学常识。

2. 进一步养成默读和速读的习惯，提高朗读质量。

3. 在通读文本的基础上能从整体把握课文内容，深入体会作者的思想感情，并联系自己的生活体验，用心领会，引起共鸣。

4. 学会用研读、揣摩、品味的方式赏析含义深刻且富于情感的精彩语句，学习作者表情达意的手法，提高语言感知的能力。

5. 了解他人的成长足迹，促成自己的成长意识。正确对待成长中的苦与乐、得与失、成功与失败，勇于面对生活、面对挑战。

6. 能借助工具书和注释识记文言词汇,在背诵默写课文的基础上,理解文章内容,能在合作探究学习中体会作者表达的观点。

7. 背诵默写课外古诗《山中杂诗》、《竹里馆》,能赏析重点语句,体会情感。

8. 能在老师周读书计划的指导下,用精读与品读的方式阅读《城南旧事》,能在每天的读书时间内积累精彩片段,能随时用圈点勾画的方法作批注。

9. 能理清故事情节,概括主人公英子童年经历的故事,并能有自己个性化的体验,把自己的童年生活与英子的童年生活进行对比,有所感悟,并写成文章,在读书交流会上大胆展示。

10. 能够在走进校园、走进家庭、走进社会的实践活动中,用采访的方式了解他人的烦恼,能将搜集的资料整理、使用,用多种方式表达。从他人的故事中悟出对生活积极的态度,进而关心他人、关注自己、关顾生活,完成有关"成长的烦恼"的写作。

模块一:预习交流教学设计

【预习目标】

1. 掌握重点词语和文学常识。

2. 通读本单元课文,初步感知内容,形成自己个性化的阅读体验。

【预习过程】

一、走近名家

借助工具书和注释,掌握有关鲁迅、林海音、安徒生等几位作家的文学常识,了解有关普希金、弗罗斯特的文学常识,并填写预习汇报单。

填空:

1.《从百草园到三味书屋》是一篇_____,作者_____,原名

_____，字_____，浙江绍兴人，是我国著名的_____家、_____家、_____家。他的第一篇白话小说是_____，作品集有：小说集_____；散文集_____；散文诗集_____；杂文集_____等。

2.《爸爸的花儿落了》选自台湾作家_____的小说_____。

3.《丑小鸭》的作者是_____（国家）著名童话作家_____，他的代表作品有_____等。

4.《假如生活欺骗了你》作者是_____（国家）著名诗人，著名诗作有_____等。

二、掌握字词

默读本单元所有课文，边读边画出你认为重要的或读不准的字词，读完后借助工具书扫清字词障碍，并完成预习汇报单。

注音或写字：

确凿（　　）　　菜畦（　　）　　皂荚（　　）

桑葚（　　）　　云 xiāo（　　）　　斑蝥（　　）

jǐ（　　）梁　　yōng zhǒng（　　）　　攒成（　　）

敛（　　）　　秕谷（　　）　　rén jì hǎn zhì（　　）

系绳（　　）　　白颊（　　）　　书 shú（　　）

和 ǎi（　　）　　蝉蜕（　　）　　人声 dǐng（　　）沸

倜傥（　　）　　盔甲（　　）　　拗（　　）

脑髓（　　）　　轻捷（　　）　　zhǒng zhàng（　　）

鸡毛掸子（　　）　　玉簪花（　　）　　骊歌（　　）

花圃（　　）　　chǒu lòu（　　）　　来势 xiōng xiōng（　　）

讪笑（　　）　　jí dù（　　）　　伫立（　　）

荒草 qī qī（　　）　　shùn xī（　　）

三、把握文意

用不同的方式（诵读、默读、速读）朗读三篇文章和两首诗，边读边体会课文的主要内容，完成预习汇报单。

填空

1.《从百草园到三味书屋》可以分为两个部分：_____和_____。作者通过对百草园和三味书屋的回忆，表现作者对_____的_____，对_____的_____，以及_____的心理。你更喜欢哪些生活场景？为什么？

2.《爸爸的花儿落了》讲述了主人公英子_____的经历。题目包含两方面的含义，一方面实指_____，一方面象征_____。"爸爸的花儿落了"，这语带双关的标题，不仅饱含着作者_____，同时也会引起读者_____。小说以此为题，含而不露，哀而不伤。

3.《丑小鸭》讲述了一只丑小鸭_____最后变成一只_____的故事，这个故事告诉我们_____的道理。

4.《假如生活欺骗了你》用短短八句话告诉我们一个深刻的生活道理：_____。其中你最喜欢的诗句是_____，_____。

5.《未选择的路》借自然界的路表达了诗人对_____之路的思考，告诉我们_____的生活哲理。

四、朗读展示

1. 选择你最喜欢的段落有感情地朗读，并用简洁、整齐的语言写说说你喜欢这一段的理由。

2. 每小组选择最喜欢的段落，进行朗读展示，要求读准字音，读出感情。为更好地表达出诗歌所要表达的情感，小组内可以合理分工，大胆创新。评选优胜小组，给予表扬。

模块二：内容与主题教学设计

【学习目标】

1. 学会整体把握课文内容和作者情感，进一步提高整体感知和感受文章内容、情感的能力，并联系自己的生活体验，用心领会引起共鸣。

2. 进一步养成默读和速读的习惯，提高朗读的质量，优化读书方法。

3. 了解他人的成长足迹，正确对待成长中的苦与乐、得与失、成功与失败，勇于面对生活、面对挑战。

4. 理解文中关键语句的含义。

【学习方程】

一、成长的欢乐

阅读《从百草园到三味书屋》，思考以下问题：

1. 由标题可知文章写了哪两方面的事？

2. 文章写了百草园内哪些事？这些事在作者笔下都有何共同特点？能否用文中语句加以证实？

3. "三味书屋"的生活主要有哪些事？孩子们读书时还干了哪些事？

4. 你认为，"我"的童年生活快乐吗？你可以从文中的哪些语句看出来？

二、成长的痛苦

阅读《爸爸的花儿落了》，思考以下问题：

1. 课题《爸爸的花儿落了》有怎样的内涵？

2. 文章回忆了"我"和父亲的哪些故事？其中最打动你最让你感动的是什么？

3. 从文中可以看出爸爸是一个什么样的人？他在"我"的成长过程

中起什么作用?

4. 英子的成长,是通过她的哪些变化看出来的?

5. 英子的成长历程令你想起了自己的哪些成长体验?你对成长有何新的感悟?

三、成长的艰辛

阅读《丑小鸭》,思考以下问题:

1. 这个童话讲了一个什么故事?

2. 丑小鸭遭遇到哪些歧视和打击?在这些打击面前,丑小鸭抱着什么态度?有什么追求?

3. 当丑小鸭变成了白天鹅,大家都来赞美它,它为什么会感到难为情?

4. 丑小鸭的形象有何现实意义?我们应从丑小鸭身上学习什么?

四、成长的思考

(一)阅读《假如生活欺骗了你》,思考以下问题:

1. 这是一首脍炙人口的名篇,许多人把它记在自己的笔记本上,作为鼓励自己的座右铭,你读了之后,喜欢这首诗吗?为什么?请自由讨论,各抒己见。

2. 你最喜欢哪几句?谈一谈你对这几句话的理解?

3. 诗人在诗中阐明了怎样的人生态度?请结合你感受最深的诗句说说你曾有过的体验。

4. 这首诗蕴含着什么人生哲理?你读后有什么启发?

(二)阅读《未选择的路》,思考以下问题:

1. 每个人在生活中,随时都可能面临选择的问题。当然,有些选择是被迫的,但有些选择我们自己完全可以做主。诗人把这种人生体验浓缩在诗中。诗人写了两条路,是哪两条?

2. 诗中的"路"有什么含义?

3. 请考虑一下，诗人是不是对他的选择感到后悔？是不是觉得自己选择了一条不该选择的路？

4. 为什么作者写作的重点放在"未选择的路"上，而且诗的题目也叫"未选择的路"？

5. 反复品读全诗，你从中悟出了怎样的人生哲理？

五、含英咀华，品味生活的哲理

1. "英子，不要怕，无论什么困难事，只要硬着头皮去做，就闯过去了。"这句话有怎样的内涵？

2. "旁边的夹竹桃不知什么时候垂下了好几枝子，散散落落的，很不像样……"文章这样描写有什么作用？

3. "我们是多么喜欢长高了变成大人，我们又是多么怕呢！"其中"我们"为什么既喜欢又害怕变成大人？

4. "爸爸的花儿落了。我已不再是小孩子。"文章这样结尾有什么深意？

5. "我要飞向他们。飞向这些高贵的鸟儿！"丑小鸭为什么拼死也要飞向高贵的天鹅？

6. "只要你是一只天鹅蛋，就算是生在养鸭场里也没有关系。"为什么这么说？

7. "他感到太幸福了，但他一点也不骄傲，因为一颗好的心是永远不会骄傲的。"其中"一颗好的心"是指什么样的心？

六、我的成长

读了这么多关于成长的故事，你对"成长"这一话题有何新的理解和认识？请回顾你的成长经历，说说你独特的成长体验和收获。

模块三：语言和手法教学设计

【学习目标】

1. 学习景物描写的方法。
2. 学习心理描写对塑造人物形象的作用。
3. 了解象征手法的作用。

【学习过程】

一、走进"百草园"，品味生动的语言

在鲁迅笔下，百草园就是"我"童年的乐园，虽然我们没有亲身经历，但通过作者的描写，我们仿佛亲历一般感受到了百草园的盎然生趣，作者是怎样做到这一点的呢？那就让我们品读相关文字，感受作者的生花妙笔。

1. 在作者的笔下，百草园是多姿多彩的，请你从文中找出体现景物色彩的词语，说说这些词语有怎样的表达效果。

2. 百草园又是生机盎然的，在这里不仅有各种植物，还有各种动物，有的还躲藏在不为人知的角落里，请你说说你发现了哪些动植物，并有感情地读读这些句子，说说作者为什么能把他们描绘得如此生动形象。

3. 走进百草园，静静地聆听，你还会发现，这里不仅有游戏的欢乐，还有动人的天籁之音，透过作者的一双妙笔，你听到了哪些自然的旋律？作者用什么样的词语来形容这些声音？有什么样的表达效果？

4. 冬天的百草园比较无味，很多人却在这段文字的指导下，学会了捕鸟。能用短短几句话教会别人一种技能，你认为鲁迅的高明之处在哪？

5. 跟随鲁迅先生的引导，我们重游记载了先生童年欢乐的百草园，同时也收获了很多写景的方法。你能把你的收获总结一下，并和大家一起分享吗？

二、重温城南旧事，走进人物心灵

1. 《爸爸的花儿落了》节选自长篇小说《城南旧事》，所选段落是英子参加毕业典礼，而爸爸却在此时永远地离开了，因此英子的内心很复杂，想到了很多很多……请你找出描写英子内心世界的语句，有感情地朗读，说说这些语句对塑造人物形象起了怎样的作用？

2. 英子的内心是痛苦的，是坚强的，是复杂的。随着她起伏的思潮，文章记叙的事件也在现实与回忆之中交叉。这是什么记叙顺序？有什么作用？

三、象征，让主题更深刻

1. 丑小鸭，是你，是我，是他。

《丑小鸭》是在安徒生心情不太好的时候写的。但这部作品却"使我的心情好转一点"。不只是作者，很多人都在作品中看到了自己的影子，他们觉得那只丑小鸭就是自己，丑小鸭的经历和自己是那么的相似，在读了这部作品后都重新焕发生活的勇气和克服困难的信念，并对未来充满信心。作品为什么收到这样的效果？其中值得我们借鉴的写作手法有哪些？

2. 路，在脚下，在心中。

《未选择的路》为我们展示了描绘了树林中分出的两条路以及诗人作出的抉择。但我们却在诗中读出了人生的哲理——人生之路也有很多，我们只能选择一条，要勇于抉择，更要慎重对待。这是什么写法？有什么作用？你还学过用这种手法创作的作品吗？思考后，和同学们交流一下。

模块四：《城南旧事》读书交流会教学设计

【设计思想】

一个人的阅读史就是一个人的精神发育史。引导学生从小热爱读书、学会读书、与经典同行、与名家为伴，无论对学生的语文素养的提升，还是对学生人格的和谐发展，都有着举足轻重的作用。浩浩书海，学生很容易目乱神迷，手足无措。教师适时有效的指导就显得尤其重要。当然，实践中会有很多读书指导的门径。其中立足教材的文本，寻找大阅读生长点，是引导学生阅读经典的一条捷径。它能够很好地促进课内课外的有效融合沟通，用"大语文"的视野提高阅读的效果。

读书指导课应当遵循"兴趣为先导，课本中学习的阅读方法迁移运用是基础，其他阅读方法合理补充是关键，评价激励是保证"的这样四个原则。以学生为主体，他们在读书指导课上互相启发、借鉴，互相促进、鼓舞，把老师教的读书方法进行积极的尝试，由不怎么会读书，逐步到读书有了一点门道，再发展到读书有了自己较为得心应手的方法，进而能够以读书为乐，把读书作为自己的生活需要，也就是形成良好的读书习惯。

【活动目标】

1. 阅读《城南旧事》，了解作者多彩的童年，感受童年生活的无穷乐趣，珍惜人生的童年时光从而使单元主题得到延展和升华。

2. 继续训练单元阅读能力重点：体会词句表达的感情，学习留心观察生活，用心感受生活，真实地表达自己的感受。

3. 学习批注读书法，使课内习得的读书方法能够熟能生巧。

4. 从阅读到习作，及时记录下童年生活的点点滴滴，写下自己的"多彩童年"，组成班级专刊《童年印迹》。

【活动准备】

1. 指导学生制订读书计划，四周内阅读完《城南旧事》。
2. 教师和孩子一起阅读，并写出同读经历。
3. 组织学生作手抄报和读书摘录卡。
4. 观看电影《城南旧事》。

【活动过程】

一、简介《城南旧事》和作者林海音

1. 本书为什么叫"城南旧事"呢？
2. 出示介绍

《城南旧事》是著名作家林海音于1960年初版的以其7岁到13岁的生活为背景的一部自传体短篇小说集。

林海音，出生于1918年，原名林含英，小名英子，台湾人。1921年，台湾已被日本帝国主义侵占，父亲林焕父不甘在日寇铁蹄下生活，举家迁居北京，当时小英子只有3岁。她先后就读于北京城南厂甸小学、北京新闻专科学校，毕业后任《世界日报》记者。1948年8月，林海音回到台湾。

几十年过去，这位远离北京的游子，对这一切依然情意缱绻。那一缕淡淡的哀愁，那一抹沉沉的相思，深深地印在她童稚的记忆里，永不消退。我们现在捧起《城南旧事》，心头会漾起一丝丝的温暖，她不刻意表达什么，只一幅场景一幅场景地从容描绘一个孩子眼中的老北京，就像生活在说它自己。那样的不疾不徐，温厚醇和；那样的纯净淡泊，弥久恒馨；那样的满是人间烟火味，却无半点追名逐利心。

二、了解《城南旧事》的主要内容

1. 学习看目录
2. 出示目录：

◆冬阳童年 骆驼队

◆ 惠安馆

◆ 我们看海去

◆ 兰姨娘

◆ 驴打滚儿

◆ 爸爸的花儿落了

由这个目录，你想起了故事中的哪些人？怎样记住这样人？出示关系表。

三、探讨交流中心话题

1. 秀贞疯不疯

小结：当我们用自己的体贴之心走进人物的内心的时候，我们就多了一份理解和爱心，我们就不会对着疯子指指戳戳了。

2. 小偷是不是坏人

小结：好人与坏人，界限并不是那么清晰，就像天和海混在一起的时候，你很难分得清哪里是天，哪里是海。人总是复杂的。当我们不是用简单的好人坏人二分法的眼光去看待人的时候，就是我们长大的时候了。

3. 宋妈爱不爱小栓子和小丫头子？

小结：爱与不爱的讨论，让我们看到了一个生活在底层的劳动妇女的痛苦和无奈。

四、交流我们笔下的"城南旧事"

在小英子的城南旧事里，有一些弄不懂的事，也有一些好玩的事情：比如和妞儿一起喂小油鸡吃米、在合唱《麻雀小孩》时演飞来飞去的小麻雀，听宋妈唱童谣……多么快乐的童年啊！我们回头看看自己的童年，会发现自己的"城南旧事"里，也会有无穷的味道。我们一起来走进我们自己的"城南旧事"，大屏幕上出现谁的故事，谁就上来讲给大家听。

（分享同学笔下的"城南旧事"）

小结：这些散发这馨香的文字，是我们记忆中的珍宝。捏泥人、做钗子、剃眉毛、搭拖拉机、上幼儿园大哭大叫这样的事情，也许不会再发生了，我们也在一天天地长大。

五、教师总结

这本书的最后一章是《爸爸的花儿落了》。爸爸的花儿落了，爸爸永远地走了。当骊歌响起，我们的心头是否也氤氲着一层淡淡的忧伤呢？不管怎样，曾经的故事都刻写在我们的生命里。就像我们今天的这节课，若干年后，当你离开学校，在你长大成人后，甚至在你老了以后，是否还会记得曾经有过一位老师，和你们一起读过一本叫作《城南旧事》的书？

模块五：综合性学习教学设计

【活动目标】

1. 认识自我，正确对待成长中的烦恼。
2. 了解他人的烦恼，重新审视并评价自我。
3. 学会沟通与理解，帮助别人解脱烦恼。
4. 采取积极的生活态度，培养关注并热爱生活的情趣。

【课前准备】

学生：1. 提前布置学生准备好小记者的资料。

2. 可以自由结合，互设情景，做采访准备。

3. 可向爸爸、妈妈、朋友了解少年时期的烦恼。

教师：准备多媒体课件、美国故事片《成长的烦恼》。

【活动过程】

一、播放故事片《成长的烦恼》（片段），学生畅所欲言谈感想。

1. 你喜欢这部影片吗？为什么？

2. 你喜欢片中的哪一个人物？说说自己的观后体验。

3. 小组选一名发言代表，在全班交流。

4. 可以有分歧、有争论，鼓励学生表达自己的独特感受。

（教师小结：无论你喜欢哪个人物，都无可厚非，关键是你明白了这是一群可爱的少年成长中的烦恼，这些烦恼仿佛就在眼前，就在我们身边或我们的成长中，最可贵的是不仅能说出，而且还能不断地审视和正确评价自我，这就是笑声中的烦恼，也是《成长的烦恼》一片带给人的艺术魅力。）

二、下面让我们来交流一下：我们是否也有成长的烦恼？

1. 全班分四大组，各组抽取一个题目。

2. 备选的题目：（1）说说自己的烦恼（2）替朋友解脱烦恼（3）回首成长中的烦恼。（两个小组，一组记者，一组被采访人）

3. 在课前准备的基础上，各组再准备五分钟后，各组进行小组擂台赛。

4. 准备好后各组派代表进行交流，其余同学可参与评析。比一比哪个组的同学语言流畅，敢于直言，态度诚恳，用语礼貌。

5. 全班交流。

三、活动小结

全班四个大组同学的三项活动都是围绕"成长中的烦恼"这个主题展开的，大家不仅说出了自己的烦恼，了解了他人的烦恼，同时也有了积极、乐观地面对生活的向上的态度，这对同学们的成长是很有益处的。假使我们能正确认识自我，学会为他人着想，以冷静的思索和应有的胸怀去化解、释然许多烦恼，那么，生活将变得更加灿烂美好！

四、作业

将今天的知心话、心中情写在作文本上，记下自己成长中的烦恼和快乐。

第二部分 整体评价

语文基础知识评价

一、识字写字能力评价

（一）评价目标

本单元累计认识常用汉字 70 个左右，并能用正楷字认真、准确、工整、流畅书写。

（二）评价内容：注音写字（共 40 分，见本书第 130 页"注音或写字"）

（三）评价方法：考试

1. 准确率

A. 40 分　B. 39—32 分　C. 31—24 分　D. 23 分以下

2. 书写

A. 写字规范，书写笔顺正确，笔画正确且到位，字体正确；字迹工整、端正；行款整齐，布局合理、匀称，整体效果好；纸面整洁；书写速度较快；写字姿势正确。

B. 写字较规范，笔顺正确，笔画正确，字迹工整、端正；大小匀称；纸面整洁；书写有一定的速度；写字姿势正确。

C. 写字不规范，有多个错字；字体不端正，结构比例失调，歪斜不稳；纸面不整洁；书写速度慢；写字姿势欠正确。

二、文学、文化常识积累

（一）评价目标

了解课文涉及的重要作家的生平，熟记作家作品及文学、文化常识。

（二）评价内容：文学常识填空（30 分，见本书第 129、130 页"填空"）

（三）评价方法：考试、讲述作家故事

1. 准确率

A. 30 分　B. 29—24 分　C. 23—18 分　D. 17 分以下

2. 兴趣

A. 喜欢搜集作家生平故事，能讲述作家生平经历，介绍主要作品集内容，理解作家的创作主张和风格。

B. 了解作家生平主要经历，知道作家的代表作，但没有阅读作品。

C. 不能准确记忆有关作家信息，不了解作家。

三、朗读与背诵能力

（一）评价目标

能用普通话正确、流利、有感情地朗读课文，准确、流畅、有感情地背诵《假如生活欺骗了你》、《伤仲永》、《山中杂诗》、《竹里馆》。

（二）评价内容

1. 有感情地朗读课文。

2. 背诵《假如生活欺骗了你》、《伤仲永》、《山中杂诗》、《竹里馆》。

（三）评价方法

1. 朗诵以听读的方式进行考察，划分为四个等级：

A. 正确、流利、有感情。

B. 正确、流利，但没有感情。

C. 有丢字、添字现象，超过三处。

D. 读不成句，不流畅。

2. 背诵以听背和默写的方式进行，划分为三个等级：

A. 能准确默写。B. 能准确背诵，默写错误在两处以内。C. 背诵错误超过三处。

阅读能力评价

一、评价目标

1. 进一步养成默读和速读的习惯，提高朗读的质量，优化读书方法。

2. 学会整体把握课文内容和作者情感，进一步提高整体感知、感受文章内容和情感的能力，并联系自己的生活体验，用心领会，并能引起共鸣。

3. 理解文中关键语句的含义。

4. 学习景物描写的方法。

5. 学习心理描写对塑造人物形象的作用。

6. 了解象征手法的作用。

7. 了解他人的成长足迹，正确对待成长中的苦与乐、得与失、成功与失败，勇于面对生活、面对挑战。

二、评价内容

1. 阅读下面的两段文字，思考回答问题。（11分）

【甲】不必说碧绿的菜畦，光滑的石井栏，高大的皂荚树，紫红的桑葚；也不必说鸣蝉在树叶里长吟，肥胖的黄蜂伏在菜花上，轻捷的叫天子忽然从草间直窜向云霄里去了。单是周围的短短的泥墙根一带，就有无限趣味。油蛉在这里低唱，蟋蟀们在这里弹琴。翻开断砖来，有时会遇见蜈蚣；还有斑蝥，倘若用手指按住它的脊梁，便会啪的一声，从后窍喷出一阵烟雾。何首乌藤和木莲藤缠络着，木莲有莲房一般的果实，何首乌有臃肿的根。有人说，何首乌根是有像人形的，吃了便可以成仙，我于是常常拔它起来，牵连不断地拔起来，也曾因此弄坏了泥墙，却从来没有见过有一块根像人样。如果不怕刺，还可以摘到覆盆子，像小珊瑚珠攒成的小球，又酸又甜，色味都比桑葚要好得远。

【乙】自从唐人写了一句"桂林山水甲天下"的诗，多有人把它当作品评山水的论断。殊不知原诗只是着力烘衬桂林山水的妙处，并非要褒贬天下山水。本来天下山水各有各的特殊风致，桂林山水那种清奇峭拔的神态，自然是绝世少有的。

尤其是从桂林到阳朔，一百六十里漓江水路，满眼画山绣水，更是大自然的千古杰作。瞧瞧那漓水，碧绿碧绿的，绿得像最醇的青梅名酒，看一眼也叫人心醉。再瞧瞧那沿江攒聚的怪石奇峰，峰峰都是瘦骨嶙峋的，却又那样玲珑剔透，千奇百怪，有的像大象在江边饮水，有的像天马腾空欲飞，随着你的想象，可以变幻成各种各样神奇的物体。这种奇景，古往今来，不知道有多少诗人画师，想要用诗句、用彩笔描绘出来，到底又有谁能描绘得那山水的精髓？

凭我一支钝笔，更无法替山水传神，原谅我不在这方面多费笔墨。有点东西却特别触动我的心灵。我也算游历过不少名山大川，从来却没见过一座山，这样凝结着劳动人民的生活感情；没见过一条水，这样泛溢着劳动人民的智慧和想象。只有桂林山水。

如果你不嫌烦，且请闭上眼，随我从桂林到阳朔去神游一番看个究竟。最好是坐一只竹篷小船，正是顺水，船稳，舱里又眼亮，一路山光水色，紧围着你。假使你的眼福好，赶上天气晴朗，水面平得像玻璃，满江就会画着一片一片淡墨色的山影，晕乎乎的，使人恍惚沉进最恬静的梦境去。

（1）甲文写的是_____的景色，乙文写的是_____的景色。（2分）

（2）用原文中的词语概括所写景物的特点，甲文可以用_____概括，乙文可以用_____来概括。（2分）

（3）用横线在甲文中画出总写句，在乙文第二段中画出议论、抒情

的句子。(2分)

(4) 仿照下列句子,用句中加点的词语造句。(3分)

不必说碧绿的菜畦,光滑的石井栏,高大的皂荚树,紫红的桑葚;也不必说鸣蝉在树叶里长吟,肥胖的黄蜂伏在菜花上,轻捷的叫天子(云雀)忽然从草间直窜向云霄里去了。单是周围的短短的泥墙根一带,就有无限趣味。

_____

_____

(5) 从作者写景的目的来看,甲文写景是_____,乙文写景是_____。(2分)

2. 阅读下面的文字,思考回答问题。(14分)

当我在一年级的时候,就有早晨赖在床上不起的毛病。每天早晨醒来,看到阳光照到玻璃窗上了,我的心里就是一阵愁:已经这么晚了,等起来洗脸,扎辫子,换制服,再到学校去,准又是一进教室就被罚站在门边。同学们的眼光,会一个个向你投过来,我虽然很懒惰,却也知道害羞呀!所以又愁又怕,每天都是怀着恐惧的心情,奔向学校去。最糟的是爸爸不许小孩子上学乘车的,他不管你晚不晚。

有一天,下大雨,我醒来就知道不早了,因为爸爸已经在吃早点。我听着、望着大雨,心里愁得不得了。我上学不但要晚了,而且要被妈妈逼着穿上肥大的夹袄(是在夏天!),踢拖着不合脚的油鞋,举着一把大油纸伞,走向学校去!想到这么不舒服的上学,我竟有勇气赖在床上不起来了。

过了一会,妈妈进来了。她看我还没有起床,吓了一跳,催促着我,但是我皱紧了眉头,低声向妈妈哀求说:

"妈,今天晚了,我就不去上学了吧?"

妈妈就是做不了爸爸的主,当她转身出去,爸爸就进来了。他瘦瘦高高的，站在床前来，瞪着我：

"怎么还不起来，快起！快起！"

"晚了！爸！"我硬着头皮说。

"晚了也得去，怎么可以逃学！起！"

一个字的命令最可怕，但是我怎么啦？居然有勇气不挪窝。

爸爸气极了，一把把我从床上拖起来，我的眼泪就流出来了。爸爸左看右看，结果从桌上抄起鸡毛掸子倒转来拿，藤鞭子在空中一抡，就发出咻咻的声音，我挨打了！爸爸把我从床头打到床角，从床上打到床下，外面的雨声混合着我的哭声。我哭号，躲避，最后还是冒着大雨上学去了。我是一只狼狈的小狗，被宋妈抱上了洋车——第一次花钱坐车去上学。

我坐在放下雨篷的洋车里，一边抽抽搭搭地哭着，一边撩起裤脚来检查我的伤痕。那一条条鼓起来的鞭痕，是红的，而且发着热。我把裤脚向下拉了拉，遮盖住最下面的一条伤痕，我最怕被同学耻笑。

虽然迟到了，但是老师并没有罚我站，这是因为下雨天可以原谅的缘故。

老师叫我们先静默再读书。坐直身子，手背在身后，闭上眼睛，静静地想五分钟。老师说：想想看，你是不是听爸妈和老师的话昨天的功课有没有做好？今天的功课全带来了吗？早晨跟爸妈有礼貌地告别了吗？……我听到这儿，鼻子抽搭了一下，幸好我的眼睛是闭着的，泪水不至于流出来。

静默之中，我的肩头被拍了一下，急忙地睁开了眼，原来是老师站在我的位子边。他用眼神告诉我，叫我向教室的窗外看去，我猛一转头，是爸爸那瘦高的影子！

我刚安静下来的心又害怕起来了！爸爸为什么追到学校来？爸爸点头示意招我出去。我看看老师，征求他的同意，老师也微笑地点点头，表示答应我出去。

我走出了教室,站在爸爸面前。爸爸没说什么,打开了手中的包袱,拿出来的是我的花夹袄。他递给我,看着我穿上,又拿出两个铜板来给我。

(1) 选文中父亲对"我"管教严体现在哪些方面?(2分)

_____

(2) 用一句话概括选文内容。(2分)

_____

(3) "爸爸"气急了,竟用鸡毛掸子打了"我","爸爸"的这种教育方法你是怎么看的?(2分)

_____

(4) "迟到事件"后,"每天早晨我都是等待着校工开大铁栅栏校门的学生之一"。是什么使"我"的变化这么大?如果你是作者此时你最想对"爸爸"说的话是什么?(2分)

_____

(5) 文中写"爸爸"给"我"穿夹袄的一连串动作,这些动词主要运用了什么描写方法?表达了"爸爸"什么样的感情?(3分)

_____

(6) 联系全文说说"爸爸"是个怎样的人?"爸爸"在"我"的生活中起了怎样的作用?(3分)

_____

3. 阅读下面的文字,思考回答问题。(11分)

有个塌鼻子的小男孩,因为两岁时得过脑炎,智力受损,学习起来很吃力。打个比方,别人写作文能写两三百字,他却只能写三五行。但即便这样的作文,他同样能写得美丽如花。

那是一次作文课,题目是《愿望》,他极认真地想了半天,然后极认真地写，那作文极短，只有三句话：我有两个愿望，第一个是，妈妈笑眯眯地看着我说："你真聪明"；第二个是，老师天天笑眯眯地看着我说："你一点也不笨。"

于是，就是这作文，深深地打动了他的老师，那位妈妈式的老师不仅给了他最高分，在班上带感情朗诵了这篇作文，还一笔一画地批道：你很聪明，你的作文写得非常感人，请放心，妈妈肯定会格外喜欢你的，老师肯定会格外喜欢你的，大家肯定会格外喜欢你的。

捧着作文本，他笑了，蹦蹦跳跳地回家了，像只喜鹊。但他并没有把作文本拿给妈妈看，他是在等待，等待着一个美好的时刻。

那个时刻终于到了，是妈妈的生日——一个阳光灿烂的星期天。那天，他起得特别早，把作文本装在一个亲手做的美丽的大信封里，信封上面画着一个塌鼻子的男孩儿，那小男孩儿咧着嘴笑得正甜。他静静地看着妈妈，等着妈妈醒来。妈妈刚刚睁眼醒来，他就甜甜地喊了声"妈妈"，然后笑眯眯地走到妈妈跟前说："妈妈，今天是您的生日，我要送给您一件礼物。"

妈妈笑了："什么？"

他笑笑："我的作文。"说着双手递过来那个大信封。

接过信封，妈妈的心在怦怦地跳！

果然，看着这篇作文，妈妈甜甜地涌出了两行热泪，然后一把搂住小男孩儿，搂得很紧很紧，仿佛他会突然间飞了。

是的，智力可以受损，但爱永远不会，它朝气蓬勃，永远垂着绿荫，开着明媚的花，结着芳香的果。

(1) 你知道这个小男孩的作文为什么能"深深地打动他的老师"吗？（2分）

(2) "妈妈式的老师"是什么样子的，你能想象出来吗？（2分）

(3) 选文最后一段，从表达方式上看，属＿＿＿＿＿＿＿，这个段落的作用是：＿＿＿＿＿＿＿＿＿＿＿＿。(3分)

(4) "一个美丽的故事"是用什么编织的，你知道吗？(2分)

(5) 读过短文，你有什么感想？请谈一谈。(2分)

4. 文言文阅读（14分）

金溪民方仲永，世隶耕。仲永生五年，未尝识书具，忽啼求之。父异焉，借旁近与之，即书诗四句，并自为其名。其诗以养父母、收族为意，传一乡秀才观之。自是指物作诗立就，其文理皆有可观者。邑人奇之，稍稍宾客其父，或以钱币乞之。父利其然也，日扳仲永环谒于邑人，不使学。

余闻之也久。明道中，从先人还家，于舅家见之，十二三矣。令作诗，不能称前时之闻。又七年，还自扬州，复到舅家问焉。曰："泯然众人矣。"

(1) 解释下列加点词（4分）

　　A. 未尝识书具　　　　B. 稍稍宾客其父

　　C. 日扳仲永环谒于邑人　D. 泯然众人矣

(2) 下列加点字'之'用法不同的一项是（　　）(2分)

　　A. 忽啼求之　　　　　B. 邑人奇之

　　C. 不能称前时之闻　　D. 于舅家见之

(3) 下列句中停顿有误的一项是（　　）(2分)

　　A. 借旁近/与之，即/书诗四句……

　　B. 其诗以养父母、收族/为意

　　C. 父/利其然也

D. 余闻之也/久

（4）翻译下列句子（4分）

①邑人奇之，稍稍宾客其父，或以钱币乞之。

_____

②父利其然也，日扳仲永环谒于邑人，不使学。

_____

（5）方仲永由天资过人变得"泯然众人"，原因是什么？（2分）

_____

三、评价方式

以考试的形式进行评价，根据成绩划分为三个等级：

A. 40—50分，有较高的文字鉴赏能力，能读懂文意，深刻理解作品感情和主题，并能对作品语言加以赏析。

B. 30—39分，能读懂文章大意，初步把握作品情感，不能全面、恰当分析语言的表达效果。

C. 29分以下，文字阅读有障碍，不能准确理解作品的内容及情感，对语言的感悟能力较低，体会不到关键词语的表达作用。

习作评价

一、评价目标

1. 认识自我，正确对待成长中的烦恼，树立正确的人生观和价值取向，以积极的人生态度对待自我和生活，形成健全的人格。

2. 了解他人的烦恼，能从多角度重新审视并评价自我。

3. 学会用恰当的方式、流畅的语言表达自己的感受，合理选择素材，安排内容，处理好详略和过渡，学会作文修改的方法。

二、评价内容

以"成长的烦恼"为话题,完成作文练习。

三、评价方式

1. 评价原则

个人评价、小组评价与教师评价相结合。

2. 评价形式

(1) 书面评价。采用分数、评语来表示。

(2) 口头评价。采取面批的形式,当面指出作文存在的问题。

3. 评价过程

第一步:自评

学生完成作文之后,通读自己的作文,理清文章的思路,修改、补充文章的不当之处,使之清晰、自然、流畅。

第二步:互评

自评完毕后,小组内交换互评。每位学生按照老师的要求在规定的时间内批改小组内其他成员的文章,使文章经过其他同学的品读、推敲、修改,变得更加完善、成功。

附:互评评价表

时间		被评人	
内容	题目		
	主题		
	选材		
	情感		
表达	思路		
	结构		
	详略		
	语言		
书写			

第三步：师评

教师将所有学生习作认真阅读，指出优点和不足，并按照作文评价标准给习作作出评定，并打分。

（四）作文评分标准

一类文（44分—50分）

题目新颖别致；能写出成长过程中遇到的困惑和烦恼，并能生动地再现生活场景、细腻地描述内心感受，内容充实有条理；结构完整，首尾呼应，过渡自然，详略得当，主题鲜明；语言流畅有文采，动词准确，词汇量丰富，能熟练使用多种修辞手法，文字生动有表现力；书写清晰美观，标点符号使用正确，没有错别字。

二类文（37分—43分）

题目较准确但缺乏创意；能写出成长历程中的烦恼但叙述笼统没有细节描写，不够生动、翔实，缺乏打动读者的力量；语言通顺但对烦恼的叙述平淡，感情不够饱满，词汇不丰富，表现力不够；条理清晰但过渡不够自然；书写较正规，标点有时缺失或误用，且有错别字。

三类文（30分—36分）

题目宽泛没有针对性；内容空洞，缺少事例和细节来体现成长的烦恼，也没有细腻的心理描写；结构混乱，没有分段的意识，缺乏必要的过渡和衔接，结构不完整；词不达意，语病较多；书写潦草，标点严重缺失或一逗到底，且错别字较多。

四类文（29分以下）

不能在规定时间内完成作品，字数不够；抄袭他人作品；作品流露出不健康的消极思想。

综合性实践活动评价

一、评价目标

1. 认识自我，正确对待成长中的烦恼。
2. 了解他人的烦恼，重新审视并评价自我。
3. 学会沟通与理解，帮助别人解脱烦恼。
4. 采取积极的生活态度，培养关注并热爱生活的情趣。

二、评价内容

1. 观看故事片《成长的烦恼》并完成读后感，对剧中的人物情节进行点评。
2. 用流畅的文字表现个人成长历程中烦恼，并在班级内与同学交流感受。
3. 用心倾听其他同学的发言，及时提出有价值的意见或建议，帮同学解决疑惑和苦恼。

三、评价方法

在活动中评价。根据学生在交流中发言次数质量和倾听的专注度进行评价，划分为优、良、中、差四个等级。

读整本书教学评价

一、评价目标

1. 阅读《城南旧事》，了解作者多彩的童年，感受童年生活的无穷乐趣，珍惜人生的童年时光从而使单元主题得到延展和升华。
2. 继续训练单元阅读能力重点：体会词句表达的感情，学习留心观察生活，用心感受生活，真实地表达自己的感受。

3. 学习批注读书法，使课内习得的读书方法能够熟能生巧。

4. 从阅读到习作，及时记录下童年生活的点点滴滴，写下自己的"多彩童年"，组成班级专刊《童年印迹》。

二、评价内容

1. 两周内读完《城南旧事》，做好读书摘记。

2. 用圈点勾画的方法阅读，并做好批注，记录下自己的阅读感受，在班级内交流。

3. 为作品中你喜欢的人物写一篇人物评论，在班级内交流。

4. 思考作品中的几个关键问题：秀贞疯不疯？小偷是不是坏人？宋妈爱不爱小栓子和小丫头子？小组讨论，班级内交流。

5. 用自己话归纳作品主题，说说作品带给你怎样的启迪。

6. 回忆自己的童年经历，写下属于自己的"童年旧事"。

三、评价方式

1. 将读书笔记的按质量划分为优、良、中、差四个等级。

2. 通过召开班级交流会，在活动中根据学生的发言次数和发言质量进行评价，划分为优、良、中、差四个等级。

戏里戏外——艺术与人生

——人教版初中语文七年级下册第四单元整体课程设计

第一部分 课程设计

【单元导读】

　　本单元选的主要是反映文化艺术方面的文章。如《社戏》中的乡村戏剧，《安塞腰鼓》、《观舞记》中的中外舞蹈艺术，《竹影》中的绘画艺术。但是学习的内容并不仅限于文化艺术。像《社戏》，不仅有地方戏曲方面的文化内容，更主要体现的是孩子们天真可爱的童年生活；《安塞腰鼓》、《观舞记》中不仅有东西方不同的舞蹈形式，还有酣畅淋漓的生命激情和柔肠百转的情感体验；《竹影》中不仅有中国画的艺术内容，更有童真童趣的精彩表现。因此，这个单元的学习内容是多方面的。

　　学习本单元，要有意识地扩展学习的课堂，尽可能地在广阔的社会生活中了解相关的知识，培养相关的能力。对于文化艺术的学习和理解，也要尽可能开阔视野，接触各种各样的文化艺术形式，提高自己的文化素养，从人类宝贵的精神财富中得到滋养。初步形成自己的审美观、价值观，对文化艺术有一定程度的认识，感受文化艺术与人生的密切关系。

【单元整体教学构想】

　　本单元教学分为五个模块：

模块一：单元整体预习（2课时）：通读本单元课文，掌握重点字词和文学常识，初步感知课文内容，并结合个人体验谈谈对不同艺术形式的认识。

模块二：戏外有戏（3课时）：研读《社戏》，并结合《看社戏》进行比较阅读，了解作品内容，赏析精彩片段，理解作品主题，从中感受文学艺术与人生的密切关系。

模块三：戏里有戏（3课时）：比较阅读《安塞腰鼓》和《观舞记》，感受不同艺术形式的魅力，鉴赏不同风格的语言，学习令语言灵动飞扬的写作手法。

模块四：读整本书教学——《梅兰芳传》读书交流会设计（2课时）：学习用浏览和精读的方式阅读人物传记；了解京剧大师梅兰芳的传奇一生，感悟他对艺术的执着追求和崇高的人格魅力；运用圈点勾画的方法进行阅读，赏析文中生动形象的语言，学习让语言生动形象的表达技巧；了解中国传统的艺术形式，提高自己的文化素养，从人类宝贵的精神财富中得到滋养，初步形成自己的审美观、价值观，对文化艺术有自己一定程度的认识，培养热爱中华文化的感情，提高艺术修养。

模块五：综合性实践活动教学设计（2课时）：初步了解有关中国戏曲的基本知识。学会欣赏戏文，用生动的语言描述戏曲的精彩片段。培养学生对中国传统戏曲文化的感情和关注，为戏曲的明天开一剂药方。

【单元目标】

1. 熟练识记每课的生字词，共 80 个左右。

2. 巩固记忆有关鲁迅、冰心、林嗣环的文学常识，增加文学积累。

3. 在精读文本的基础上，理解文章内容，感悟作者表达的情感，并能结合自己的生活实际，发挥创造力，对作品发表自己的见解。

4. 在美读课文的基础上，品味赏析优美、细腻、自然的语言，学习多种细节描写的手法，感受文学与艺术双重的魅力。

5. 能够鼓励学生开阔视野，接触各种各样的文化艺术形式，丰富自己的文化素养，从人类宝贵的精神财富中得到滋养，初步形成自己的审美观、价值观，对文化艺术有一定程度的认识。

6. 借助工具书和注释积累文言词汇，重点掌握时间性词语，在背诵默写的基础上理解《口技》的主要内容，品味赏析表现声音的细节刻画，感受中华民族民间技艺的伟大魅力。

7. 背诵默写课外古诗《江南逢李龟年》、《送灵澈上人》，赏析语句，体会情感，提高诗歌鉴赏能力，增加文学积累。

8. 在老师周读书计划指导下，用略读与精读相结合的方式阅读《梅兰芳传》，能用圈点勾画的方式作批注，将精彩片段做读书笔记。

9. 能够通过阅读了解京剧艺术家梅兰芳精彩的一生，更能了解作为国粹的京剧这种艺术形式，体会学习本书极为严谨而真实的语言；能对梅兰芳其人或是京剧这一艺术或是这一传记写出自己的感悟。

10. 通过走进生活去听戏、看戏、学戏一系列的社会实践活动，再通过课堂上说戏、评戏、演戏一系列活动，提高自己的综合能力和艺术情操，加深自己对中国戏曲艺术的了解；在活动中认真体验，记录自己的感受，完成写作。

模块一：预习交流教学设计

【预习目标】

1. 掌握重点词语和文学常识。

2. 通读本单元课文，初步感知内容，并能形成自己个性化的阅读体验。

【自主预习】

一、走近名家

借助工具书和课下注释,掌握有关鲁迅、冰心两位作家的文学常识,了解与丰子恺、刘成章有关的文学常识。完成预习汇报单。

1. 《社戏》是一篇_____（体裁），作者_____,原名_____,字_____,浙江绍兴人,是我国著名的_____家、_____家、_____家。他的第一篇白话小说是_____,作品集有：小说集_____、_____、_____；散文集_____；散文诗集_____；杂文集_____、_____、_____等。我们学过他的课文有_____和_____、_____。

2. 我国现代文学史上第一位著名女作家是_____,原名_____,我们读过她的诗集_____,她的著作还有_____等。

3. 《竹影记》的作者是_____,他是我国现代著名的_____家、_____家,代表作有_____等。

二、掌握字词

默读本单元所有课文,边读边画出你认为重要的或读不准的字词,读完后借助工具书扫清字词障碍。填写预习汇报单。

1. 注音、写字

归省（　　）　　潺潺（　　）　　行（　　）辈

惧惮（　　）　　xù dao（　　）　　模（　　）样

撺掇（　　）　　凫（　　）水　　　橹（　　）

弥（　　）散　　踱（　　）步　　　旺相（　　）

撮（　　）　　　柏（　　）树　　　八 lài（　　）子

棹（　　）船　　舟楫（　　）　　　亢（　　）奋

晦（　　）暗　　羁（　　）绊　　　蓦（　　）然

冗（　　）杂　　挣（　　）脱　　　bó（　　）击

烧 zhuó（　　）　zào（　　）热　　tián（　　）静

páng bó（　　）　miǎo（　　）远　　tàn wéi guān zhǐ（　　）

戛（　）然而止　dà chè dà wù（　）　惬（　）意

水门汀（　）　　撇（　）　　　　蘸（　）

yōu（　）暗　　口头chán（　）　参差（　）不齐

颦蹙（　）　　粲（　）然　　　　瞋（　）视

叱咤（　）　　尽态极妍（　）　　花鬘（　）斗薮

（　）jīng hóng（　）　咿哑（　）　　静mù（　）

浑身解（　）数　xī xī xiāng tōng（　）

2. 解释词语

惮：　　　　　　　　撺掇：

委实：　　　　　　　依稀：

自失：　　　　　　　棹：

亢奋：　　　　　　　羁绊：

蓦然：　　　　　　　冗杂：

叹为观止：　　　　　戛然而止：

本色当行：　　　　　颦蹙：

粲然：　　　　　　　瞋视：

叱咤风云：　　　　　尽态极妍：

惊鸿：

三、理解文意

用不同的方式（诵读、默读、速读）朗读课文，边读边体会课文的主要内容。填写预习汇报单。

1.《社戏》一文以"社戏"为线索，写了＿＿＿＿、＿＿＿＿、＿＿＿＿、＿＿＿＿一系列的经历。作品刻画了＿＿＿＿的形象，表现了劳动人民＿＿＿＿、＿＿＿＿、＿＿＿＿、＿＿＿＿的美好品质，展示了农村＿＿＿＿的自然风光，表达了作者对劳动人民的深厚情感和对＿＿＿＿、＿＿＿＿、＿＿＿＿生活的向往之情。

2.《安塞腰鼓》通过对_____的场面描写，歌颂了_____，这是生命和力量的宣泄，这是人情和自由的挥洒，这是中华民族和黄土高原特有的一种文明、一种文化。

3. 这篇文章通过写爸爸和孩子们一起_____，并_____，表现了孩子们的_____和爸爸的_____、_____的教育方法。

4.《观舞记》描写并介绍了_____，为我们展示了_____，表现了_____，也表达了_____。

四、美读课文

选择你最喜欢的语句、段落有感情地朗读，并用简洁、流畅的语言说说它们给了你怎样的人生启迪，令你想起哪些人生经历。（班级内展示交流）

五、感受艺术

本单元课文提到了这几种艺术形式：戏曲、绘画、腰鼓和舞蹈，你最喜欢哪一种？针对这种艺术形式，说说你的体验与经历。（班级内展示交流）

模块二：内容与主题教学设计

【学习目标】

1. 了解两篇小说所记述的看社戏的经过。

2. 理解作家在欣赏艺术时产生的对人生的独特体验和感悟。

【学习过程】

一、乏味的社戏，多彩的童年

阅读《社戏》，思考以下问题。

1. 为什么说平桥村是"我"的"乐土"？

2. 围绕社戏，作者写了哪些内容？你认为写得精彩的是哪里？为什么？作者塑造了哪些人物形象？给你留下深刻印象的是谁？为什么？

3. "我"如愿以偿地看到了社戏，但是社戏是否如我想象的一样精彩呢？你从哪可以看出来？

4. 戏并不好看，豆也很普通，为什么小说结尾却写道："真的，一直到现在，我实在再没有吃到那夜似的好豆，——也不再看到那夜似的好戏了。"

5. 结合课文和下面的整合材料，说说你借助文学和艺术体会到鲁迅怎样的人生感悟。

整合材料：《社戏》原文选入课本时删掉的部分。

我在倒数上去的二十年中，只看过两回中国戏，前十年是绝不看，因为没有看戏的意思和机会，那两回全在后十年，然而都没有看出什么来就走了。

第一回是民国元年我初到北京的时候，当时一个朋友对我说，北京戏最好，你不去见见世面么？我想，看戏是有味的，而况在北京呢。于是都兴致勃勃的跑到什么园，戏文已经开场了，在外面也早听到冬冬地响。我们挨进门，几个红的绿的在我的眼前一闪烁，便又看见戏台下满是许多头，再定神四面看，却见中间也还有几个空座,,挤过去要坐时，又有人对我发议论，我因为耳朵已经喤的响着了，用了心，才听到他是说"有人，不行！"

我们退到后面，一个辫子很光的却来领我们到了侧面，指出一个地位来。这所谓地位者，原来是一条长凳，然而他那坐板比我的上腿要狭到四分之三，他的脚比我的下腿要长过三分之二。我先是没有爬上去的勇气，接着便联想到私刑拷打的刑具，不由的毛骨悚然的走出了。

走了许多路，忽听得我的朋友的声音道，"究竟怎的？"我回过脸去，原来他也被我带出来了。他很诧异的说，"怎么总是走，不答应？"我说，"朋友，对不起，我耳朵只在冬冬喤喤的响，并没有听到你的话。"

后来我每一想到，便很以为奇怪，似乎这戏太不好，——否则便是我近来在戏台下不适于生存了。

第二回忘记了那一年，总之是募集湖北水灾捐而谭叫天还没有死。捐法是两元钱买一张戏票，可以到第一舞台去看戏，扮演的多是名角，其一就是小叫天。我买了一张票，本是对于劝募人聊以塞责的，然而似乎又有好事家乘机对我说了些叫天不可不看的大法要了。我于是忘了前几年的冬冬喤喤之灾，竟到第一舞台去了，但大约一半也因为重价购来的宝票，总得使用了才舒服。我打听得叫天出台是迟的，而第一舞台却是新式构造，用不着争座位，便放了心，延宕到九点钟才去，谁料照例，人都满了，连立足也难，我只得挤在远处的人丛中看一个老旦在台上唱。那老旦嘴边插着两个点火的纸捻子，旁边有一个鬼卒，我费尽思量，才疑心他或者是目连的母亲，因为后来又出来了一个和尚。然而我又不知道那名角是谁，就去问挤在我的左边的一位胖绅士。他很看不起似的斜瞥了我一眼，说道，"龚云甫！"我深愧浅陋而且粗疏，脸上一热，同时脑里也制出了决不再问的定章，于是看小旦唱，看花旦唱，看老生唱，看不知什么角色唱，看一大班人乱打，看两三个人互打，从九点多到十点，从十点到十一点，从十一点到十一点半，从十一点半到十二点，——然而叫天竟还没有来。

我向来没有这样忍耐的等待过什么事物，而况这身边的胖绅士的吁吁的喘气，这台上的冬冬喤喤的敲打，红红绿绿的晃荡，加之以十二点，忽而使我省误到在这里不适于生存了。我同时便机械的拧转身子，用力往外只一挤，觉得背后便已满满的，大约那弹性的胖绅士早在我的空处胖开了他的右半身了。我后无回路，自然挤而又挤，终于出了大门。街上除了专等看客的车辆之外，几乎没有什么行人了，大门口却还有十几个人昂着头看戏目，别有一堆人站着并不看什么，我想：他们大概是看散戏之后出来的女人们的，而叫天却还没有来……

然而夜气很清爽，真所谓"沁人心脾"，我在北京遇着这样的好空气，仿佛这是第一遭了。

这一夜，就是我对于中国戏告了别的一夜，此后再没有想到他，即使偶而经过戏园，我们也漠不相关，精神上早已——在天之南——在地之北了。

但是前几天，我忽在无意之中看到一本日本文的书，可惜忘记了书名和著者，总之是关于中国戏的。其中有一篇，大意仿佛说，中国戏是大敲，大叫，大跳，使看客头昏脑眩，很不适于剧场，但若在野外散漫的所在，远远的看起来，也自有他的风致。我当时觉着这正是说了在我意中而未曾想到的话，因为我确记得在野外看过很好的戏，到北京以后的连进两回戏园去，也许还是受了那时的影响哩。可惜我不知道怎么一来，竟将书名忘却了。

至于我看好戏的时候，却实在已经是"远哉遥遥"的了，其时恐怕我还不过十一二岁。我们鲁镇的习惯，……

二、精彩的社戏，艰难的人生

整合材料：

看 社 戏

王英琦

昏黑的天，刚生出第一窝星崽儿，女房东小桂子便咚咚上楼来了："喝罢汤了？"（河南农村对晚饭的称谓）

"喝罢了，就走么？"我一把将儿子喝剩的小半碗玉米粥夺下问。

"走，快去岗河村看戏哩。"桂子催道。

"嗳！"我旋即抱起儿子，拿过板凳，与桂子一道，沿着白生生漫着月光的乡路，汇入四乡八村看戏的人流中……

今晚的"草台野戏"，就搭在我居家的小刘村不远的岗河村。说是"草台野戏"，一点也不辱没了它：破的帘，疙瘩不平的台面……这种寒碜的挂着"穷村陋闾"相儿,带着浓郁乡间俗味儿的"社戏",在某些城里人的眼中,是"野戏",是不登大雅之堂的末流猥杂。我自己虽说还未浅薄到对此高抬贵眼,不屑一置的地步,但一开始对豫剧,对这种土掉牙的精神实质便是一吼三叫,嘴里像含了包炸药,一出腔,便可震得风云星辰变色,三山五岳乱抖索。及至后来到了河南,尤其是搬到农村后,由于日深一日地听,高音喇叭日出夜伏地薰炙,竟也就听顺了,入门了,觉得出它的好,它的土、俗之韵味了。

我们赶到时,已是锣鼓喧天,观者如墙,开戏有一会儿了。只见戏台旁有着许多摆零食摊儿的。瓜果小糖,烤红薯,炒凉粉,各色纷呈。钱虽要得不轻贱,却不乏人买。我也要了一只烤红薯给儿,那热腾腾香喷喷的薯气,很给人一种"暖幼温贫"之感。

盼着这个好日子——盼着"社戏",已很有些时辰了。刚来的那会儿,就听说此地的每年阴历九月十五是赶庙会的日子,届时商贾密集,百戏相随,热闹得不得了。

然而此刻我却无奈得昏了神。近台早已没了空,我抱儿正急得上钻下拱,旁边一位大嫂发了慈悲,挪了挪地方,让我进去。桂子心眼一活,也就势跟了过来。

我问大嫂,今晚唱的啥戏?答曰:大刀王怀女。真是个好蹊跷的戏名!我在心里好一番思量,却仍是估不透它究竟是"大刀"——王怀女哪,还是"大刀王"——怀女?

我承认,我并不能听懂所有的戏文,我也不是生、旦、净、丑都耐烦看。戏剧中,我的偏好在青衣花旦。我喜爱青衣风头绣鞋,绿裙衩里露出的红里子;我喜爱花旦的兰花指、甩水袖、水上漂样的小碎步,以及不瘟不火、缠绵悱恻的唱腔。

儿子却喜欢看戏里的行头及翻筋斗。只要那个抹着刮锅灰样脸的武丑一出来,他的小眼珠儿便恨不能飞出来,随着那武丑的一翻一腾一踢踏，他小人家也跟着乱动弹，瞎使劲。然而那武丑的翻筋斗，却每令我心悸发怵，台面恁小且又恁不平，他要稍有闪失，一个筋斗岂不砸了大家？好在我此虑纯属杞人忧天。那武丑无论怎生地翻，哪怕是来个"燕展翅"、"顺风旗"的绝活儿，却也是能贴台边儿稳稳地刹住，险伶伶地看似要掉，就是掉不下来。

我最怕的是老生老旦出场。他们老人家只要一上台，仿佛就生了根，不磨蹭不泡上几根烟时，算是下不了台。我心烦地盯着台上的一位老生，看得快打熬不住时，霍地一阵咚咚哐哐聒动天地的锣鼓弦钹骤响，随之一个手持大刀，腰间插满了彩旗的武旦，破帘一掀上了台，碎步疾疾老道地走了一个大全台，继之一个漂亮的大亮相——我暗忖，今晚的重头戏，主角"大刀王怀女"，非她莫属了。但见她翻过青龙战袍，耍过一阵大刀后，竟直逼老生大骂而去。老生被骂得连连败退，无以招架，终于逃向后台去。我感到大欣慰，却同时生了点小遗憾，那武旦刚才指鼻大骂老生时，兰花指过于粗大了，实在少点美感。这一偶然发现，使得我在后来，老爱盯着旦角的手看，并无法不承认一个可悲的事实：几乎所有旦角的手，莫不都粗大得有如半个蒲扇，尤其是云起手来，真能遮住半个天。

台下的观众却不理会什么兰花指。他们全部的审美情趣审美热忱都集中在戏情上热闹上，集中在花花绿绿的行头和唱文工武上。尤其是那个身怀技的武丑，收场大吉时一气翻了三十八个筋斗，简直疯狂了台下的每一个人，笑破了清寂初寒的深秋之夜……

次日，锣鼓家伙响起得更早。太早还悬在西天沉着地燃烧，便已有前村后队的人，不绝地去赶戏了。

今晚出的戏码叫《老包坐监》。关于包公的戏，民间早已演得烂熟。最著名的当首推《铡美记》了。我小时看过这个戏的京剧，却丝毫不记得还有什么《老包坐监》。我生疑这戏绝不是包公戏的正宗嫡传，早出

"五服"了。看来这又是当地人的别出心裁，生造出来的老包新传。如此编下去，包老爷不仅可以坐监，且能逃狱，乃至东山再起，挂帅讨征哩……

姑且不论戏码怎生地瞎编乱造，台上的老包却唱得十二分的卖力，血气沸腾，声贯丹田，包括那一招一式都功夫极深，成熟到家。惜乎的是那些配角，不是唱得跟不上锣鼓眼儿，便是手脚动作不配套。好在这些小小的瑕疵，并不能打退台下看客的热情。豫剧毕竟姓豫。据说民国三十一年，河南密县有个崔庙，四个月竟连演了380个不同剧目，一时传为美谈。

作为中国"四大梆子"之一的豫剧，是拥有剧团最多的全国第一大剧各。它的腿最长，生命力最强。它不像京剧那么多的老框老套，也不像昆曲那样的高深古雅，它的全部特征个性，就在于它的不搭架子，不宥陈法，土极且又俗极上。由于河南地处中原，五方杂居，便在客观上形成了豫剧兼收并蓄的优点。不分调名，亦无板眼，乃"郑声之最"。有人统计，单就《朝阳沟》一出戏，便有越调、曲剧、道情和河南坠子等数种。无怪乎当地有俗谚："一清二黄三越调，梆子戏是胡乱套。"可别小觑轻贱了这胡乱套，它不仅是豫剧的一大特点，还是迎合自己的"衣食父母"——掏农民腰包的重要因素之一。在目前戏剧日渐势微的情形下，似乎还独有这个胡乱套的豫剧，未见膏肓蔫垮，不靠官办俸禄，活得有滋有味。

对我而言，与其说是对豫剧感兴趣，毋宁说是对当地的人文环境——对看戏和做戏的人更感兴趣。生成在城市，过去只在文学作品中看到过社戏，领略过那般"斜阳古柳赵家庄，负鼓盲翁正作场"的浑厚古朴的乡土气息。而今，我就寄生在这"荒村鄙邑"，夹杂在这拨散发着泥土味葱蒜味的乡下人中，这个中的滋味，确实是越咂摸越滋味。

看至三分之一时，我忽地来了心血，抱儿转到了后台。说是后台，也就是一布之隔的露天空地，拥着些看稀罕的观众。其时但见伶人们有的在练拳脚，有的在念台词，旁边一个把眉毛扯得细弯弯的猫儿脸姑娘，正对镜将一只翠玉簪子，斜斜地插在油光水滑的发髻上。我来了兴致，凑上去想看仔细。这一细看不打紧，那脖上、耳根后，粗糙的皮肤，积年的老垢，全看个一清二白，说她两个月没洗澡，未必十分的错。再细看那粉墨上妆的家伙，连伪造的都不如。尤其是那胭脂，很像是廉价的广告颜色。见那猫儿脸姑娘毫无忌惮地直往脸上抹，我终于憋不不住搭腔了："这东西对皮肤有害呵！"

猫儿脸姑娘一怔，望望我道："没事儿，俺们用的就是这，惯了。"

话既搭上，我有意多问了几句。得知这是一个自发性的农村业余梆子剧团，哪儿有庙会往哪儿赶，东食西宿，四乡为家，有时连唱一个月也下不来。

正聊着，突然边上一个花脸猛地打了个喷嚏，溅到猫儿脸的颊上，姑娘愀然作色，朝那花脸打了一下。

"妈，他怎么也会打喷嚏？他是真人还是假人？"儿子忽然地来了精神头，指着花脸问我。

未待我作答，花脸上前笑摸摸儿子头道："你猜呢？我是真人还是假人？"

逗笑间，我才注意到后台的另一端，支了个硕大无比的锅，锅边放着一案面条和青菜。我估摸这是给伶人们用的夜餐，却又觉得太寒酸了些。这些不经饿的面条青菜能挡什么事？能支补他们一晚上大功率的体力消耗么？

看出我的疑虑，花脸道："俺们这是包场，只给钱不管饭，一场下来才三百元，不敢大吃大喝呀。"

这话说得我心里酸酸的。这些伶人们在台上演尽王侯风流事，替人儿女说相思，殊料，背后却包藏着生途的坎坷，世事的艰酸。混口饭吃

——难哟!

"妈,你看,那有个小孩!"儿蓦地打断我的沉思。顺他的小手指望去,果见那边石头上坐着一青衣少妇,正在奶孩子,走上前去一照眼,竟是昨晚那个武旦——那个演"大刀王怀女"的女主角。

"今晚你还不上场?"我坐到她边上,老相识样地问道。

她看我一眼:"今晚我的戏少,后半场才上。"

"这孩子多大了,怎么出来演戏还带着?"

"六个月了。不带咋办,扔在家里没人带。"

"你又演戏,又拖着个奶孩子,太辛苦了。"

"没办法,就是这吃四方饭的命呗。"

她告诉我,她五岁便进了戏班,现在戏龄已二十年了。她在这个戏班是二号台柱,平时挣的钱,除了补贴家中二老,还要抚养儿子。她的丈夫与其他女人有染,基本对她娘儿俩不管不问。

这时节,那时节,那孩子兀然地又吐又拉,弄得那女戏子一身满怀。"俺这孩儿这几一受凉了,老吐老拉……"她边说边打扫身上。我帮她抱孩子当儿,留神到这孩子又黄又瘦,蔫蔫的一副没神样儿。

"快,准备上场了!"这时,昨晚那个演包公的男演员急急走来招呼女戏子了。他从我怀里接过孩子,又帮那女戏子理了理裙衩,一同往台上走去。

第三天晚上,猎猎地起了五六级北风。我揣了药,带了包儿子小时的裤裤,又匆匆赶到戏场,但见风雨无阻戏场又是黑压压地坐满了人。一村演戏,众村皆至,我似乎很能理解这些乡下人戏瘾头之大。"百日这劳,一日之乐",对于土生土长的他们,土梆子戏不仅是劳作之余的娱乐,且是一种文化给养,精神升华的表征。望着他们那大仰脖、圆瞪眼,全副投入的样子,我很生发一些感慨……我似乎突然明白了这"高粱棵里的玩意儿",何以会有永恒的生命力?我似乎终于懂得了,从人生,从底层民众的角度去搞艺术,是最原始的,却也是最本质最不朽的这一伟大真理了。

我找到了那位女戏子,把药和衣服都给了她。她正要答谢,我忙止住了她。我怕听那些话。那些话于我不是酬慰,反是凝重和不能承受之伤感……我又看见了那位演包公的男演员。他今晚一袭便装,好不英俊倜傥的样子。他仍抱着那女戏子的孩子,间或深情地望望女戏子,复又感激地瞅瞅我……

岗河村的社戏,唱足了半个月,我亦赶满了十五场。虽然,我不是每场全都看完并记下,但我肯定看到并记住了一些什么……眼下,已是寒凝雪飘的深冬了,我的心仍是满满的、怅怅的,都是戏。朝起夕宿,举目窗外清冷萧瑟的菜地,捧着滚烫的玉米红薯粥,我每每总会挂心起那个"飘乡戏班子",那个女戏子和她的孩儿。也不知道,于今,他们又飘零到哪乡哪村去了,那娘儿俩,可太平大吉?……

阅读《看社戏》,思考以下问题:

1. 故事发生在什么地方?什么时间?涉及了哪些主要人物?

2. 文章中有一句话可以概括社戏在民间特别是农村的重要意义,你能找出来吗?

3. 社戏一共有多少场?其中重点描写了几场?这几场表演精彩吗?从哪可以看出来?

4. 看社戏时,"我"和周围的观众关注点有什么不同?

5. 结尾说:"虽然,我不是每场全都看完并记下,但我肯定看到并记住了一些什么……",你认为"我"记住了什么?这个故事为我们展示了哪些人的什么样的人生?

三、戏外有"戏"——文学艺术与人生

1. 认真阅读两篇文章,在小说的内容、写法等方面,你发现了哪些异同?试着总结。(提示:可以比较题目的拟定、开头的写法、结尾的写法、都写到了哪些内容，各自表现的不同主题等方面。）

2. 通过上面的学习和思考，你肯定对艺术、文学和人生之间的关系有了新的理解。那你有没有过艺术欣赏的经历？你在欣赏艺术的同时产生过怎样的独特体验？用简洁语言表达你独特的人生体验。

四、教师小结

欣赏艺术，体验人生。戏台上生旦净末丑，人生中酸甜苦辣咸。这节课我们欣赏了两种不同风格的社戏，也体验了不同的人生境遇。其实，生活中还有很多精彩的艺术形式可供鉴赏，也有百态人生值得体味。希望大家用心感受，在文学与艺术的殿堂中获得更多人生体验，让自己的生命也变得充实而厚重！

模块三：语言与手法教学设计

【学习目标】

1. 美读课文，深入体会《安塞腰鼓》、《观舞记》两篇文章所表达的情感。
2. 品味语言，学习掌握描写、修辞等多种写作手法。
3. 培养对文学艺术的热爱之情。

【学习过程】

一、看戏——美读课文，欣赏美的艺术

1. 寻找安塞腰鼓之美

走进《安塞腰鼓》一文，我们就好像来到了广阔的黄土高原，耳畔响起那振天的鼓声，那是黄土高原的人们千百年来对生命的告白。

朗读课文，体会安塞腰鼓之美，用简练的语言概括出来：

安塞腰鼓美在_____。

安塞腰鼓美在_____。

安塞腰鼓美在_____。

除了这三种，相信你还有更多美的发现：

安塞腰鼓美在_____。

请从课文找出相关的句子，有感情地朗读，读出你所说的美来，并进行简要分析。

2. 寻找印度舞蹈之美

走进《观舞记》一文，我们似乎来到了异域他乡，眼前闪动着灵动的身影，那是印度人民用舞蹈来表达生命与心灵的跃动与狂欢。

朗读课文，体会印度舞蹈之美，用简练的语言概括出来：

印度舞蹈美在_____。

印度舞蹈美在_____。

印度舞蹈美在_____。

除了这三种，相信你还有更多美的发现：

印度舞蹈美在_____。

请从课文找出相关的句子，有感情地朗读，读出你所说的美来，并进行简要分析。

二、入戏——含英咀华，品味美的语言

1. 品味文章，找出你认为写得优美、富有感染力和震撼力的句子，反复诵读体会，你能发现哪些写作手法？

例如：排比手法的运用

（1）"每一个舞姿都充满了力量。每一个舞姿都呼呼作响。每一个舞姿都是光与影的匆匆变幻。每一个舞姿都使人战栗在浓烈的艺术享受中，使人叹为观止。"

赏析"每一个……每一个……每一个……每一个……"这一排比如大河波涛，一波连着一波，将舞姿的奇妙变幻和虎虎生机写得有声有色，让人于眼花缭乱之中感到生命的强烈律动。

你从这两篇文章还能找到哪些排比的句子？找出来细细品味。

（2）"好一个安塞腰鼓！"在文章中出现了多次，你觉得重复吗？如果不是，你能体会到这种写法的好处吗？文章还有哪些使用这种手法的句子？找出来细细品味。

你的发现会更精彩：_____

三、悟戏——一样的艺术，不一样的感悟

不一样的国度，不一样的文化，但人们对舞蹈的热爱对生活的热爱是一样的。不一样的作家，不一样的内容，但作家笔下流淌的文字，让文字活起来的手法是相同的。通过细细地品味，相信你一定从这两篇文章中感受到了许多，也许从今天起，开启了你心中那扇艺术的大门，也许是教会了你怎样表达你心中的美丽，也许是让你学会从艺术中感受生活，享受人生。谈谈你的收获吧！

模块四：《梅兰芳传》读书交流会教学设计

【活动目标】

1. 学习用浏览和精读的方式阅读人物传记，了解京剧大师梅兰芳的传奇一生，感悟他对艺术的执着追求和崇高的人格魅力。

2. 运用圈点勾画的方法进行阅读，赏析文中生动形象的语言，学习让语言生动形象的表达技巧。

3. 了解中国传统的艺术形式，提高自己的文化素养，从人类宝贵的精神财富中得到滋养，初步形成自己的审美观、价值观，对文化艺术有自己一定程度的认识，培养热爱中华文化的感情，提高艺术修养。

【活动准备】

1. 用两周的时间阅读《梅兰芳传》。

2. 用自己的话简介梅兰芳的生平并形成文字。

3. 用圈点勾画阅读的方法标注文中的感人事件和精彩语言，并记下阅读感受。

4. 阅读过程中随时做好读书摘记。

5. 写一篇人物评论。

【活动过程】

一、导入

在刚刚学过的课文中，我们了解到很多优秀的艺术形式。对于中国来说，最能当得起"国粹"二字的艺术形式，非京剧莫属。而京剧发展到鼎盛时期的代表人物之一，就是我们这节课的主角——梅兰芳。我们已经用两周的时间阅读了《梅兰芳传》，这节课我们根据这本书的阅读情况，交流一下我们的阅读感受，来进一步了解京剧大师梅兰芳的传奇一生，感受梅先生崇高的人格魅力。

二、永远的歌者　传奇的一生

请用自己的话简述梅先生一生的主要经历，可以用精炼、简洁的文字介绍其经历，也可以将其经历划分为不同阶段，并给每一个阶段加一个小标题。

三、感人的瞬间　永恒的记忆

梅先生一生经历坎坷，有过辉煌与荣耀，也遭遇过困境和磨难，但就是这些经历磨炼了他坚强不屈的个性，成就了他伟大的人格和事业。书中记录的哪些事成就了他同时也打动了你？请你简述这些难忘的感人瞬间，说说它们对梅先生产生了怎样的影响，从中可以看出他哪些品质。

四、精湛的表演　生动的语言

作为京剧表演艺术界的泰斗，书中有大量文字介绍了他演出的场景，并用生动形象、极富艺术表现力的词语细致入微地描绘了他的浅吟低唱、一颦一笑、举手投足，请在文中画出这样的句子，并结合关键词语赏析这些词语的艺术表达效果。

五、崇高的人格　永远的激励

伴随着我们的讨论和交流深入展开，梅先生敬业爱国的形象也在我们心中清晰起来，你从梅先生身上感受到怎样的人格魅力？对你又有怎样的启迪？请用心盘点，并用准确恰当的词语加以概括。

模块五：戏曲大舞台"综合性学习教学设计"

【教学构想】

利用课前准备和课堂教学时间，使学生初步了解中国戏曲的有关知识，比如京剧的脸谱知识和各种地方戏的名称、特色等；让学生欣赏中国戏曲名段，感受戏曲的魅力；积累中国戏曲方面的文化知识，激发学生对中国戏曲的情感。

【活动目的】

1. 初步了解有关中国戏曲的基本知识。
2. 学会欣赏戏文，用生动的语言描述戏曲的精彩片段。
3. 培养学生对中国传统戏曲文化的感情和关注，为戏曲的明天开一剂药方。

【活动准备】

1. 自主阅读教材，同学间分组合作查找资料，通过书籍、网络等渠道了解中国戏曲的一般知识。
2. 访问剧团专业人士或戏曲爱好者，了解戏曲文化知识和我们家乡的地方戏。
3. 调查青少年对戏曲的态度以及应对措施。

【活动过程】

一、导入

一本《梅兰芳传》让我们了解了一个人，更让我们了解了一门艺术

——京剧。其实中国的戏曲艺术博大精深、源远流长,不仅有雍容典雅的京剧,还有淳朴厚实的豫剧、轻柔婉转的越剧、高亢悲凉的梆子戏,今天,就让我们走进民族文化的瑰宝——戏曲天地中,去品味它悠长的韵味吧!

二、比一比,积累戏曲常识

在前几天的自主学习活动中,我们搜集到很多有关戏曲的资料,了解了戏曲的一些常识。下面我们就以抢答题的形式检测一下,谁最先举手作答并回答正确,就可为本组加分,最后评出优胜组,给予小小的奖励。每题10分,现在答题开始。(大屏幕显示)

1. 与希腊悲喜剧、印度梵剧合称为世界三大古老戏剧的剧种是什么?(中国的戏曲)

2. 中国戏曲起源于哪些形式?(民间歌舞、说唱、滑稽戏)

3. 享有"中国戏曲之母"雅称的是?(昆剧)

4. 戏曲的角色分哪几大行当?(生、旦、净、丑)

5. 我国戏曲采取哪些艺术手段表现人物?(唱、念、做、打)

6. 享有"东方歌剧"盛誉的是?(京剧)

7. 戏剧表演艺术有哪些技术方法?(手、眼、身、法、步)

8. 京剧"后四大须生"分别是?(马连良、谭富英、杨宝森、奚啸伯)

9. 戏曲表现生活的基本手法是?(虚拟——没有实物的表演)

10. 发展于安徽安庆一带的剧种是?(黄梅戏)

11. 京剧四大名旦是?(梅兰芳、荀慧生、程砚秋、尚小云)

12. "旦"分为哪几类?(青衣、花衫、花旦、刀马旦、武旦、老旦)

三、猜一猜,了解京剧脸谱

大屏幕上出示脸谱图片,学生猜猜他们分别是什么性格,代表人物是谁?

（明确：红脸含有褒义，代表忠勇；黑脸为中性，代表猛智；蓝脸和绿脸也为中性，代表草莽英雄；黄脸和白脸含贬义，代表凶诈；金脸和银脸是神秘，代表神妖。）

欣赏：《说唱脸谱》

四、听一听，欣赏戏曲名段

1. 分别播放京剧、越剧、黄梅戏的著名片段，让学生观察、欣赏，体验中国戏曲的独特魅力，并领悟其独特的思想内容。

2. 学生点评。

口语训练——看一段精彩片段，用生动的语言描述。

戏文欣赏——运用语文知识让学生品味优美流畅、生动形象的语言。（如《天仙配》选段、《花木兰》选段、《苏三起解》、《谁说女子不如男》）。

3. 学唱名段。学生选择较易把握的片段学唱，感受戏曲的韵味。

五、想一想，弘扬民族艺术

小组讨论，各抒己见：

1. 我国的传统戏剧究竟该去，还是该留？为什么？

2. 我们为什么不能像热爱流行音乐那样热爱戏曲呢？我们的传统戏剧应该怎样摆脱困境，重获新生？

六、写一写，记录艺术体验

以"中国的戏曲"为话题，写一篇600字左右的文章，题目自拟。

（提示：可以介绍你所知道的某一种剧种的历史发展概况和基本特点，要做到条理清楚，言简意明。可以选择你喜欢的一出戏，就其主要情节发挥想象，编写一个小故事。也可以记录你看戏、听戏、学戏的过程中的感想或者有趣的经历。）

七、老师总结

由于戏曲艺术博大精深，仅仅靠这次语文课实在无法从语文的角度领略其全部内涵。课堂是有限的，而语文学习的空间却是广阔的。希望大家能够走出课堂，走向生活，去进一步感受戏曲文化的无穷魅力！最后有两句话和大家共勉：关注传统文化，关注中国戏曲！

第二部分　整体评价

语文基础知识评价

一、识字写字能力评价

（一）评价目标

本单元累计认识常用汉字 80 个左右，并能用正楷字认真、准确、工整、流畅书写。

（二）评价内容：注音写字（共 50 分，见本书第 159、160 页"注音、写字"）

（三）评价方法：考试

1. 准确率

A. 50 分　B. 49—40 分　C. 39—30 分　D. 29 分以下

2. 书写

A. 写规范字，书写笔顺正确，笔画正确且到位，字体正确；字迹工整、端正；行款整齐，布局合理、匀称，整体效果好；纸面整洁；书写速度较快；写字姿势正确。

B. 写规范汉字，笔顺正确，笔画正确，字迹工整、端正；大小匀称；纸面整洁；书写有一定的速度；写字姿势正确。

C. 写字不规范，错字较多；字体不端正，结构比例失调，歪斜不稳；纸面不整洁；书写速度慢；写字姿势欠正确。

二、文学、文化常识积累

（一）评价目标

了解课文涉及的重要作家的生平,熟记作家作品及文学、文化常识。

(二)评价内容:文学常识填空(25分,见本书第160、161页"填空")

(三)评价方法:考试、讲述作家故事

1. 准确率

A. 25分　B. 24—20分　C. 19—15分　D. 14分以下

2. 兴趣

A. 喜欢搜集作家生平故事,能讲述作家生平经历,介绍主要作品集内容,理解作家的创作主张和风格。

B. 了解作家生平主要经历,知道作家的代表作,但没有阅读作品。

C. 不能准确记忆有关作家信息,不了解作家。

三、朗读与背诵能力

(一)评价目标

能用普通话正确、流利、有感情地朗读课文,准确、流畅、有感情地背诵《口技》和《江南逢李龟年》、《送灵澈上人》,注意课外古诗词积累。

(二)评价内容

1. 有感情朗读课文。

2. 背诵《口技》、《江南逢李龟年》、《送灵澈上人》。

(三)评价方法

1. 朗诵以听读的方式进行考察,划分为四个等级:

A. 正确、流利、有感情。

B. 正确、流利、但没有感情。

C. 有丢字、添字现象,超过三处。

D. 读不成句,不流畅。

2. 背诵以听背和默写的方式进行,划分为三个等级:

A. 能准确默写。B. 能准确背诵，默写错误在两处以内。C. 背诵错误超过三处。

阅读能力评价

一、评价目标

1. 能够引导学生开阔视野，接触各种各样的文化艺术形式，提高自己的文化素养，从人类宝贵的精神财富中得到滋养，初步形成自己的审美观、价值观，对文化艺术有一定程度的认识。

2. 能够让学生联系自己的生活实际，对文化艺术发表自己的独到见解。

3. 掌握正面描写、侧面描写等写作方法，学习让语言生动形象的表达技巧。

4. 了解中国传统的艺术形式，培养热爱中华文化的感情，提高艺术修养。

二、评价内容

1. 阅读下面的文字，思考回答问题。（13分）

我的很重的心忽而轻松了，身体也似乎舒展到说不出的大。一出门，便望见月下的平桥内泊着一只白篷的航船，大家跳下船，双喜拔前篙，阿发拔后篙，年幼的都陪我坐在舱中，较大的聚在船尾。母亲送出来吩咐"要小心"的时候，我们已经点开船，在桥石上一磕，退后几尺，即又上前出了桥。于是架起两支橹，一支两人，一里一换，有说笑的，有嚷的，夹着潺潺的船头激水的声音，在左右都是碧绿的豆麦田地的河流中，飞一般径向赵庄前进了。

两岸的豆麦和河底的水草所发散出来的清香，夹杂在水气中扑面的吹来；月色便朦胧在这水气里。淡黑的起伏的连山，仿佛是踊跃的铁的兽脊似的,都远远地向船尾跑去了,但我却还以为船慢。他们换了四回手,渐望见依稀的赵庄,而且似乎听到歌吹了,还有几点火,料想便是戏台,但或者也许是渔火。

(1) 解释词语在文中的含义。(2分)

月色便朦胧在这水气里。"朦胧"的意思是＿＿＿＿＿＿＿＿＿＿。

仿佛是踊跃的铁的兽脊似的。"踊跃"的意思是＿＿＿＿＿＿＿＿＿＿。

(2) 文中描写开船的动作的词语有＿＿＿＿＿＿,从中看出江南水乡的少年们＿＿＿＿＿＿的特点。(2分)

(3) 第二段中加粗的"跑"与第一段的哪个词相呼应?这两个词都写出了什么样的情形?(2分)

＿＿＿＿＿＿＿＿＿＿＿＿＿＿＿＿＿＿＿＿＿＿＿＿＿＿＿＿＿＿＿＿

(4) 文中的景物描写具有特色。作者调动了各种感觉器官进行多方面描写。各找出一句写在下面。(4分)

视觉:＿＿＿＿＿＿＿＿＿＿＿＿＿＿＿＿＿＿＿＿＿＿＿＿＿＿

嗅觉:＿＿＿＿＿＿＿＿＿＿＿＿＿＿＿＿＿＿＿＿＿＿＿＿＿＿

触觉:＿＿＿＿＿＿＿＿＿＿＿＿＿＿＿＿＿＿＿＿＿＿＿＿＿＿

听觉:＿＿＿＿＿＿＿＿＿＿＿＿＿＿＿＿＿＿＿＿＿＿＿＿＿＿

(5) 本段主要写月夜行船,突出了"我"急于看戏的迫切心情。从文中的哪些方面可以看出?结合文中具体词句进行分析。(3分)

＿＿＿＿＿＿＿＿＿＿＿＿＿＿＿＿＿＿＿＿＿＿＿＿＿＿＿＿＿＿＿＿

2. 阅读下面的文字,思考回答问题。(16分)

一群茂腾腾的后生。

他们的身后是一片高粱地。①他们朴实得就像那片高粱。

咝溜溜的南风吹动了高粱叶子,也吹动了他们的衣衫。

他们的神情沉稳而安静。紧贴在他们身体一侧的腰鼓,呆呆地似乎从来不曾响过。

但是：

看！——

一捶起来就发狠了，忘情了，没命了！②百十个斜背响鼓的后生，如百十块被强震不断击起的石头，狂舞在你的面前。骤雨一样，是急促的鼓点；旋风一样，是飞扬的流苏；乱蛙一样，是蹦跳的脚步；火花一样，是闪射的瞳仁；斗虎一样，是强健的风姿。黄土高原上，爆出一场多么壮阔、多么豪放、多么火烈的舞蹈哇——安塞腰鼓！

这腰鼓，使冰冷的空气立即变得燥热了，使恬静的阳光立即变得飞溅了，使困倦的世界立即变得亢奋了。

使人想起：落日照大旗，马鸣风萧萧！

使人想起：千里的雷声万里的闪！

使人想起：晦暗了又明晰、明晰了又晦暗、尔后最终永远明晰了的大彻大悟！

容不得束缚，容不得羁绊，容不得闭塞。是挣脱了、冲破了、撞开了那么一股劲！

好一个安塞腰鼓！

（1）"一群茂腾腾的后生"，用这几个字组成短句作为文章的首段，有什么作用？（2分）

_____

（2）为什么先写南风吹动了高粱叶子和他们的衣衫，接着又写他们沉稳而安静的神情和"呆呆"的腰鼓？（2分）

_____

（3）"紧贴在他们身体一侧的腰鼓，呆呆地似乎从来不曾响过。"一句中"似乎"可否去掉？为什么？（3分）

(4)"但是:""看!——"单独成段,有怎样的表达效果?(2分)
_____

(5)画线的两个句子用了怎样的修辞?有什么表达效果?(3分)
_____

(6)如何理解画波浪线的两个句子的含义?(4分)
_____

3. 阅读《口技》(节选),思考回答下面的问题。(8分)

未几,夫齁声起,妇拍儿亦渐拍渐止。微闻有鼠作作索索,盆器倾侧,妇梦中咳嗽。宾客意少舒,稍稍正坐。

忽一人大呼"火起",夫起大呼,妇亦起大呼。两儿齐哭。俄而百千人大呼,百千儿哭,百千犬吠。中间力拉崩倒之声,火爆声,呼呼风声,百千齐作;又夹百千求救声,曳屋许许声,抢夺声,泼水声。凡所应有,无所不有。虽人有百手,手有百指,不能指其一端;人有百口,口有百舌,不能名其一处也。于是宾客无不变色离席,奋袖出臂,两股战战,几欲先走。

忽然抚尺一下,群响毕绝。撤屏视之,一人、一桌、一椅、一扇、一抚尺而已。

(1)解释文中加点的词语。(2分)

中间:_____ 名:_____

(2)把下列句子翻译成现代汉语。(4分)

①宾客意少舒,稍稍正坐。_____

②忽然抚尺一下,群响毕绝。_____

(3)文章结尾交代道具的_____,是为了侧面烘托口技表演者技艺的_____。(2分)

4. 阅读下面的短文,思考回答问题。(13分)

看京剧

晚7时15分,能容纳上千名观众的梨园剧场演出大厅已是座无虚席,人头攒动。来自五大洲的各国游客,正翘首以待,等待着观赏今晚的剧目。

7时30分,开场的锣鼓骤然响起,观众席上灯光暗了下去。在清脆激扬的乐曲声中,身穿中国民族服装的演员出现在舞台上。《三岔口》《秋江》《水漫金山》等一出出京剧传统保留剧目展现在观众面前。精彩的武打、优美的舞蹈和圆润动听的唱腔紧紧地扣住了观众的心弦,显示出京剧艺术的无穷魅力。记者身处观众席中,偷眼向四周看去,只见不远处,一位金发碧眼的女郎已被《三岔口》那出神入化的武打所吸引,每当打到紧要处,就不由自主地抓紧身边的男友的手。而当《秋江》的男女主人公出现在舞台上时,记者身边几位鹤发童颜的外国老人便陶醉在悠扬的旋律和美妙的舞蹈中,情动处,甚至伴着台上的①_____,用脚打起了拍子。

《水漫金山》的演出开始了,剧场内的气氛达到了高潮。白娘子、小青大战法海,那英武俊美的亮相,令人②_____的花枪,还有一连串的毽子小翻,都博得了满场叫好声。特别是白娘子力战群敌时的踢枪绝技,更是惊得"老外"们③_____,情绪高涨。

掌声,春雷般的掌声,在剧场内一次次滚动。观众席里,接连不断亮起闪光灯的白光。一位中年男子④_____地跑到台口,不住地按动照相机的快门。一些观众随身携带的摄像机也开始运转……

(1) 为文中四个空格处选填恰当的词语。(2分)

A. 轻歌曼舞 B. 歌舞升平 C. 眼花缭乱 D. 目瞪口呆

E. 瞠目结舌 F. 情不自禁 G. 不由自主 H. 应接不暇

(2) 文中横线画出的语句,表现了剧场内观众_____。(2分)

(3) "掌声,春雷般的掌声"一句所用的修辞方法是_____,其作

用是_____。（3分）

（4）作者是怎样描写观众观看京剧表演时的表现的？这些描写有什么作用？结合文中具体语句至少从两个角度进行分析。（6分）

（三）评价方式

以考试的形式进行评价，根据成绩划分为三个等级：

A. 40—50分，有较高文字鉴赏能力，能读懂文意，深刻理解作品感情和主题，并能对作品语言加以赏析。

B. 30—39分，能读懂文章大意，初步把握作品情感，不能全面、恰当分析语言的表达效果。

C. 29分以下，文字阅读有障碍，不能准确理解作品的内容及情感，对语言的感悟能力较低，体会不到关键词语的表达作用。

习作评价

一、评价目标

1. 引导学生初步了解有关中国戏曲的基本知识。

2. 指导学会欣赏戏曲，用生动的语言描述戏曲的精彩片段，准确恰当地评价人物或作品。

3. 培养学生对中国传统戏曲文化的感情，引导学生对戏曲的继承发展进行理性思考。

二、评价内容

以"中国的戏曲"为话题，写一篇600字左右的文章，题目自拟。

（提示：可以介绍你所知道的某一种剧种的历史发展概况和基本特点，要做到条理清楚，言简意明。可以选择你喜欢的一出戏，就其主要情节发挥想象，编写一个小故事。也可以记录你看戏、听戏、学戏的过程中的感想或者有趣的经历。）

三、评价方式

1. 评价原则

个人评价、小组评价与教师评价相结合。

2. 评价形式

（1）书面评价。用分数、评语来表示。

（2）口头评价。采取面批的形式，当面指出作文存在的问题。

3. 评价过程

第一步：自评

学生完成作文之后，通读自己的作文，理清文章的思路，修改、补充文章的不当之处，使之清晰、自然、流畅。

第二步：互评

自评完毕后，小组内交换互评。每位学生按照老师的要求在规定的时间内批改小组内其他成员的文章，使文章经过其他同学的品读、推敲、修改，变得更加完善、成功。

附：互评评价表

时间			被评人	
内容	题目			
	主题			
	选材			
	情感			
表达	思路			
	结构			
	详略			
	语言			
书写				

第三步：师评

教师将所有学生习作认真阅读，指出优点和不足，并按照作文评价标准给习作做出评定、打分。

四、作文评分标准

一类文（44分—50分）

题目新颖别致；能生动形象地讲述欣赏戏曲的经历，再现表演场景，并对剧中人物及演员的表演进行准确恰当地点评分析，或结合具体作品对戏曲表演的特点进行阐述，有自己独到的见解，主题鲜明；结构完整，首尾呼应，过渡自然，详略得当，主题鲜明；语言流畅有文采，动词准确，词汇量丰富，能熟练使用多种修辞手法，文字生动有表现力；书写清晰美观，标点符号使用正确，没有错别字。

二类文（37分—43分）

题目较准确但缺乏创意；能写出欣赏戏曲的经历但对表演场景的描绘不够生动具体，能谈出关于戏曲的一些见解，但相关的艺术欣赏经历缺乏，导致表述苍白缺乏感染力；结构完整，但写作技巧不足，有些平淡；语言通顺但词汇不丰富，表现力不够；条理清晰但过渡不够自然，书写较正规，标点有时缺失或误用，且有错别字。

三类文（30分—36分）

题目宽泛没有针对性；因没有相关的艺术体验导致内容空洞，流于说教，缺少事例和细节来体现对戏曲作品的理解；结构混乱，没有分段的意识，缺乏必要的过渡和衔接，结构不完整；词不达意语病较多；书写潦草，标点缺失或一逗到底，且错别字较多。

综合性实践活动评价

一、评价目标

引导学生了解有关中国戏曲的基本知识，学会欣赏戏文，并用生动的语言描述戏曲的精彩片段。培养学生对中国传统戏曲文化的感情和关注，为戏曲的明天开一剂药方。

二、评价内容

1. 积累戏曲知识，抢答问题。
2. 说出脸谱的含义。
3. 欣赏戏文，并用生动的语言描述戏曲的精彩片段。
4. 学唱戏曲名段。
5. 设计促进戏曲发展的方案。

三、评价方法

在活动中评价。根据学生在交流中的发言次数和质量进行评价。划分为优、良、中、差四个等级。

读整本书教学评价

一、评价目标

1. 学习用浏览和精读的方式阅读人物传记，了解京剧大师梅兰芳的传奇一生，感悟他对艺术的执着追求和崇高的人格魅力。

2. 运用圈点勾画的方法进行阅读，赏析文中生动形象的语言，学习让语言生动形象的表达技巧。

3. 了解中国传统的艺术形式，提高自己的文化素养，从人类宝贵的精神财富中得到滋养，初步形成自己的审美观、价值观，对文化艺术有自己一定程度的认识，培养热爱中华文化的感情，提高艺术修养。

二、评价内容

1. 用自己的话简述梅先生一生的主要经历，可以用精炼、简洁的文字介绍其经历，也可以将其经历划分为不同阶段，并给每一个阶段加一个小标题。

2. 简述书中的精彩片段或难忘的感人瞬间，说说它们对梅先生产生了怎样的影响，从中可以看出他哪些品质？

3. 在文中圈画出介绍他演出场景，并用生动形象、极富艺术表现力的词语细致入微地描绘了他的浅吟低唱、举手投足的句子，并结合关键词语赏析这些词语的艺术表达效果。

4. 概括梅兰芳的人格魅力。

5. 写一篇人物评论。

三、评价方式

1. 将读书笔记的按质量划分为优、良、中、差四个等级。

2. 通过召开班级交流会，在活动中根据学生的发言次数和发言质量进行评价，划分为优、良、中、差四个等级。

重览建筑古迹,领略华夏文明

——人教版初中语文八年级上册
第三单元整体课程设计

第一部分　课程设计

【单元导读】

建筑园林、名胜古迹是人类创造活动的实物记录,体现了人民大众的智慧,具有丰富的文化内涵。本单元所选的课文基本上都与建筑园林、名胜古迹有关。阅读这些课文,可以使我们接触到多种知识,开阔眼界,激发对祖国文化的自豪感。

学习本单元,要注意课文怎样抓住特征来介绍事物,要理清说明顺序,了解常用的说明方法,体会准确、周密的语言。

【单元整体构想】

本单元教学分为五个模块:

模块一:单元整体预习(2课时)。了解说明文的有关常识,掌握说明文的基本特点和常用说明方法。在通读课文的基础上掌握文章的主要内容。了解我国的传统建筑桥、园林所取得的光辉成就,激发对祖国文化的自豪感。

模块二:理解内容与领悟主题模块(3课时)。精读课文,把握文章的结构,在理清文章说明顺序的基础上掌握文章的主要内容。认识到说明事物要抓事物的特征。

模块三：品味语言与学习手法模块（3课时）。掌握说明文常用的说明方法及作用，品味重点语句在文中的作用，体会说明文语言的准确严密的特点。

模块四：读整本书——《八十天环游地球》读书交流会（2课时）。能在老师周读书计划的指导下，用略读与选读相结合的方式阅读《八十天环游地球》，并能用圈点勾画的方法作批注，能对重点片段发表自己感悟。理清主人公的旅行路线，领略作品中跌宕起伏的故事情节、栩栩如生的人物形象，了解热带雨林、台风、各国颇具特色的交通工具、世界货币、世界时区等常识，享受知识带来的快乐。

模块五：综合性实践活动（2课时）。能够运用图书馆、网络搜集关于桥的故事、诗歌、俗语、成语等信息，观察生活中的桥，对它作出调查研究分析，利用手抄报、摄影、调查报告等多种形式展示自己的成果。运用本单元学习的有关说明文的知识，学会写简单的说明文。

【单元目标】

1. 能够在熟读课文的基础上掌握本单元课文所涉及的重点字词80个左右。

2. 了解说明文的有关常识，掌握说明文的基本特点和常用说明方法。

3. 在通读课文的基础上，把握文章的结构，在理清文章说明顺序的基础上掌握文章的主要内容，认识到说明事物要抓事物的特征。

4. 品味重点语句在文中的作用，体会说明文语言的准确严密的特点。

5. 了解我国的传统建筑桥、园林所取得的光辉成就，激发对祖国文化的自豪感。

6. 背诵默写古诗词《黄鹤楼》、《送友人》，赏析诗句，品味诗情，增加文学积累。

7. 能在老师周读书计划的指导下，用略读与选读相结合的方式阅读《八十天环游地球》，并能用圈点勾画的方法作批注，能对重点片段发表自己感悟。

8. 理清主人公的旅行路线，领略作品中跌宕起伏的故事情节、栩栩如生的人物形象，了解热带雨林、台风、各国颇具特色的交通工具、世界货币、世界时区等常识，享受知识带来的快乐。

9. 能够运用图书馆、网络搜集关于桥的故事、诗歌、俗语、成语等信息，观察生活中的桥，对它作出调查研究分析，利用手抄报、摄影、调查报告等多种形式展示自己的成果。运用本单元学习的有关说明文的知识，学会写简单的说明文。

模块一：单元整体预习教学设计

【预习目标】

1. 能够在熟读课文的基础上掌握本单元课文所涉及的重点字词80个左右。

2. 了解说明文的有关常识，掌握说明文的基本特点和常用说明方法。

3. 在通读课文的基础上，把握文章的结构，在理清文章说明顺序的基础上掌握文章的主要内容。

4. 了解我国的传统建筑桥、园林所取得的光辉成就，激发对祖国文化的自豪感。

【自主预习】

1. 阅读课本第99页和119页方框内的文字，了解说明文文体知识。完成预习汇报单。

(1) 说明文是客观地_____、_____的一种文体，目的是给读者以_____、_____。

(2) 阅读说明文，可以从_____入手。常见的说明顺序有三种：_____、_____和_____。

(3) 理清说明顺序之后，就容易看出全文的结构。说明文的结构一般有两种：一种是_____（包括_____、_____两种），一种是_____。事物说明文大都用_____，事理说明文大都用_____。

(4) 说明文的生命在于它的_____。阅读中要注意作者对事物特征或者事理的说明，是否都以_____为依据，并用_____、_____、_____这把尺子，衡量说明文语言的优劣。

2. 借助工具书和课下注释，了解有关叶圣陶、茅以升、吴冠中、黄传惕、陈从周的知识，重点掌握叶圣陶。完成预习汇报单：

《苏州园林》的作者是_____，原名_____，字_____，江苏苏州人，_____家、_____家、_____家，代表作有长篇小说《_____》，短篇小说《_____》，童话《_____》、《_____》等，均收在《_____》中。

3. 掌握字词：默读本单元所有课文，边读边画出你认为重要的或读不准的字词，读完后借助工具书扫清字词障碍。完成预习汇报单。

(1) 注音、写字

郦（　）道元　　洨（　）河　　匀称（　）

朝野佥（　）载　　惟妙惟肖（　）　　xióng zī（　）（　）

cán sǔn（　）（　）　　gǔ pǔ（　）（　）　　推chóng（　）

zhù 足（　）　　煞（　）风景　　轩榭（　）

丘壑（　）　　嶙峋（　）　　镂（　）空

伧（　）俗　　qiáng wēi（　）（　）　　因地制yí（　）

蟠（　）龙　　金銮（　）　　殿额枋（　）

藻（　　）井　　　　磬（　　）　　　　鎏（　　）金

雍（　　）正　　　　áo（　　）头　　　liú lí（　　）（　　）

nà liáng（　　）　　　重 luán（　　）叠 zhàng（　　）

wéi mù（　　）（　　）

（2）解释词语

惟妙惟肖：　　　　　　　　煞风景：

驻足：　　　　　　　　　　失之毫厘，差以千里：

轩榭：　　　　　　　　　　胸中有丘壑：

嶙峋：　　　　　　　　　　伧俗：

4. 理解文意：用不同的方式（诵读、默读、速读）阅读课文，找出每篇课文说明的对象，初步把握说明对象的特征，理清说明顺序。完成预习汇报单。

（1）《中国石拱桥》按_____顺序为我们介绍了_____的特点，并以_____桥和_____桥为例具体阐释。全文结构为_____式。

（2）《苏州园林》按_____顺序为我们介绍了_____的整体特点，然后再从不同方面来具体说明这一特征，全文结构为_____式。

（3）《故宫博物院》先指出_____的特点，然后按_____顺序依次介绍这一特点在每一处建筑中的体现，全文结构为_____式。

【阅读初体验】

徜徉在中国建筑的艺术之林中，相信你一定为这伟大的建筑与伟大的民族所折服，那么在这些建筑中，你最喜欢的是哪一个？谈谈你读完单元文章、参观了这些建筑艺术后的感受。

模块二：内容与主题教学设计

【学习目标】

1. 精读课文，把握文章的结构。
2. 在理清文章说明顺序的基础上，掌握文章的主要内容。
3. 认识到说明事物要抓事物的特征。

【学习过程】

一、如何把握说明对象

送你一把钥匙：

事物说明文，一般标题就是说明的对象；事理说明文，找准开头和结尾的总结句。

打开文章的大门：

从课文标题来看，本单元五篇课文的说明对象依次是：_____、_____、_____、_____、_____。

二、如何抓住说明对象的特征

送你一把钥匙：

抓住文题、每段中心句、首尾段及关键词句。

打开文章的大门：

1.《中国石拱桥》一文中，前三个自然段是全文的总述部分，其中第一段引出说明对象，第二段的中心句是"这种桥不但形式优美，而且结构坚固"，第三段的中心句是"我国的石拱桥有悠久的历史"，紧接着作者举例说明以上特点。因此我们可以归纳出中国石拱桥的特点是：_____、_____、_____。

2.《苏州园林》一文中，前两段是总述部分，中心句是_____，接下来的每一处介绍都围绕这句话展开，因此这就是苏州园林的特点。

3.《故宫博物院》一文中，前两段是全文的总述部分，中心句是_____，接下来每一处建筑都从不同角度体现这些特点，因此这句话说的就是故宫博物院的特点。

三、如何理清说明顺序

送你一把钥匙：掌握常见说明顺序。

1. 时间顺序：说明事物的发展变化。

2. 空间顺序：说明事物的形状、构造，多用于建筑物的结构，如上下、远近、左右、内外、东西南北中等。

3. 逻辑顺序：说明事理，多说明事物之间的内在联系。具体有主——次、原因——结果、现象——本质、特征——用途、一般——个别（特殊）、概括——具体、整体——局部、总——分等。

打开文章的大门：

1.《中国石拱桥》一文，先总说特点，再举例说明，这是由概括到具体的顺序，属于＿＿＿＿顺序；在介绍赵州桥时，先说结构特点，再说这样设计的作用，这是由特征到用途的顺序，也属于＿＿＿＿顺序；介绍卢沟桥时，则按时间推进来写，突出它的特点，这属于＿＿＿＿顺序。（一篇文章可以综合使用多种说明顺序）

2.《苏州园林》译文，先总说特点，再从不讲究对称、假山和池沼的配合、花草树木的映衬、远景近景的层次、角落的构图美、门窗的图案美、建筑的色彩美多个角度来体现这一特点，这也是由概括到具体的顺序，属于＿＿＿＿顺序。

3.《故宫博物院》仍然是先说特点，在围绕特点介绍建筑物，属于＿＿＿＿顺序。但是介绍具体建筑物时，则是按游览的顺序由南向北介绍的，这属于＿＿＿＿顺序。

四、如何把握说明文的主题

说明文是客观地说明事物、阐明事理的一种文体，目的是给读者以科学的知识、科学地认识事物的方法，因此说明文一般都体现作者对科学的尊重、对自然的敬畏、对人类智慧的赞扬。可以结合具体内容具体分析。试用一句话概括本单元的几篇课文表现了怎样的主题。

五、学以致用

读万卷书，行万里路，相信祖国的名胜古迹中也有你探寻的脚步。现在就用我们学过的知识，掌握的方法，把你去过的印象最深刻的一处建筑或者名胜古迹介绍给大家吧！要注意抓住特点，按一定的顺序来说明，让我们足不出户就尽览天下吧！

模块三：语言与手法教学设计

【学习目标】

1. 掌握说明文常用的说明方法及作用。
2. 品味重点语句在文中的作用。
3. 体会说明文语言的准确严密的特点。

【学习过程】

一、掌握说明方法并体会作用

为了更好地说明说明对象的特点，作者往往会使用多种说明方法使读者更容易接受文章中的信息，因此，学会分析这些说明方法及其表达作用，是我们学习说明文的重要内容。

送你一把钥匙：

（一）掌握常见说明方法及其作用

1. 分类别：把……分门别类地加以说明，显得条理清楚。

2. 引用：引用……突出了……既增强了说服力，也增强了趣味性，引用说明在文章开头，还起到引出说明对象的作用。

3. 打比方：生动形象说明了……增强了文章的趣味性。

4. 作诠释：对……加以具体的解释说明，使说明更通俗易懂。

5. 举例子：具体说明……的特点，从而使说明更具体，更有说服力。

6. 下定义：准确而简明地揭示了……的本质特点，使说明更科学、更本质、更概括。

7. 作比较：把……和……相互比较，突出强调了……的特点。

8. 列数字：用具体的数据……加以说明，使说明更准确更有说服力。

9. 列图表：直观形象地说明了……特点，使说明更简明更直观。

10. 摹状貌：具体生动形象地描摹了……的特点，显得生动活泼。

（二）掌握分析说明方法的一般格式

运用了＿＿＿＿的说明方法，＿＿（说明方法本身具有的作用）＿＿地说明了（说明对象）＿＿（结合原文）＿＿的特点。

打开文章的大门：

指出下列句子使用的说明方法并分析其表达作用：

1. 赵州桥非常雄伟，全长50.82米，两端宽9.6米，中部略窄，宽9米。

2. 石拱桥的桥洞成弧形，就像虹。

3. 这些石刻狮子，有的母子相抱，有的交头接耳，有的像倾听水声，有的像注视行人，千态万状，惟妙惟肖。

4. 我国的建筑，从古代的宫殿到近代的一般住房，绝大部分是讲究对称的，左边怎么样，右边也怎么样。苏州园林可绝不讲究对称，好像故意避免似的。

5. 池沼里养着金鱼或各色鲤鱼，夏秋季节和花火睡莲开放，游览者看"鱼戏莲叶间"，又是入画的一景。

你还能从文中找出使用各种说明方法的句子，并分析它们的表达效果吗？

我的发现：＿＿＿＿＿＿＿＿＿＿＿＿＿＿＿＿＿＿＿＿

二、品味语言并体会特点

送你一把钥匙：

（一）了解哪些词语能体现说明文语言的准确严密性

一般说来，修饰性、限制性词语（如：基本上、大约、比较、一般、极个别、大多数、更、也许、常常、在当时、绝大部分、主要、几乎……）最能体现这一点。

（二）掌握分析步骤

1. 解释。解释这个词语在这句话中的含义，在程度、状态、性质、范围等方面加以限制。

2. 比较。即比较删掉这个词语与没有删掉以前的区别，一定要结合具体的句子进行分析，意思变为"×××"，与实际不符，不符合原意等。

3. 总结。结尾一定要有这样的句子：这体现了说明文语言的严密性、准确性与科学性。

（三）掌握常见考查形式及分析格式

1. ××词能不能删去？

答题格式：不能删。因为××词表示……删掉后句子的意思就变成了……这与文意不符。××词体现了说明文语言的严密性、准确性与科学性。

2. ××词好在哪里？

答题格式：用了××词，生动地（准确地）说明了事物的……特征，能够激发读者的兴趣（符合实际情况，具有科学性）。

打开文章的大门：

（一）下列句中的加点词能不能删去？为什么？

1. 石拱桥在世界桥梁史上出现得比较早。

2. 《水经注》里提到的"旅人桥"，大约建成于公元282年，可能是有记载的最早的石拱桥了。

3. 我国的石拱桥几乎到处都有。

4.（赵州桥）全桥只有一个大拱，长达37.4米，在当时可算是世界最长的石拱。

（二）揣摩句中加点的词，回答括号里的问题。

1."倘若要我说说总的印象，我觉得苏州园林是我国各地园林的标本。"（"标本"在这里是什么意思？）

2."假山的堆叠，可以说是一项艺术而不仅是技术。"（"艺术"与"技术"有什么区别？）

试着从课文中再找出能体现说明文语言的准确、严密特点的词语，并分析它们的表达效果。

三、学以致用

掌握了多种说明方法，了解了说明语言的特点，那么用你敏锐的眼、细腻的心、准确的笔来介绍一下生活中你最熟悉的一个事物，记住一定要恰当地使用说明方法，注意说明语言的准确性。

模块四：读书交流会教学设计

【活动目标】

1. 能在老师周读书计划的指导下，用略读与选读相结合的方式阅读《八十天环游地球》，并能用圈点勾画的方法作批注，能对重点片段发表自己感悟。

2. 理清主人公的旅行路线，领略作品中跌宕起伏的故事情节、栩栩如生的人物形象，了解热带雨林、台风、各国颇具特色的交通工具、世界货币、世界时区等常识，享受知识带来的快乐。

【课前准备】

1. 师生共读此书，交流读书感受，寻找兴趣点。

2. 学生以兴趣点组成小组，进行相关讨论交流，根据情况进行相应准备。

【活动流程】

一、导入

前段时间，我们用一个月的时间共同阅读了《八十天环游地球》这本书。在前期也开展了相关专题的交流活动。现在啊，就到了我们收获果实的时候了。这节课，我们就一起来进行一个成果的汇报。看哪个小组展示的内容最丰富，最吸引大家的眼球！

二、小组汇报，体现成果

1. 旅途再现

请用你擅长的方式，为大家介绍福克先生旅行的时间和路线。（可以文字说明，也可以借助地图、地球仪，还可以制作幻灯片。）

（小组展示，及时评价）

2. 人物简介

了解了路程，我们再来了解一下参与环游旅行的人物。请用你擅长的方式介绍书中的人物，可以是文字介绍，也可以为人物配图（素描、漫画），还可以设计猜谜等游戏。注意，在分析人物性格时，一定要结合文中的具体词语来展开。

（学生展示，及时评价）

3. 风光欣赏

《八十天环游地球》这本书，不仅为我们讲述了神奇的旅行，还为我们描绘了世界各地奇异的风光，请大家找出文中描绘旖旎自然风光语段，有感情地读给大家，并结合具体词句说说这些文字体现了各地风光的什么特点。

（学生展示，及时评价）

4. 困难聚焦

这途中的风景真是让人留恋，但是他们却来不及观赏。因为他们不仅有任务在身，还有很多困难阻挡着他们的前行。他们遇到过怎样的困难？如何克服的？从中给了你怎样的启发？找出文中令你难忘的片段，结合具体语句，和大家分享一下你的读书收获。

生交流故事中主人公是如何克服困难的，体会人物的精神。（福克先生遇事沉着冷静；在分析和解决问题之前便做好了充分的准备；路路通脾气急躁，但也忠于主人，为主人着想……）

同学们通过他们克服困难的过程更加深入地体会到了人物的精神。看来，读书中不断体会和思考，会给我们带来很多的收获。

5. 收获共享

师：其实，一个个困难就是一个个故事。我们在这一个个故事中收获了更多的启示。那么最后，他们成功了吗？你觉得成功的因素有哪些？

（生汇报）

师：这些都为他的成功提供了可能。读了这本书后，你还有什么收获呢？各方面的都可以谈。

（生谈收获）

师：真是仁者见仁，智者见智。一千个读者就有一千个哈姆雷特。大家都从不同角度、不同层面、不同深度地谈了自己的收获。相信有了这节课的交流后，大家再读这本《八十天环游地球》，你还会有更多的收获。

三、介绍作者，拓展阅读

这么美丽的风景名胜，这么惊险的经历，让人回味无穷，可是，你相信吗？作者却没有真正去过这些美丽的地方。凡尔纳，法国著名作家，科幻小说之父。他留给后世65部科幻小说，是世界上作品被翻译得最多的五大名家之一。凡尔纳非常热爱海洋，每天向往着远航探险。11岁的时候，他背着家人，偷偷地溜上一艘开往印度的大船，准备开始他梦寐以求的冒险生涯。不过由于发现及时，父亲在下一个港口拦下了他。这次以受到严厉的惩罚而告终的旅行换来的是更为严格的管教,挨了打的他只能躺在床上,流着泪保证:"以后保证只躺在床上在幻想中旅行。"虽然他失去了成为冒险家的可能。但是蔚蓝色的大海在他心中的形象是永远也无法磨灭的。他幻想着环游世界,幻想着登上月球,幻想着上天入地下海。凡尔纳就是抱着对世界无限向往的强烈的探索欲望,所以才写出了许多异乎寻常的作品。今天,每当我看见"琳琅满目"的玄幻小说或穿越小说时,都会不由自主地想起凡尔纳,想起美好的记忆都来自于那个明媚的早晨,来自于法国南部明珠、有着"第二马赛"之称的小镇南特,来自于那些鲜活的生命与永不褪色的文字。你想知道他还预言、创造了哪些东西吗?那就去读一读他其他的作品吧!

推荐阅读:《神秘岛》、《从地球到月球》、《格兰特船长的儿女》

模块五:"说不尽的桥"综合性学习教学设计

【活动目标】
1. 引导学生领略我国丰富的桥文化,提高文化素养。
2. 增强学生收集、整理、分析资料的能力。
3. 进一步培养学生自主、合作、探究学习意识。
4. 提高学生言语表达、拓展思维、写作能力。
5. 欣赏桥文化及其内涵,激发爱桥的情感,提高文化素养。

【活动过程】
一、导入

茅以升曾这样风趣地说过:"桥是经过放大的一条板凳。"人类在发展的几千年历史中,创造了林林总总、千姿百态的这种板凳。这些板凳,不仅为人类的生活带来了便利,更主要的是在这几千年里,它自身也孕育出了丰富多彩的桥文化。今天就让我们一起走进桥的世界,去领略这多姿多彩、妙趣横生的桥文化。下面，让我们一起来欣赏一些中外名桥。

二、赏桥

欣赏有名的桥的图片（多媒体显示），从视觉上渲染气氛，从艺术上陶冶情操。欣赏后同学们交流感受。

三、知桥

看了这么多世界各地、风情万种的桥，肯定让大家大开眼界、受益匪浅吧。下面就让我们进入一个紧张、激烈的问答环节，来检测一下同学们对桥知识的掌握情况。这些问题就是一座雄伟的大桥——知识桥，也是我们本节课要完成的目标，看谁回答得最多、最完整，在本节课结束后，他就率先过桥，就是这次竞赛的冠军，当然，我们希望每个同学能顺利渡过这座桥。好，现在让我们来看第一题。（多媒体显示问题及答案）

题1：桥从形式的角度主要分为哪些？

明确：梁桥、吊桥、浮桥，拱桥、立交桥等

题2：建桥的常用建材有哪些？

明确：钢铁、水泥、木材、石头

题3：我国造成后一直使用到现在的最古的石桥是哪座桥？在什么地方？

明确：赵州桥，河北赵县。

题4：现存最早，桥洞最多的石桥是哪座桥？

明确：是江苏苏州的宝带桥。

题5：吊桥首创于哪个国家？A. 俄罗斯　B. 希腊　C. 罗马　D. 中国

明确：中国

题6：国内第一座钢箱梁悬索桥是哪座桥？（提示一下，它在广东东莞。）

明确：虎门大桥！现在大家应该记住这座桥，它可是我们的骄傲！

题7："万里长征，犹忆泸关险；三军远戍，严防帝国侵."这幅对联与哪座桥有关？A. 泸定桥　B. 四元桥　C. 虎门大桥　D. 金门大桥

明确：泸定桥！

师：到现在呢，我们有关桥的知识问答就结束了，同学们就积极踊跃，很不错。不管是刚才回答最多、最准确的同学，还是没有机会回答的同学，都不要有什么想法，后面还需加油。

师：在紧张激烈问答之后，让我们轻松一下。咱们一起来朗诵一首优美的诗——《再别康桥》（多媒体显示）

四、话桥

1. 有关桥的故事

桥在我们生活中应用普遍，分布广泛，相信同学们在日常生活中一定走过、见过、听闻过许多桥。很多桥都被赋予了美丽的传说故事与浪漫色彩。如杭州西湖的断桥，就因为有了白娘子和许仙的爱情故事而经久不衰；又如牛郎织女七夕相会的鹊桥，妇孺皆知。你们还知道哪些桥名的由来和关于桥的故事传说呢？下面就请同学们讲一下你们所知道的桥，以及有关这座桥的故事。

（本环节学生讲述，教师适当点评）

2. 有关桥的诗句、俗语、成语、谚语、谜语

自古以来，桥有着丰富的文化，许多文人墨客都留下了写"桥"的优美诗句，无论古时，或是今日，这些诗词都有非凡的魅力。同学们对于含"桥"的诗、词或俗语、成语一定也有一些了解，现在，就让我们来比一比，看谁知道得更多？

①诗句　②俗语、谚语　③成语　④谜语

（本环节学生讲述，教师适当的点评）

五、喻桥

桥是平凡普通的，但它早已超越了它本身的含义，被赋予了更多的内涵。不光是有关它的诗句、成语、俗语，生活中还有这样一些桥，既不架在水上，也不架在陆地上，建造它们甚至用不上一砖一瓦，可它们却实实在在地发挥着"桥"的作用，它在我们的心中是些什么样的桥呢？就像班干部，他们是老师与同学之间的桥。又如电话，它是沟通人与人之间的桥。下面让我们以这样的句式，展开联想：

_____是一座桥，_____。

明确：①友谊是一座桥，连接着同学的心。

②书本是一座桥，带着我走向知识宝藏的大门。

③自信是一座桥，引导我们走向成功的彼岸。

④知识是一座桥，搭造出我们的成才之路。

……

（本环节让学生思考，并动笔写）

六、理想之桥

同学们的想象能力都不错，发现了这么多生活中起着沟通作用的桥。关于喻桥的这个环节到这里就暂时结束了，那么在你的生活中，你有没有想过要搭建属于自己的理想之桥呢？比如说：在与父母和老师之间搭建沟通的桥梁；与朋友同学之间搭建交心的桥梁；盼望大陆人民与港澳同胞交往的桥梁……大家想想，你想搭建怎样的桥梁呢？好了，大家都说得很好，或贴近自己的生活，或抒发自己的理想。不管怎样，老师都希望你们能通过自己的努力，搭建起属于你自己的心中的桥梁。

第二部分　整体评价

语文基础知识评价

一、识字写字能力评价

（一）评价目标

本单元累计认识常用汉字 80 个左右，并能用正楷字认真、准确、工整、流畅书写。学习写行楷字，提高书写速度。

（二）评价内容：注音写字（共 40 分，见本书第 193、194 页"注音、写字"）

（三）评价方法：考试

1. 准确率

A. 30 分　B. 29—22 分　C. 21—14 分　D. 14 分以下

2. 书写

A. 写规范字，书写笔顺正确，笔画正确且到位，字体正确；字迹工整、端正；行款整齐，布局合理、匀称，整体效果好；纸面整洁；书写速度较快；写字姿势正确。

B. 写规范汉字，笔顺正确，笔画正确，字迹工整、端正；大小匀称；纸面整洁；书写有一定的速度；写字姿势正确。

C. 写字不规范，有多个错字；字体不端正，结构比例失调，歪斜不稳；纸面不整洁；书写速度慢；写字姿势欠正确。

二、文学、文化常识积累

（一）评价目标

了解课文涉及的重要作家的生平，熟记作家作品及文学、文化常识。

（二）评价内容：文学常识填空（30 分，见本书第 192、193 页"完成预习汇报单")

（三）评价方法：考试、讲述作家故事

1. 准确率

A. 30 分   B. 29—24 分   C. 23—18 分   D. 17 分以下

2. 兴趣

A. 喜欢搜集作家生平故事，能讲述作家生平经历，介绍主要作品集内容，理解作家的创作主张和风格，尤其是对叶圣陶了解全面。

B. 了解作家生平主要经历，知道作家的代表作，但没有阅读作品。

C. 不能准确记忆有关作家信息，不了解作家。

三、朗读与背诵能力

（一）评价目标

能用普通话正确、流利、有感情地朗读课文。能准确背诵本单元规定的两首古诗。

（二）评价内容

有感情朗读课文。准确、有感情背诵《黄鹤楼》、《送友人》。

（三）评价方法

朗诵以听读的方式进行考察，划分为四个等级：

A. 正确、流利、有感情。

B. 正确、流利、但没有感情。

C. 有丢字、添字现象，超过三处。

D. 读不成句，不流畅。

背诵以听读和默写的方式进行考察，划分为四个等级：

A. 背诵正确、流利、有感情；默写准确、规范、无错别字。

B. 正确、流利、但没有感情；默写有一两处错误、书写较工整。

C. 有丢字、填字现象，超过三处；默写有超过三次错误，书写较潦草。

D. 读不成句，不流畅。默写错误很多，句子不完整，书写潦草。

阅读能力评价

一、评价目标

1. 了解说明文的有关常识，掌握说明文的基本特点和常用说明方法。

2. 在通读课文的基础上，把握文章的结构，在理清文章说明顺序的基础上掌握文章的主要内容。认识到说明事物要抓事物的特征。

3. 品味重点语句在文中的作用，体会说明文语言的准确严密的特点。

4. 了解我国的传统建筑桥、园林所取得的光辉成就，激发对祖国文化的自豪感。

二、评价内容

1. 阅读下面的文字，思考回答问题。（16分）

赵州桥非常雄伟，全长50.82米，两端宽9.6米，中部略窄，宽9米。桥的设计完全合乎科学原理，施工技术更是巧妙绝伦。唐朝的张嘉贞说它"制造奇特，人不知其所以为"。这座桥的特点是：（一）全桥只有一个大拱，长达37.4米，在当时可算是世界上最长的石拱。桥洞不是普通半圆形，而是像一张弓，因而大拱上面的道路没有陡坡，便于车马上下。（二）大拱的两肩上，各有两个小拱。这个创造性的设计，不但节约了石料，减轻了桥身的重量，而且在河水暴涨的时候，还可以增加桥洞的过水量，减轻洪水对桥身的冲击。同时，拱上加拱，桥身也更美观。（三）大拱由28道拱圈拼成，就像这么多同样形状的弓合拢在一起，做成一个弧形的桥洞。每道拱圈都能独立支撑上面的重量，一道坏了，其他各道不致受到影响。（四）全桥结构匀称，和四周景色配合得十分和谐；桥上的石栏石板也雕刻得古朴美观。唐朝的张鷟说，远望这座桥就像"初月出云，长虹饮涧"。赵州桥高度的技术水平和不朽的艺术价值，充分显示了我国劳动人民的智慧和力量。桥的主要设计者李春就是一位杰出的工匠，在桥头的碑文里还刻着他的名字。

(1) 这段文字的说明对象是＿＿＿＿＿＿。(2分)

(2) 揭示这段文字中心的句是＿＿＿＿＿＿。(2分)

(3) 这段文字的说明顺序是＿＿＿＿＿＿。(2分)

(4) 文中"这个创造性的设计"是指＿＿＿＿＿＿。(2分)

(5) 文中引用张鷟之语是为了说明＿＿＿＿＿＿。(2分)

(6) 画线的句子分别使用了怎样的说明方法？有什么作用？(4分)

(7) "全桥只有一个大拱，长达37.4米，在当时可算是世界上最长的石拱。"加点词能否删去？为什么？(2分)

2. 阅读下面两段文字，回答问题。(9分)

A. ①苏州园林可绝不讲究对称，好像故意避免似的。②这是为什么？我想，用图画来打比方，对称是建筑是图案画，不是美术画，而园林是美术画，美术画要求自然之趣，是不讲究对称的。③我国的建筑，从古代的宫殿到近代的一般住房，绝大部分是对称的，左边怎么样，右边也怎么样。④东边有了一个亭子或者一道回廊，西边决不会来一个同样的亭子或者一道同样的回廊。

B. ①苏州园林里都有假山和池沼。②假山的堆叠，可以说是一项(　　)而不是(　　)。③或者是重峦叠嶂，或者是几座小山配合着竹子花木，全在乎设计者和匠师们生平多阅历，胸中有丘壑，才能使游览者攀登的时候忘却苏州城市，只觉得身在山间。④至于池沼，大多引用活水。⑤有些园林池沼宽敞，就把池沼作为全园的中心，其他景物配合着布置。⑥水面假如成河道模样，往往安排桥梁。⑦假如安排两座以上的桥梁，那就一座一个样，决不雷同。⑧池沼或河道的边沿很少砌齐整的石岸,总是高低屈曲任其自然。⑨还在那儿布置几块玲珑的石头,或者种些花草:这也是为了取得从各个角度看都成一幅画的效果。⑩池沼里养着金鱼或各色鲤鱼,夏秋季节荷花或睡莲开放。⑪游览者看"鱼戏莲叶间",又是入画的一景。

(1) A段中运用了作比较的说明方法,比较的双方是_____和_____。(2分)

(2) B段结构特点是总分,请用"‖"在文中画出,由对假山的说明到对池沼的说明,起过渡作用的一句是_____。(2分)

(3) 设计假山的目的是_____。假山的特点是_____。(2分)

(4) "我国的建筑,从古代的宫殿到近代的一般住房,绝大部分是对称的,左边怎么样,右边也怎么样。"加点的词语能否删去?为什么?(3分)

3. 阅读短文,思考回答下面的问题。(24分)

红树林

①在我国福建、台湾、广东、海南部分沿海滩涂地区,生长着一片片常绿灌木和小乔木。它们一片连着一片,宛如一条绿色的绸带萦绕海岸,□□(diǎn zhuì)海滩。它,就是人们常说的红树林。

②红树林是一类富有特色、很有观赏价值的植物群落。它生长在淤泥深厚的热带、亚热带海滩上。涨潮时,群落的部分或大部分淹没于水中,仅露出一顶顶青翠的树冠,浮荡在海浪之中,成了一片"海底森林";落潮时,一棵棵红树带着海泥的芳馨,婀娜多姿地重现在滩涂上,又成了一片"海上森林"。

③与一般常见的植物不同,红树采取"胎生"的繁殖方式,是一种"胎生植物"。当种子成熟时,先在树上萌芽,然后才离开母体,飘落于地,几个小时就可以扎下根来。倘若被海水冲走,在海上漂流两三个月也不会死,一旦遇到海滩,照样扎根生长,一至两年便繁衍成林。红树

林的"胎生繁衍"是植物界的特殊景观之一。

④红树林有利于保护生物多样性、改善沿海生态系统。长势良好的红树林能为鸟类提供休养生息的场所，成为鸟类的"天堂"。据有关部门调查，深圳福田红树林自然保护区就有鸟类122种，以鹭鸟为主，最珍贵的鸟类也来此居住，如属全球性保护的卷羽鹈鹕，属国家重点保护的白琵鹭、黑脸琵鹭、小青脚鹬等。每当秋冬季节，候鸟南迁，这儿便成了鸟类的乐园。清晨，百鸟比翼，啼声清脆，令人□□□□（xīn kuàng shén yí）。落潮时，海风吹拂，海浪声里夹杂着红树林的涛声，树上雀鸟啁啾，树下鱼虾跳跃……充满了一派生机。因此，红树林成了人们休闲赏景、旅游观光的好去处。

⑤红树林素来被人们誉为忠实的"海上卫士"。它深深地把根扎进海岸滩涂，形成了纵横交错的支柱根，依靠这些根系去吸取大地的营养，并借助它把自己的兄弟姊妹连成一个整体，固堤护岸。

⑥红树林具有防风防浪的作用。据测算，100米宽的红树林带，能把10级台风刮起的波浪化为平波。红树林还能净化海域环境，1平方米红树林一年净释放的氧气是2969克，吸收的二氧化碳是4085克，这比一般的城市绿地高出4—5倍。

⑦由于红树林是一种很有价值的植物，因此世界上有红树林的国家都把它列为生态保护对象。我国也于1986年批准20个红树林地区为国家级自然保护区。厦门部分沿海滩涂的土壤和水域特征非常适合于红树林的生长，一些有识之士已提议将红树林作为旅游项目和环保项目来开发。例如，在马銮湾地区的规划建设问题上，专家们就普遍认为马銮湾的护岸建设不一定全部采用钢筋水泥的传统做法，可以考虑用红树林来护岸，既能保护环境又能美化城市景观。相信在不久的将来，红树林会成为海湾型城市的一道赏心悦目的风景线。

注释：［啁啾 zhōu jiū］形容鸟叫的声音。

(1) 根据语境和提供的注音，在文中空格内填写恰当的词语。（2分）

diǎn zhuì（　　　）　　xīn kuàng shén yí（　　　　）

(2) 这篇说明文依次从哪几个方面说明了红树林的价值？请用简练的语句概括。（2分）

(3) 下面句子中的画线部分能否删去？为什么？（4分）

A. 在我国福建、台湾、广东、海南部分沿海滩涂地区，生长着一片片常绿灌木和小乔木。

B. 红树林还能净化海域环境，1平方米红树林一年净释放的氧气是2969克，吸收的二氧化碳是4085克，这比一般的城市绿地高出4—5倍。

(4) 揣摩第①、②、④段中的描写性语句，从总体上简要说说这些描写在本篇说明文的内容方面和语言方面所起的作用。（2分）

(5) 第③段只说红树的繁殖方式"与一般常见的植物不同"，但并没有明说"一般常见的植物"是怎样繁殖的。请结合你平时对植物的观察和认识，简要说明"一般常见的植物"的繁殖方式，并至少用上一种说明方法。（4分）

4. 阅读下面的短文，思考回答问题。（11分）

光 脑

对于电脑，大家已经比较熟识，而谈到光脑，也许大家就感到陌生了。其实，制造光脑的尝试，科技界早在20世纪50年代便开始了。直至20世纪80年代中期，世界上第一台光脑才由欧洲共同体的英国、法国、比利时、德国、意大利等国的70多名科学家研制成功。

光脑具有超高速运算速度。我们知道：电子的传播速度为593千米/秒，而光子的速度为30万千米/秒。同时，超高速电脑只能在低温状态下工作。而光脑在室温下即可展开工作；和电脑相比较，光脑的信息存储量更大。

对于电脑来说，电子是信息的载体，它只能通过一些相互绝缘的导线来传导。光子不需要导线，即使在光线相交的情况下，它们之间也丝毫不会产生相互影响。与电脑相比，光脑的"无导线计算机"传递信息的平行通道其密度实际上是无限的。一枚直径为5分硬币大小的棱镜，它的通过能力超出全世界现有电话电缆的若干倍。

目前，科学家正试验将传统的电子转换器和光子结合起来，制造一种"杂交"的计算机。这种计算机能更快地处理信息，而又克服了目前巨型机的一大痼疾——内部过热。一台光脑只需要一台电脑所需要能量的一小部分即可驱动，从而大大减少机器产生的热量。光脑的许多关键技术，如光存储技术、光互联技术及光电子集成电路等都已获得突破。现在，科技工作者所面临的迫切任务是最大幅度地增加光计算机的运算能力，即光开关的数量。

(1) 第一段文字主要介绍了有关光脑研制的哪几个方面情况？（2分）

(2) 细读第二、三两段，说说光脑有哪些方面优越于电脑。（2分）

(3) 画横线的句子使用了哪几种说明方法？有什么作用？（4分）

(4) 什么是"杂交"计算机？它最突出的优点是什么？（3分）

三、评价方式

以考试的形式进行评价,根据成绩划分为三个等级:

A. 40—50分,全面掌握了说明文的阅读方法,对说明性文章有较高文字鉴赏能力;能读懂文意,深刻理解作品的主题,并能对作品语言加以赏析。

B. 30—39分,能读懂文章大意,初步把握说明文的结构内容,不能全面、恰当地分析语言的表达效果。

C. 29分以下,文字阅读有障碍,不能准确理解说明对象的特点,没有掌握说明文的基本阅读技巧;对语言的感悟能力较低,体会不到关键词语的表达作用。

习作评价

一、评价目标

1. 学会写简单的说明文,培养细心观察的习惯。
2. 培养正确运用各种说明方法的能力。
3. 培养爱国主义情感和民族自豪感。

二、评价内容

以"桥"为话题,写一篇说明文,题目自拟,不少于600字。

三、评价方式

1. 评价原则

(1) 个人评价、小组评价与教师评价相结合。

(2) 过程评价与结果评价相结合。

(3) 整体评价与个性评价相结合。

2. 评价形式

(1) 书面评价。可以采用分数、等级形式来表示,也可以用评语来表示。

（2）口头评价。可以采取面批的形式，当面指出作文存在的问题。

3. 评价过程

第一步：自评

具体分为两个阶段。第一个阶段是学生刚刚完成作文之后，通读自己的作文，理清文章的思路，修改、补充文章的不当之处，使之清晰、自然、流畅。第二个阶段是隔了一周之后，再来批阅自己的文章。由于时隔一周，所以学生再次拿起文章时已经可以十分清醒地对其进行批阅、修改、补充、拓展。

第二步：互评

具体做法是：自评完毕后，小组内交换互评。每位学生按照老师的要求在规定的时间内批改小组内其他成员的文章，换句话说就是一篇文章经过了其他同学的品读、推敲、修改，使之变得更加完善、成功。为了避免学生在互评中流于形式，或束手无策、无的放矢。

附：互评评价表

时间		被评人	
内容	题目		
	主题		
	选材		
	情感		
表达	思路		
	结构		
	详略		
	语言		
书写			

第三步：师评

具体做法是：教师将所有学生习作认真阅读，指出优点和不足，并按照作文评价标准给习作作出评定、打分。

附：作文评价标准

一类作文：（50分—44分）

1. 题目新颖别致，与内容一致，且在一定程度上表现了主旨，尤其体现了桥的特点。

2. 中心明确，能抓住桥的特点按照一定的顺序进行说明，结构完整，开头吸引人，结尾含蓄自然，首尾呼应，逻辑顺序明显。

3. 能灵活使用多种说明方法，详略得当，过渡自然。

4. 语言准确、生动，恰当地使用了比喻、拟人等修辞手法，还充分调动视觉、听觉、触觉多种感官来描写；在说明中恰当地融入了记叙、描写、议论等多种表达方式。

5. 书写清晰美观，标点符号使用规范，没有错别字。

二类作文：（37分—43分）

1. 题目只是话题的简单重述，缺乏创意，不能体现说明对象的特点。

2. 能完整地说明桥这一事物，但特点不集中、不明确；顺序呈现出一定的逻辑性，但过渡有时联系不紧密；开头不够简洁缺少吸引力，结尾仓促。

3. 能使用几种常用的说明方法，但不够灵活恰当，没有抓住事物的特点详略得当地进行说明。

4. 语言平淡，没有充分体现说明语言的简洁与准确性的特点，修辞手法少；有其他表达方式的结合，但不够准确与恰当。

5. 书写较正规，标点有时缺失或误用，且有错别字。

三类作文：（36分以下）

1. 题目模糊、空洞，与文章内容、主题无关。

2. 不能完整地说明桥这一事物，更不能突出说明对象的特点；结构混乱,没有分段的意识;材料间缺少必然的联系,像随意拼凑起来的大杂烩;缺乏必要的过渡和衔接。

3. 不能准确地使用说明方法,不能抓住事物的特点详略得当地进行说明。

4. 语言啰唆,没有吸引力,只能表达有限的内容;词语贫乏,且词不达意,难以理解;句子毛病较多,读者理解起来相当费劲,无法引起读者阅读的兴趣。

5. 书写潦草,标点缺失或一逗到底,且错别字较多。

综合性实践活动评价

一、评价目标

1. 引导学生领略我国丰富的桥文化,提高文化素养。
2. 增强学生收集、整理、分析资料的能力。
3. 进一步培养学生自主、合作、探究学习意识。
4. 提高学生言语表达、拓展思维、写作能力。
5. 欣赏桥文化及其内涵,激发爱桥的情感,提高文化素养。

二、评价内容

1. 了解有关"桥"的知识,积极回答问题。
2. 积累有关桥的故事、诗句、俗语、成语、谚语、谜语,在班级内交流。
3. 用下面的句式,展开联想,写句子:
_____是一座桥,_____。

三、评价方法

在活动中评价。根据学生在交流中的发言次数和质量进行评价。划分为优、良、中、差四个等级。

读整本书教学评价

一、评价目标

1. 能在老师周读书计划的指导下,用略读与选读相结合的方式阅读《八十天环游地球》,并能用圈点勾画的方法作批注,能对重点片段发表自己感悟。

2. 理清主人公的旅行路线,领略作品中跌宕起伏的故事情节、栩栩如生的人物形象,了解热带雨林、台风、各国颇具特色的交通工具、世界货币、世界时区等常识,享受知识带来的快乐。

二、评价内容

1. 能用最擅长的方式,为大家介绍福克先生旅行的时间和路线。

2. 能用擅长的方式介绍书中的人物,可以是文字介绍,也可以为人物配图,一定要结合文中的具体词语来展开。

3. 能找出文中描绘旖旎自然风光语段,有感情地读给大家,并结合具体词句说说这些文字体现了各地风光的什么特点。

4. 能找出文中令你难忘的片段,结合具体语句,和大家分享一下读书收获。

5. 总结福克先生成功的原因,结合自身经历谈阅读收获。

三、评价方式

1. 将读书笔记按质量划分为优、良、中、差四个等级。

2. 通过召开班级交流会,在活动中根据学生的发言次数和发言质量进行评价,划分为优、良、中、差四个等级。

体悟人生真谛，感悟人间真情

——人教版初中语文八年级下册第一单元整体课程设计

第一部分 课程设计

【单元导读】

在人生的道路上，那一个个脚印，铺就你的人生轨迹。本单元所选课文，有的是回忆录，有的是传记，讲述的是作者一段难忘的人生历程。鲁迅笔下毫无民族偏见的藤野先生，大师胡适可敬可叹的伟大母亲，父亲和第一本书对牛汉的影响，长相平平却有一双锐利异常、能够洞察世事眼睛的托尔斯泰，坚强乐观、创造生命奇迹的海伦·凯勒。从这些文章中我们可以看到一个个人生道路上的"脚印"，会让我们体悟到人生奋斗的意义，感受到人间的关爱与温情，从而使我们认识到珍惜现在、走好人生的每一步是多么重要。

【单元整体教学构想】

本单元的学习分为五个模块：

模块一：单元整体预习（3课时）。运用圈点勾画的阅读方法，通读本单元的课文，扫清字词障碍。能用不同的方式朗读本单元的课文，并形成自己初步的阅读体验，能总结概括出文章中人物的主要事迹。

模块二：理解内容，领悟主题（2课时）。重在引导学生在有感情地朗读中，理解内容，了解主要人物的精神世界，并能根据人物的主要事迹分析人物的性格特征，准确领悟文章的主题，能体悟到人生奋斗的意义，感受到人间的关爱与温情。

模块三：品味语言，学习方法（2课时）。重在引导学生能从文中找出关键性的语句，能在反复地朗读中品味语句中所用的修辞手法和修辞手法的表达作用。学习记叙文选取典型事例、抓住人物的主要特征突出人物品质的写法。

模块四：读整本书《假如给我三天光明》读书交流会（2课时）。通过了解传记文学的一般特点，学会从不同角度解读作品的读书方法，认识作者纯洁高尚的世界观、人生观，学习作者战胜困难的信心和勇气。

模块五：综合性学习——献给母亲的歌（2课时）。让学生学会从我们身边的生活中选取材料，利用各种形式表达对母亲的爱，培养学生爱母亲、爱亲人的思想感情，并使学生在听、说、读、写各方面都得到提高。

【单元目标】

1. 累计认识常用汉字90个，其中80个左右能正确书写。

2. 了解课文涉及的重要作家作品知识和文化常识。

3. 能用普通话正确、流利、有感情地朗读课文；提高默读的速度和质量，学会在默读中把握课文主要内容；用心感受、体验、理解、比较、思考课文中有特色的语言和感人肺腑的形象，并有自己的心得和评价。

4. 培养默读的技能，养成对语言文字进行品味的能力和习惯，了解记叙文的写作方法，叙事能与抒情有机结合，写人能抓住主要特征。

5. 通过感受作家们一段段难忘的人生经历，体悟到人生奋斗的意义，感受到人间的关爱与温情，从而认识到珍惜现在，走好人生的每一步。

6. 背诵默写课外古诗《赠从弟》、《送杜少府之任蜀州》，赏析语句，体悟诗情,增加文学积累。

7. 能在老师周读书计划的指导下,用精读与品读的方式阅读《假如给我三天光明》;能在每天的读书时间积累精彩语句,并能对精彩片段进行品读赏析。

8. 能理清内容,感受人物的精神力量,并能将文本与自己的思想发生碰撞;能从不同的角度解读作品,并写成文章表达自己的感悟;能在手抄报评比、读书报告会等多种活动中展示自己。

9. 通过组织"献给母亲的歌"这一活动,引导学生体会母爱,并用适当的方法向母亲表达感情;学会理性地思考母爱以及"爱"的内涵,培养学生按专题搜集、整理资料的能力,进行写作。

模块一:预习交流教学设计

【学习目标】

1. 扫清文字障碍,掌握 80 个左右的重点字词。
2. 了解课文涉及的重要作家作品知识和文化常识。
3. 提高学生的朗读质量,培养学生的默读技能。
4. 在阅读文本的基础上,初步感知文本,能从整体上把握文章的内容,形成自己个性化的阅读体验。

【学习过程】

一、字词对对碰

默读本单元所有课文,边读边画出你认为重要的或读不准的字词,读完后借助工具书扫清字词障碍,并完成预习汇报单。

注音写字:

不逊(　　)　　jié(　　)问　　油光可jiàn(　　)

眼yì(　　)　　wén zhōu zhōu(　　)　　翻来fù(　　)去

yǒu(　　)黑　　　zhì(　　)留　　　　xuān(　　)昂

xī(　　)利　　　侏儒(　　)(　　)　　gān gà(　　)(　　)

郁郁(　　)寡欢　正jīn(　　)危坐　　míng(　　)思 xiá(　　)想

hàn(　　)首低眉　诚 huáng(　　)诚 kǒng(　　)

广 mào(　　)无垠　àn(　　)然失色　　藏污 nà gòu(　　)

繁衍(　　)　　　迁徙(　　)　　　　期期 ài ài(　　)

酒 sì(　　)　　　郁郁 guǎ(　　)欢

二、名家面对面

查阅有关资料，认识本单元涉及的几位作家，重点掌握鲁迅、胡适、列夫·托尔斯泰三位作家的有关知识，了解牛汉、茨威格、海伦·凯勒三位作家的有关知识，自主完成后，填写预习汇报单。

1. 鲁迅（1881－1936），原名_____，字_____，是我国伟大的_____。主要作品有小说集_____、_____、_____，散文诗集_____，散文集_____，杂文集_____等专集。《藤野先生》这篇文章选自鲁迅的_____。

2. 胡适（1891—1962），原名_____，字_____，主要著作有_____、_____、_____。

3. 列夫·托尔斯泰（1828—1910），俄国作家，代表作有_____、_____、_____以及自传体小说三部曲_____、_____、_____。

4. 海伦·凯勒，美国女作家，主要作品有_____、_____、_____。

5. 牛汉，现当代著名诗人，主要作品有诗剧_____、诗歌_____、诗集_____等。

三、文本初体验

使用圈点勾画的方法通读本单元课文，边读边理清记叙的主要内容，掌握文本中的那些主要人物和那些主要事情的主要信息从文中标注出来，结合自己的情感体验，形成自己对作品最初的个性化的理解。

教师导入：在每个人成长的过程中，总有一些人、一些事会让你终生难忘，更有一些人、一些事会改变你的人生道路。现在让我们一起走进文章，走进美好的记忆，随这些文人一起找寻他们人生路上那些难忘的人，那些难忘的事。

（温馨提示：使用圈点勾画法完成课文的阅读，请大家在阅读课文的过程中使用下列符号：①好句子：～～～②疑难句：_____？③重点理解的字词：……④文章的重点和或中心思想：＝⑤重点段［］⑥全篇课文的分界∥，段内的分层次／。）

1. 学生自主用快速默读的方法仔细阅读课文，边读边画出主要信息。

2. 仔细阅读后，将自己画出的本文所涉及的主要人物、时间、地点等信息进行整理然后，完成下列题目：

（1）用自己的话说说每篇文章所讲的最难忘的人或者最难忘的物是什么？

（2）在这些人或物的身上发生了哪些事？请用简洁的语言进行概括。

（3）这些人给你印象最深刻的是谁？为什么？要有自己个性化的理解感悟。

（4）试着用自己的话来概括文章的主要内容。

四、朗读大比拼

1. 选择你最喜欢的段落有感情地朗读，并用简洁的语言说说你喜欢这一段的理由。

2. 每个小组选择最喜欢的段落，进行朗读展示，要求读准字音，读出感情，为更好地表达出诗歌要表达的情感，小组内可以有创新分工，尤其是可以为小组的展示设计一个恰当的开头语和有力的结束语。评选优胜小组，给予表扬。

模块二：内容与主题教学设计

【学习目标】

1. 能够有感情地朗读课文，了解主要人物的精神世界。

2. 能够准确领悟文章主题，理解作者强烈的思想情感。

3. 在阅读中感受、体验、理解、比较、思考，形成自己的心得和评价。

一、了解那些往事，领悟那份深情

本单元所选课文讲述的都是作者一段难忘的人生历程，其中每个人物鲜明的思想性格、精神品貌都是通过多个事件来得以体现的，那就请大家再次走进课文，走进那些往事，看看作者是通过哪些故事表现人物、表达情感的？

（温馨提示：了解往事，要抓住记叙的要素，抓住能突出表现中心的事例。）

1. 藤野先生为"我"做了哪些事？用简洁的语言加以概括，并说说这些事情对"我"产生了哪些影响？"他"有哪点精神更为可贵，更让"我"为之感动？请找出相关的句子或者段落有感情地读一读，说一说。

2. 哪两件事促使"我"要"弃医从文"？我们可以叫它什么事件？从中可以看出"我"怎样的思想感情？从文章中画出来认真朗读，深入体会。

3. 请再次走进《我的母亲》，走进母亲的生活，作者是通过哪几个具体的故事表现母亲的？请你用流畅的语言进行复述。你从中看到了一个什么样的母亲形象？抒发了作者怎样的思想情感？把有关段落声情并茂地读出来。

4. 托尔斯泰的个性是通过哪几件事情来呈现的？作者对于他有着怎样的复杂的情感？请读一读相关的句子。

5. 围绕"我的第一本书"写了哪几件事？表达了"我"怎样的思想感情？

6. 莎莉文老师通过哪几件事情逐渐改变了小海伦·凯勒？从而表现了作者对于老师的什么情感？

（全班进行交流，教师评价指导，重点引导内容把握要准确，语言表达要流畅。）

拓展提升：在了解本单元文章中件件往事的过程中，你能总结出哪些方法规律？

二、认识那些人，体会那份真情

文章中性格各异的人物形象想必已经给你留下了非常深刻的印象，请你用最真挚的情感、最流畅的语言说说哪个人物给你留下了最深刻的印象呢？请从文中找出具体的段落或语句有感情地读出来，并说明理由。（可以任选其一，也可以多选）

1. 恩师是让人永远怀念的，特别是你在最需要帮助的时候，他或她曾给予你最无私的关爱和真诚的付出，那是永不坠落的寒夜星辰，永远在人生的征途中温暖地闪亮。是《藤野先生》中令人难忘的藤野先生，还是《再塑生命》中的莎莉文老师？

2. 有人说，人世间最美丽的情景出现在我们深切怀念母亲或者父亲的时候，《我的母亲》中宽严相济的母亲和《我的第一本书》中为我补书的父亲形象谁更深地打动了你？

3. 弃医从文、强烈爱国的学子鲁迅，以累累巨著在俄国文坛驰骋了近六十年的文学大师托尔斯泰，刚刚明了"爱"的含义的小海伦·凯勒，是谁用独具的魅力拨动了你心底最柔软的那根弦，让你久久难忘？

（班内进行交流，教师评价指导，重点指导学生从文本出发，在有感情的朗诵中细细体会。)

拓展提升：在体会情感的过程中，你有什么发现？引导学生能发现叙事中表达生动的语句，叙事中抒情的语句。

三、我记忆中的——那事、那人、那情

每个人的一生中都有难忘的人，这些人给我们难忘的记忆，此时此刻，想起他们心中更有一番情思涌动，那么用你手中的笔，写下那个人、那些事和那份情。记住：最真的就是最美的！

模块三：语言与手法教学设计

【学习目标】

1. 学习记叙文选取典型事例，抓住主要特征，突出人物品质的写作方法。

2. 了解记叙文的写作方法：叙事能与抒情有机结合，写人能抓住主要特征。

3. 品析精美语言，体味蕴含的情感。

一、赏析语言

本单元所选的几篇文章，让我们了解了作家们在成长中经历的酸甜苦辣，让我们感受到他们发自内心的真情与感动。所有的情感表达都蕴含在朴素精炼深刻的语言里，不管是抒情还是议论，我们总能找到浓浓的深情，请找到文章中这样的语言加以赏析，如：

1. 在《藤野先生》中，"他的性格，在我的眼里和心里是最伟大的，虽然他的姓名并不为许多人所知道"。藤野是普通人，为什么作者说他"是伟大的"？这饱含了作者怎样的情感？

2. 在《我的母亲》里，"如果我学得了一丝一毫的好脾气，如果我学得了一点点待人接物的和气，如果我能宽恕人，体谅人——我都得感谢我的慈母"。"一丝一毫"、"一点点"和几个"如果"表现了作者怎样的感情？

3. 在《我的第一本书里》，"我的第一本书实在应当写写，如果不写，我就枉读了这几十年的书，更枉写了这几十年的诗。人不能忘本"。怎样理解"枉读了"、"枉写了"？"人不能忘本"中的"本"到底指的是什么？

4. 在《托尔斯泰》中，"作为一个始终具有善于观察并能看透事物本质眼光的人，他肯定缺少一样东西，那就是属于自己的那一份幸福"。能看透本质怎么能缺少幸福呢？

（注意：大家在阅读叙事性作品时，一定要关注叙事过程中的议论和抒情的语言，深入思考，你会很好地领悟作者的写作意图和情感，试着在文章中再找出类似的语句加以分析，大家一定会有新的收获。）

二、学习写法

1. 唱反调：了解"反语"修辞手法的使用，学习叙事能与抒情有机结合，写人能抓住主要特征——"肖像描写"的写法。

反语是一种修辞，运用跟本意相反的词语来表达此意，却含有否定、讽刺以及嘲弄的意思，这种手法叫作反语。运用反语能引人深思，带有强烈的感情色彩，起到嘲笑讽刺的作用。再读《藤野先生》，找出文中使用反语的语句，说说他们的表达效果。

如："实在标志极了"，"标志"是漂亮的意思，用"实在"修饰"标志"是说思想腐朽的清国留学生"的确漂亮"。这是反语，强有力地讽刺了这些顽固维护清王朝统治的"遗少"，表达了作者极端憎恶的感情。

我的发现与赏析：＿＿＿＿＿＿＿＿＿＿＿＿＿＿＿＿＿＿＿＿＿＿

2. 画脸谱：肖像描写即描绘人物的面貌特征，它包含人物的身材、容貌、服饰、打扮以及表情、仪态、风度、习惯性格等。肖像描写的目的是以"形"传"神"，刻画人物的性格特征，反映人物的内心世界。再读《藤野先生》和《托尔斯泰》，找出有关人物的肖像描写，看看这些描写表现人物怎样的性格？肖像描写中的比喻和夸张手法的使用是《托尔斯泰》中最突出的特点，找出有特点的句子，分析他们的表现作用。

如：《托尔斯泰》中将比喻手法大肆铺排：脸庞多毛，用"植被多于空地"喻之；黝黑的脸庞"皱似树皮"，描写出人物脸庞的丑陋；还有对人物眼睛的比喻等等。

我的发现与赏析：＿＿＿＿＿＿＿＿＿＿＿＿＿＿＿＿＿＿＿＿

三、学以致用

叙事性文学作品总是能抓住典型的实例来表现主题，突出人物的品质，回顾我们学过的《藤野先生》、《我的母亲》、《我的第一本书》，回顾我们先前分析的典型事件中表现的人物性格，学习这样的写法，你也能在生活中利用典型的事例来表现一位老师或者同学吗？试着写一写，写作中大家可以将我们所学过的肖像描写和比喻、夸张等方法运用进去，使人物更有感染力。

模块四：《假如给我三天光明》读书交流会教学设计

【设计理念】

八年级下第一单元以传记类作品为主，主要讲述了不同人物的难忘的人生历程，这些人物的故事让我们体悟到人生奋斗的意义，感受到人间的关爱与温情。《假如给我三天光明》是海伦·凯勒的自传，讲述了她坎坷的一生以及她的心路历程，叙述真挚感人，将许多道德的信息蕴含在生动的叙述中，让人经久不忘，并唤起读者对生活的热情和信心，是一部优秀的自传类文学作品，而且本单元第五课《再塑生命》也是节选自此本书，所以经过与学生的商议后，确定它为本单元的阅读书目。本书的阅读以感悟为主，引导学生从不同的角度得到不同的阅读体验，发挥个体的能力，结合自己的生活体验来解读作品，感悟作品的思想内涵，进而了解社会人生。

【活动目标】

1. 学习作者战胜困难的信心和勇气。
2. 认识作者纯洁高尚的世界观、人生观。
3. 了解传记文学的一般特点。
4. 学会从不同角度解读作品的读书方法。

【活动准备】

1. 用两周的时间进行整本书的阅读，每天阅读一章。
2. 运用圈点勾画的方法进行阅读，将海伦的成功过程概括到每章的标题前。
3. 写出你在阅读中的感受和感动。

【活动过程】

一、导入

一个十九个月就失聪失明，生活在无声无语无光的世界里的孩子，坠入了一个黑暗而沉寂的世界，陷入了痛苦的深渊，几乎丧失了生活的能力和勇气。但她顽强地生活下来，考进了著名的大学，长大后成为一名作家，用自己的生花妙笔，激励他人勇敢面对生活。今天我们就一起来走进海伦·凯勒的《假如给我三天光明》，去感受这位被誉为"精神楷模"的伟大女性，去领会那种坚韧不拔、自我超脱的崇高精神。

二、走近作者

你了解海伦·凯勒吗？请查阅资料，把她的有关情况及其代表作品用简洁的语言介绍一下吧。小组交流，达成共识。

（引导学生通过各种资料的搜集，了解海伦·凯勒的主要成长和生活经历，了解她的代表作品并记住主要代表作。）

三、初读感悟

1. 略读全书，抓住书中每个部分的核心内容，概括海伦·凯勒的成长经历。

2. 指出在本书中哪一段经历给你留下了深刻的印象，能够复述给你震撼的情节。小组交流，归纳总结。

（引导学生通过阅读，学会从整体上把握本书的主要内容，提高学生的概括能力，学会详略结合的阅读方法，能够抓住情节的梗概和要点，体会议论和抒情性文字在叙事作品中的作用。）

四、精读赏析

1. 在海伦·凯勒成长的过程中哪一个阶段对你的感触最深？请你选出使你感触最深的哪一段，并说出自己的感受。小组交流，互相分享，互评互改。

2. 学会抓住不同的主题来提炼阅读的感受，在完成整本书的阅读之后，请每个小组提炼出一个主题，并围绕主题进行研究，得出自己的观点，并形成文字。比如：苦难、光明。

（让学生将生活的体验和阅读的体验结合起来，并能提炼出有价值的问题进行研究性阅读。）

五、研读品味

1. 请大家重点研读第六章，理清作者想象中三天的活动内容，将自己感受较深的句子勾画出来。

2. 在这想象中的三天的活动中，体现了作者怎样的高尚人格？

纵观全文我们知道海伦·凯勒是用一颗心在观察世界，那么我们能够从作者想象的三天的生活中感受到作者是用一颗怎样的"心"在观察这个世界的？请大家在研读本章的基础上拿起手中的笔来描绘一下海伦·凯勒的"心"。

（此章是整个作品中最核心的内容，最能体现海伦的精神品质和高尚的人格，也是阅读难度最大的一章，用几个提示性的问题引导大家去思考，能加深学生的认识，让学生能抓住关键语言来挖掘文本的内涵。）

六、整理收获

通过对《假如给我三天光明》的品读赏析，你从中有什么收获呢？小组交流，相互借鉴。

（引导学生学会整理归纳自己的收获：可以从读书的好处、对人生的理解、从书中受到的启发等等多方面来谈，完成读书笔记，并在此基础上加以整理、丰富，写读后感及同题作文，进行写作训练。）

七、结语

马克·吐温曾经说过，19世纪出了两个了不起的人物，一个是拿破仑，一个就是海伦·凯勒。品读《假如给我三天光明》，我们对被誉为"精神楷模"的海伦和作为一个作家的海伦都有了一个初步的了解。在作品中，海伦·凯勒用心去观察整个世界，倾诉了她对生活的礼赞，表达了她对生活的态度，读完之后我们为之深深地赞叹。我想大家在读完《假如给我三天光明》之后，你的脑海中留下的不仅仅是海伦对待生活，对待人生的态度，更重要的是我们应该将海伦·凯勒面对生活中遇到的困难和挫折时的那种态度变为自己面对生活的态度。我想大家在读完这本书之后已经明白了一点："卓越的人的一大优点是：在不利和艰难的遭遇里百折不挠"。希望大家在以后的生活中，始终追求卓越，因为你在追求卓越的过程中成功就会自然地找上门来。

模块五："献给母亲的歌"综合性学习教学设计

【活动目标】

1. 培养学生按专题搜集、整理资料的能力以及写作能力。
2. 培养学生爱母亲爱亲人的思想感情，学会理性地思考母爱以及"爱"的内涵。

3. 学会用适当的方法向母亲表达感情。

【活动准备】

1. 课前小组分专题搜集资料：搜集有关母亲的诗歌文章、搜集关于母爱的故事等。

2. 与母亲交流，全面了解自己的母亲，将主要信息做一个记录，并分类整理。

【活动过程】

一、激情导入

家，是我们避风的港湾，是我们成长的摇篮，相对于父爱，母爱是日常的、琐碎的。母爱更接近于生活的真实和人的本性。当你第一次喊出"妈妈"时，母亲满脸笑容、满心惊奇。当母亲把你从怀中放在地上，让你爬，让你站，让你走，当你跌倒了，又把你扶起来，继续操练……从此，你便开始了全新的人生。每次放学回家，你都要向母亲汇报自己的收获，母亲听得津津有味、笑靥如花。今天我们就一起走近母爱，共同唱响献给母亲的歌。

二、活动展示

1. 感受母爱

分享：写母亲的诗歌、小说、散文等文学作品。

讲述：新闻媒体报道过的与母亲有关的感人事迹。

欣赏：描写动物世界母子之情的作品。

展现：母亲形象的绘画、摄影、歌曲、电影、广告等作品。

背诵：与母亲有关的格言、俗语。

三、走近母亲：说说我的母亲

母亲是我们最熟悉的人，我们出生的第一眼看到的就是母亲，今天我们就来说说自己的母亲。

1. 可以包括母亲的生日、成长经历、自己的梦想和对事业的追求。

2. 我们在母亲身上得到的不只是爱和安慰,更多的是做人和生活的道理,根据自己的亲身感受谈谈母亲作为自己人生的"第一任教师"对自己成长的影响。

四、回报母亲:写写自己的母亲

在以上各项活动的基础上,从下面题目中任选一题,完成自己的创作。

1. 为母亲写一篇小传,力求全面反映母亲的个性和人格特点。可以附上母亲的照片及其他相关资料。

2. 以"母爱"为话题写一篇作文,文体、字数不限。

第二部分 整体评价

语文基础知识评价

一、识字写字能力评价

(一)评价目标

累计认识常用汉字 90 个,其中 80 个左右并能用正楷字认真、准确、工整、流畅书写。

(二)评价内容:注音写字(共 50 分,见本书第 222、223 页"注音写字")

(三)评价方法:考试

1. 准确率

A. 50 分 B. 49—40 分 C. 39—30 分 D. 29 分以下

2. 书写

A. 写规范字,书写笔顺正确,笔画正确且到位,字体正确;字迹工整、端正;行款整齐,布局合理、匀称,整体效果好;纸面整洁;书写速度较快；写字姿势正确。

B. 写规范汉字，笔顺正确，笔画正确，字迹工整、端正；大小匀称；纸面整洁；书写有一定的速度；写字姿势正确。

C. 写字不规范，有多个错字；字体不端正，结构比例失调，歪斜不稳；纸面不整洁；书写速度慢；写字姿势欠正确。

二、文学、文化常识积累

（一）评价目标

了解课文涉及的重要作家的生平，熟记本单元重要作家作品及文学、文化常识。

（二）评价内容：文学常识填空（25分，见本书第223页"名家面对面"）

（三）评价方法：考试、讲述作家故事

1. 准确率

A. 25分　B. 24—20分　C. 19—15分　D. 14分以下

2. 兴趣

A. 喜欢搜集作家生平故事，能讲述作家生平经历，介绍主要作品集内容，理解作家的创作主张和风格。

B. 了解作家生平主要经历，知道作家的代表作，但没有阅读其作品。

C. 不能准确记忆有关作家信息，不了解作家。

三、朗读与背诵能力

（一）评价目标

能用普通话正确、流利、有感情地朗读课文，准确、流畅、有感情地背诵《赠从弟》、《送杜少府之任蜀州》。

（二）评价内容

1. 有感情朗读课文。

2. 背诵《赠从弟》、《送杜少府之任蜀州》。

(三) 评价方法

1. 朗诵以听读的方式进行考察,划分为四个等级:

   A. 正确、流利、有感情。

   B. 正确、流利、但没有感情。

   C. 有丢字、添字现象,超过三处。

   D. 读不成句,不流畅。

2. 背诵以听背和默写的方式进行,划分为三个等级:

   A. 能准确默写。B. 能准确背诵,默写错误在两处以内。C. 背诵错误超过三处。

阅读能力评价

一、评价目标

1. 培养默读的技能,提高默读的速度和质量,学会在默读中把握课文主要内容,体会作者情感。

2. 用心感受、体验、理解、比较、思考课文中有特色的语言和感人肺腑的形象,并有自己的心得和评价。

3. 养成对语言文字进行品味的能力和习惯,了解记叙文的写作方法:叙事能与抒情有机结合,写人能抓住主要特征。

4. 能体会反语等修辞手法和外貌描写等写作手法的作用。

5. 通过感受作家们一段段难忘的生经历,体悟到人生奋斗的意义,感受到人间的关爱与温情,从而认识到珍惜现在,走好人生的每一步。

二、评价内容

(一) 阅读下面的文字,思考回答问题。(20分)

1. 阅读下面文字,回答(1)—(5)题东京也无非是这样。上野的樱花烂熳的时节，望去确也像绯红的轻云，但花下也缺不了成群结队的"清国留学生"的速成班，头顶上盘着大辫子，顶得学生制帽的顶上高高耸起，形成一座富士山。也有解散辫子，盘得平的，除下帽来，油光可鉴，宛如小姑娘的发髻一般，还要将脖子扭几扭。实在标致极了。

　　中国留学生会馆的门房里有几本书买，有时还值得去一转；倘在上午，里面的几间洋房里倒也还可以坐坐的。但到傍晚，有一间的地板便常不免要咚咚咚地响得震天，兼以满房烟尘斗乱，问问精通时事的人，答道，"那是在学跳舞。"

　　到别的地方去看看，如何呢？

　　（1）概括本文段的主要内容＿＿＿＿＿＿。（2分）

　　（2）"东京也无非是这样"中的"无非"的意思是＿＿＿＿，表现了"我"的＿＿＿＿思想感情。(2分)

　　（3）本文段主要针对清国留学生的＿＿＿＿和＿＿＿＿进行描述，表现了作者的＿＿＿＿的思想感情，从＿＿＿＿这个词中可以看出来，它运用的修辞是＿＿＿＿。（2分）

　　（4）本文段描述清国留学生的生活方式，表现了清国留学生＿＿＿＿的丑恶灵魂。（2分）

　　（5）从本文段可以看出鲁迅离开东京去仙台的原因是＿＿＿＿＿＿＿＿＿＿＿。（2分）

　　2．阅读下面文字，回答（6）—（10）题。

　　中国是弱国，所以中国人当然是低能儿，分数在六十分以上，便不是自己的能力了：了无怪他们疑惑。但我接着便有参观枪毙中国人的命运了。第二年添教霉菌学，细菌的形状是全用电影来显示的，一段落已完而还没有到下课的时候，便影几片时事的片子，自然都是日本战胜俄国的情形。但偏有中国人夹在里边：给俄国人做侦探，被日本军捕获，要枪毙了，围着看的也是一群中国人，在讲堂里的还有一个我。

"万岁！"他们都拍掌欢呼起来。

这种欢呼，是每看一片都有的，但在我，这一声却特别听得刺耳。此后回到中国来，我看见那些闲看枪毙犯人的人们，他们也何尝不酒醉似的喝彩，——呜呼，无法可想！但在那时那地，我的意见却变化了。

（6）如何理解第一句话的含义：_____。（2分）

（7）找出选文中插叙的语句：_____。（2分）

（8）"他们都拍掌欢呼起来"和"他们也何尝不酒醉似的喝彩"两句中的"他们"分别指代谁？（2分）

（9）"那时"指_____，"那地"指_____，"我的意见"指的是_____，"变化了"指_____，变化的原因是_____。（2分）

（10）文中作者"弃医从文"的决定对你有哪些启发？（2分）

（二）阅读下面的文字，思考回答问题。（10分）

我母亲管束我最严，她是慈母兼任严父。但她从来不在别人面前骂我一句，打我一下。我做错了事，她只对我一望，我看见了她的严厉眼光，就吓住了。犯的事小，她等到第二天早晨我睡醒时才教训我。<u>犯的事大，她等到晚上人静时，关了房门，先责备我，然后行罚，或罚跪，或拧我的肉，无论怎样重罚，总不许我哭出声音来。</u>她教训儿子不是借此出气叫别人听的。

有一个初秋的傍晚，我吃了晚饭，在门口玩，身上只穿着一件单背心。这时候我母亲的妹子玉英姨母在我家住，她怕我冷了，拿了一条小衫出来叫我穿上。我不肯穿，她说："穿上吧，凉了。"我随口回答："娘（凉）什么！老子都不老子呀。"我刚说了这句话，一抬头，看见母亲从家里走出，我赶快把小衫穿上。但她已听见这句轻薄的话了。晚上人静后，她罚我跪下，重重地责罚了一顿。她说："你没了老子，是多么得意的事！好用来说嘴！"她气得坐着发抖，也不许我上床去睡。我跪着哭，用手擦眼泪，不知擦进了什么微菌，后来足足害了一年多的眼翳病。医来医去，总医不好。我母亲心里又悔又急，听说眼翳可以用舌头舔去，有一夜她把我叫醒，她真用舌头舔我的病眼。这是我的严师，我的慈母。

1. 找出文中母亲是严师的例子，是慈母的例子，并各用一句话概括。(2分)

_____

2. 文中画线句体现了母亲的什么心理？行罚时"不许我哭出声来"，为什么？(2分)

3. "她教训儿子不是借此出气叫别人听的"在文中结构上有何作用？(2分)

4. 概括上文的中心意思：_____。(2分)

5. 对作者母亲的教子方式，你怎么评价？(2分)

(三) 阅读下面的文字，思考回答问题：(8分)

他生就一副多毛的脸庞，植被多于空地，浓密的胡髭使人难以看清他的内心世界。长髯覆盖了两颊，遮住了嘴唇，遮住了皱似树皮的黝黑脸膛，一根根迎风飘动，颇有长者风度。宽约一指的眉毛像纠缠不清的树根，朝上倒竖。一绺绺灰白的鬈发像泡沫一样堆在额头上。不管从哪个角度看，你都能见到热带森林般茂密的须发。像米开朗琪罗画的摩西一样，托尔斯泰给人留下的难忘形象，来源于他那天父般的犹如卷起的滔滔白浪的大胡子。

1. 这一段主要运用了什么描写？这样开头有什么表达效果？(2分)

2. 文段主要从哪几个方面表现托尔斯泰须发的特点？(2分)

3. 文中画线句子用了什么修辞手法？有什么作用？(2分)

4. 通过这段外貌描写，你怎样看待托尔斯泰这位伟大的文学家？(2分)

(四) 阅读下面的短文，思考回答问题。(12分)

母亲的星空

张 翔

子安是我的朋友,住在我家隔壁的一栋平房里。自从八年前,他离家出走之后,谁也没有见过他。但是上个月,他却意外地回来了。

子安是一个倔犟的孩子,上高中的时候他成绩一直很好,但是高三的时候,却想与其他人一样,出去打工挣钱,去闯荡,报答养育他的母亲。他从小丧父,母亲含辛茹苦地将他养大,他很心疼母亲。

子安的高考成绩令大家都大失所望,他原本是冲击名牌大学的尖子生,但是最后只考上了一所二本大学。母亲给了他充分的安慰,让他要么去上那所大学,要么留下来复读第二年再考。但是,他却坚决地说:"妈,我不想上了,让我出去打工吧。"

母亲大惊失色,怀疑儿子已经被外面的世界所迷惑,而故意制造高考失分的。一场巨大的家庭矛盾爆发了,母子俩发生了一场从未有过的争吵。母亲说,你要么好好学习,要么就别回这个家。最后,子安(　　　)离家出走了。他走的时候甚至大吼了一声:"我再也不回这个家了。"果然,他几年没有回来,母亲找了好几年,一点消息都没有。

直到昨天,他回来了,回到了阔别多年的家,也悄然来到了我的面前。我问他,你怎么这么久都没有回来?他说,其实早先想回来的,但是一直下不了决心,直到前天遇到了一件事情,才下决心回来了。

事情发生在前天,当时,他在西北一座城市的火车站。刚刚失去了自己的工作,所以他要去更北的一座城市,开始一段新的人生旅程。他已经不记得漂泊过多少座城市了,他一直没有像样的本领,没有过硬的文凭,只好一直流浪。

漂泊了八年之后,他已经不再是一个冲动的少年,他常常为自己年少时的轻率而后悔,但是他很倔犟,既然说过不回家,那么无论生活是多么困苦,自己是多么思乡,他都不愿意回头。他总想混出个样子来,向母亲证明自己的抉择是正确的，自己有能力像个男子汉，去承担自己的人生。可是，他知道，自己错了，错得一塌糊涂。他常常为此而难过，但是回头的路已经太遥远。

那天，北方的天空，纷纷扬扬地下起了小雪，火车准时抵达，他检票进站了。火车是过路车，停靠的时间只有区区五分钟，人们像潮水一样向站台上拥去。

他的前面是一对母子，一个学生模样的小伙子身上背着包，手里拖着皮箱，后面跟着一个农村妇女模样的女人，她拖着一个大大的包袱，很吃力的样子。是一个送孩子上学的母亲。

上火车的时候，完全失去了秩序，人们一道往火车门里挤。那个小伙子艰难地背着包，举着皮箱，挤上了火车。但是他的母亲却没有挤上去。小伙子放下皮箱，向母亲挥手示意，可以将包袱递上去。那个瘦小的女人也不知道哪里来的力气，弯下腰一把将包袱背了起来。这个时候，忽然"叭"的一声，包袱的绳子断了，包袱掉在了地上，外面的裹布散了开来。包袱里的水果、衣服等各种东西散了一地，有一只苹果滚进了铁轨里，带走女人满眼的惋惜……

这时，人们已经挤上了火车。火车马上要开了，女人这才回过神来，马上拾起东西，重新包裹上。慌乱的打包让包裹变大了不少，然后她很快发现绳子太短了……

这可怎么办？乘务员……儿子……旁人……大家看着都为她焦急。

就在这个时候，那个女人忽然站起身来，做了一件令所有人都吃惊的事情。她居然解下了自己的腰带，弯下腰将包袱死死地绑住，然后红着脸，一手提着裤子，一手将包袱塞上了火车……

门终于可以关了，火车也开动了。就在车门要关的时候，那个男孩已经泪流满面，而站台上，母亲拼命地向他挥着手，随着列车的加速，身影越来越模糊。

说到这里，子安的眼眶红了，他说："当时我的脑子一片空白，我只想下火车，马上回家。因为那个女人让我想起了我的母亲，她放弃尊严的所为，让我忽然明白了，无论如何，母亲都是爱我的，她终会原谅我，因为母亲的爱是最无私最宽容的。"

正如他所说，他回来了，母亲没有指责，只在泪水不住地流下时，重复着一句话："回来就好！回来就好！"

我曾听说过一句话：世界上有两样事物是每一个人都必须仰视的，一是星空，一是母爱。

1. 第2段说"子安是个倔犟的孩子"，根据下文内容，概述他倔犟的具体表现：_____。(2分)

2. 根据上下文意思，第（4）段中的画线句选择最恰当的词语应为_____。(2分)

  A. 竟然 B. 毅然 C. 果然 D. 决然

3. 第画线句中标点符号"！"如改为"……"，表达效果有何不同？请具体说明。(2分)

_____

4. 文末的"仰视"含有_____之意。文中的两位母亲让我们"仰视"的原因分别是：

  (1) 家中的母亲：_____

  (2) 车站中的母亲：_____（3分）

5. 联系上下文，从乘务员、儿子、乘客角度补充描写第12段中省略的内容，来表现当时着急的场景。(3分)（要求：①任选其中一个角度②50字左右）

_____

三、评价方式

以考试的形式进行评价，根据成绩划分为三个等级：

A. 40—50 分，有较高的文字鉴赏能力，能读懂文意，深刻理解作品感情和主题，并能对作品语言加以赏析，掌握了本单元学习的一些写作手法。

B. 30—39 分，能读懂文章大意，初步把握作品情感，不能全面、恰当分析语言的表达效果，写作手法掌握不全面。

C. 29 分以下，文字阅读有障碍，不能准确理解作品的内容及情感，对语言的感悟能力较低，体会不到关键词语的表达作用，不能掌握一些基本的写作手法。

习作评价

一、评价

培养学生能够根据写作内容恰当拟题，能围绕中心选择典型事例；能详略得当地组织安排材料，在叙事中恰当地使用抒情，能用多种写作手法表达情感；提高学生的语言表达能力；提升学生的艺术修养。

二、评价内容

以"母爱"为话题，写一篇 600 字左右的文章，题目自拟，内容自选，要有真情实感。

（提示：围绕着母亲对自己的爱这一情感，从生活中选择典型事例，然后详略得当地组织材料，在叙事中要用多种手法表达对母爱。）

三、评价方式

1. 评价原则

（1）个人评价、小组评价与教师评价相结合。

（2）过程评价与结果评价相结合。

（3）整体评价与个性评价相结合。

2. 评价形式

(1) 书面评价。可以采用分数、等级来表示，也可以用评语来表示。

(2) 口头评价。可以采取面批的形式，当面指出作文存在的问题。

3. 评价过程

第一步：自评

具体分为两个阶段。第一个阶段是学生刚刚完成作文之后，通读自己的作文，理清文章的思路，修改、补充文章的不当之处，使之清晰、自然、流畅。第二个阶段是隔了一周之后，再来批阅自己的文章。由于时隔一周，所以学生再次拿起文章时已经可以十分清醒地对其进行批阅、修改、补充、拓展。

第二步：互评

具体做法是：自评完毕后，小组内交换互评。每位学生按照老师的要求在规定的时间内批改小组内其他成员的文章，换句话说就是一篇文章经过了不同同学的品读、推敲、修改，使之变得更加完善，成功。为了避免学生在互评中流于形式，或束手无策，无的放矢，可以给学生制订作文评价表。

附：互评评价表

	时间		被评人	
内容	题目			
	主题			
	选材			
	情感			
表达	思路			
	结构			
	详略			
	语言			
书写				

第三步：师评

具体做法，教师将所有学生习作认真阅读，指出优点和不足，并按照作文评价标准给习作作出评定、打分。

附：作文评价标准

一类作文：（50分—44分）

1. 题目新颖别致，与内容一致，且在一定程度上表现了母爱这一主旨。

2. 能有意识地选择自己生活中的材料，选取的材料能很好地表现主题，具有典型性；有鲜明、生动的细节，且能围绕主题展开；在作品中，字里行间蕴含的情感真实自然，能感受到是作者自己的话。

3. 结构完整，开头吸引人，结尾含蓄自然，首尾呼应，逻辑顺序明显；过渡自然，内容的叙述都能吸引读者；行文结构符合写作目的，对于表现主题有作用；重点突出，详略得当，段落划分合理。

4. 能根据表达的需要，恰当选择表达方式；能做到叙事为主，恰当地融入其他表达方式。

5. 语言具体而准确，有个性，能吸引读者眼球和注意力；恰当地使用词语，让语言富有表现力；句子的长短结构有变化，使得行文节奏流畅自然。能恰当地运用修辞手法，且富有新意，符合表达需要。

6. 书写清晰美观，标点符号使用正确，没有错别字。

二类作文：（43分—37）

1. 题目只是话题的简单重述，缺乏创意。

2. 能围绕主题选材，但选取的材料不够典型，在从一般观察到具体准确地提炼上还有一定困难；有具体的事例，但缺少能够触动或吸引读者的细节；叙事平淡，情感是真实的，但未能反映出个人的独特感悟和视角，缺少打动人的力量和魅力。

3. 结构完整，但开头没有引起读者强烈的阅读兴趣，结尾也没有照应前文；在叙述上有详略，但有时会在不重要的细节上浪费太多笔墨。

4. 目的不明晰，没有将叙事、抒情、议论等表种方式恰当地融合在一起。

5. 在有些地方语言准确生动，但整体看来，却经不起推敲，漏洞较多；尝试用一种华丽的语言去表达，但过于晦涩，读者不好理解；用词缺少表现力，修辞比较俗套；句子大多结构正确，也比较通顺，但缺少节奏变化。

6. 书写较正规，标点有时缺失或误用，且有错别字。

三类作文：（36分以下）

1. 题目模糊、空洞，与文章内容、主题无关。

2. 文章缺少明确的中心，读者不能从文章中获得明确的意义；内容空洞，缺少具体的事例和细节；字数不够，没有展开；抄袭他人的文章。

3. 作品缺乏目的意识和读者意识，不能与读者产生交流；叙事性作品，看不出与作者生活实际相关。

4. 结构混乱，没有分段的意识；材料间缺少必然的联系，缺乏必要的过渡和衔接，结构不完整；叙述重复，重点不突出，详略不当。

5. 语言啰唆，没有吸引力，只能表达有限的内容；词语贫乏，且词不达意，难以理解；句子毛病较多，读者理解起来相当费劲，无法引起读者阅读的兴趣。

6. 书写潦草，标点使用不规范，且错别字较多。

综合性实践活动评价

一、评价目标

培养学生搜集、积累有关母爱写母亲的诗歌、小说、散文等文学作品及感人事迹，与母亲有关的格言、俗语；有进行专题搜集、整理资料的能力以及写作能力；培养学生爱母亲爱亲人的思想感情，学会理性地思考母爱以及"爱"的内涵；能用适当的方法向母亲表达感情。

二、评价内容

1. 积累母爱的格言、诗歌、俗语。

2. 说出有关母爱的故事。

3. 讲述自己母亲的故事。

4. 用恰当的方式表达自己对母亲爱。

5. 设计一份《献给母亲的爱》的活动方案。

三、评价方法

在活动中评价。根据学生在交流中的发言次数和质量进行评价。划分为优、良、中、差四个等级。

读整本书教学评价

一、评价目标

1. 能用精读与品读的方式阅读《假如给我三天光明》全书，了解海伦·凯勒坎坷的一生以及她的心路历程，感受人物的精神力量，认识作者纯洁高尚的世界观、人生观。

2. 能在每天的读书时间积累精彩语句，并能对精彩片段进行品读赏析，了解传记文学的特点，学习多种表达技巧。

3. 并能将文本与自己的思想发生碰撞，能从不同的角度解读作品，并写成文章表达自己的感悟；能在手抄报评比、读书报告会等多种活动中展示自己。

二、评价内容

1. 在略读全书的基础上，抓住书中每个部分的核心内容，用简练的语言概括海伦·凯勒的成长经历。

2. 指出在本书中哪一段经历给你留下了深刻的印象，能够复述给你震撼的情节，能说出令自己震撼的理由。

3. 能在小组合作的基础上对自己小组选择的主题进行研究性阅读。

5. 写一篇对于海伦·凯勒评论或从不同的角度写一篇自己的感悟。

三、评价方式

1. 将读书笔记按质量划分为优、良、中、差四个等级。

2. 通过召开班级交流会，在活动中根据学生的发言次数和发言质量进行评价，划分为优、良、中、差四个等级。

绚丽多彩的民俗风情画卷

——人教版初中语文八年级下册
第四单元课程设计

第一部分 课程设计

【单元导读】

民俗是人类文明积淀中的一个重要组成部分。关注民俗，可以了解民生和民间文化，可以丰富阅历、拓宽视野。本单元所选文章，大多是写各地节日风俗的，也有讲述民间艺人轶事的。有多情美丽的云南女子演唱的歌会，有端午必须要吃的高邮鸭蛋，有商贩来往叫卖的各种吆喝声，有唤起美好回忆的家乡的春酒，有生活于市井里巷却技艺高超的俗世奇人，这些人与风俗共同组成了一幅幅有声有色、绚丽多彩的民俗风情画卷。

【单元教学整体构想】

本单元的学习分为五个模块：

模块一：单元整体预习（3课时）。灵活运用圈点勾画阅读方法，在书中作好标注。通读全单元课文，扫清字词障碍。运用默读的方法，在规定的时间内理清文章的要点。

模块二：理解内容，领悟主题（2课时）。让学生通过充分的比较阅读，深入了解"民俗民风"相关主题文章的写作特点，掌握此类文章写作的一般规律。

模块三：品析语言，学习手法（2课时）。以《云南的歌会》为例，训练学生"通过一个词、一句话、一段内容"进行赏析的能力，向其他的文章进行拓展，在展示课中交流自己的鉴赏的成果，通过交流借鉴，提高整体赏析的能力。

模块四：走进《边城》，了解沈从文（2课时）。实现由一篇课文了解一本书，由一本书了解一个作家，由一个作家了解一个时代的阅读拓展与跨越。欣赏《边城》的"风俗美"、"景色美"、"人情美"，深入了解沈从文的经历及思想。

模块五：综合性活动——"到民间采风去"（2课时）。通过民间采风活动，引导学生感悟民俗文化，学会欣赏民俗文化，增强保护文化物质的意识，培养学生的社会责任感。

【单元整体目标】

1. 累计认识常用汉字70个，其中60个左右能正确书写。

2. 了解课文涉及的重要作家作品知识和文化常识。

3. 能用普通话正确、流利、有感情地朗读课文；提高默读的速度和质量，学会在默读中了解理解文章的主要内容，在合作探究中深入领会课文的思想情感。

4. 引导学生描摹、品味文章中重要的词语句子，加强语言的积累、感悟和运用。学习综合运用多种表达方式来叙事的手法，学习欣赏比较复杂的记叙类文章。

5. 通过反复诵读欣赏文章，在不断地发现问题、解决问题中感悟民俗文化，学会欣赏民俗文化，增强保护民俗文化的意识，培养学生的社会责任感。

6. 背诵默写课外古诗词《无题》、《相见欢》，赏析诗句，感悟诗情，增加文学积累。

7. 能在老师周读书计划的指导下，用精读与研读的方式阅读《边城》，边读边作批注，并能将感悟深刻的地方做读书笔记。

8. 通过阅读作品感受到湘西小镇像诗、像画、更像音乐的优美意境，感受人物身上鲜明的性格和淳朴的民风，感受沈从文的语言风格和艺术特色。能从不同角度表达自己的阅读体验，能在不同专题的读书交流会中积极展示。

9. 走出学校，走进图书馆、走进乡村，用查阅、寻访等多种方式感受自己家乡的民风民俗。并在朗诵会、民歌会、民间故事会、民俗展示会上积极展示自己的成果。培养学生搜集、归纳整理、分析提炼资料的能力，能创造性地提出个人观点和建议并形成文字的能力。

模块一：预习交流教学设计

【学习目标】

1. 累计认识常用汉字 70 个，其中 60 个左右能正确书写。
2. 了解课文涉及的重要作家作品知识和文化常识。
3. 能用普通话正确、流利、有感情地朗读课文；提高默读的速度和质量，学会在默读中深入领会课文的思想情感，理清文章脉络。

一、自主预习

1. 通过相关资料，了解作者及作品：沈从文、汪曾祺、萧乾、琦君、冯骥才。

完成预习汇报单：作家知多少

（1）沈从文，湖南凤凰人，现代著名 _____、_____、_____。著有小说集 _____ 散文集 _____，论著 _____ 等。

（2）汪曾祺，江苏高邮人，当代 _____、_____、_____、

被称为"抒情的人道主义者，中国最后一个纯粹的文人，中国最后一个士大夫。"著有小说集《邂逅集》。小说_____、_____获得全国短篇小说奖。

（3）萧乾，原名_____，著名_____、_____、_____。

（4）琦君，女作家，原名_____，生于浙江永嘉。她是著名电视剧_____的原作者。

（5）冯骥才，浙江宁波人，1942年出生于天津，著名_____、_____、_____、著名民间文艺家。主要作品_____、_____、_____等均获奖，并对文坛产生了深远影响。

2. 在默读课文的过程中，将字词在文中标注，并整理到笔记本。完成预习汇报单：

即物起兴（　　）　　龙吟凤哕（　　）　　蹲踞（　　）

酬和（　　）　　熹（　　）微　　譬（　　）喻

chún pǔ（　　）　　引经 jù（　　）典　　门楣（　　）

苋（　　）菜　　腌菜（　　）　　囊（　　）贯

城 huáng（　　）庙　　招徕（　　）　　náng yíng 映雪（　　）

荸荠（　　）　　囿（　　）　　铙（　　）

铁铉（　　）　　抠（　　）　　hézhé 押韵（　　）

家醅（　　）　　gù míng sī yì（　　）　　秫（　　）米

硌（　　）牙　　晌（　　）午　　怵（　　）

féng chǎng zuò xì（　　）　　八面 líng lóng（　　）

左右 féng yuán（　　）　　gū lòu guǎ wén（　　）

rén qíng liàn dá（　　）

3. 文中在介绍风俗人情时，使用了大量的优美的语言，将你喜欢的语句画出来并反复朗读；将有疑问的地方标注出来，小组讨论，初步解决。

二、阅读初体验

1. 作者用精妙的文笔描绘了三种不同场面的民歌演唱，请你找出来，并拟三个小标题。

2. 作者用从容闲适的文字，描绘了家乡高邮的哪些端午风俗，为什么要重点介绍咸鸭蛋呢？这又表达了作者对家乡的怎样的感情？

3. 吆喝，是街头的叫卖，是一种文化；吆喝，要有规矩，瞎喊不行。同样的东西，倘若吆喝得有味，吆喝得讨喜，便会生意好。在古旧的老北京，京腔京韵、清脆悠扬的叫卖声，走街串巷……征服了无数的人。你能找出这些具有地方特色的吆喝声并给大家进行现场表演吗？

4. 甜美的春酒，是节日的佳品，是母亲的骄傲，是琦君的无尽乐趣和美好回忆。文中重点写了哪几件事情？可用小标题概括。

5. "泥人张"和"杨七"、"杨巴"都是"俗世奇人"，他们各自"奇"在什么地方？给你留下了什么印象？

在问题的思考中，我们既从整体上感知文章内容，又似乎走进了绚丽多彩的民俗画廊，尽享民俗艺术的魅力，选择你最喜欢的文章选择你最喜欢的方式进行展示。

模块二：内容与主题教学设计

【学习目标】

1. 能够有感情地朗读课文，了解并认识我国传统的民间文化。

2. 能够准确领悟文章的主题，领会文章的思想感情。

3. 在阅读中感受、体验、理解、比较、思考，形成自己的心得和评价。

一、走进那片土地，了解当地风俗

中华民族有五千年的文明史，丰富深厚的民俗文化始终与民族文化相伴随。以民风民俗为代表的民间文化，也是中华文明的有机组成部分，是民族文化的瑰丽之宝。本单元所选的文章或是写各地的节日风俗，或是讲述民间艺人的轶事，生动的画笔为我们描绘了一幅幅有声有色、生动奇异的民俗风情画卷。今天我们就一起再次走进课文，走进那片土地，了解当地的风俗。

1. 《云南的歌会》在"歌会"的标题下，描写了歌会的几个场面？课文围绕中心，从不同的角度选取材料，请用自己的话回答文中所描绘的歌会的几个场面在内容上各有什么侧重？

2. 云南的歌会有什么特点和魅力？

3. 《端午的鸭蛋》中作者介绍了家乡端午节的哪些风俗？文章的题目是《端午的鸭蛋》，作者为什么要介绍家乡端午节的习俗？

4. 在"端午的鸭蛋"一文中作者花了不少笔墨来盛赞家乡的咸鸭蛋，那么家乡的咸鸭蛋到底有什么特点？请用"这是＿＿＿＿的鸭蛋，因为＿＿＿＿。"（找出文中相关的语句）这样的句式来体会。

二、走进文章深处，领悟文章主题

俗话说，"百里不同风，千里不同俗"。本单元所选的课文基本都是表现各地风俗的，作者在记录各地的不同风俗的时候也体现了作者的思想感情。请大家再次走进课文的深处，去体会字里行间所体会的作者的思想感情。

1. 在《云南的歌会》这篇课文中，你认为作者为什么会对云南的歌会感兴趣？在云南的歌会中表现了作者怎样的思想感情？

2. 在《云南的歌会》这篇课文中，你最喜欢歌会的哪个场景？说说你的感受？

3. 《端午的鸭蛋》一文中，作者家乡端午节有很多习俗，作者为什么只重点描述了端午的鸭蛋，作者通过这一枚小小的鸭蛋表现了怎样的思想感情？

三、走进我们生活，开拓我们视野

1. 我们身边有没有像云南的歌会这样独具特色的民族文化？请用简短的语言来介绍一种你熟悉的民族文化。

2. 端午节是我国传统节日之一，在你的家乡端午节有什么习俗？请你描述一下你们家乡端午节的习俗。

模块三：语言与手法教学设计

【学习目标】

1. 掌握赏析语言的方法。
2. 通过比较阅读提高欣赏语言的水平。

一、你言我语浅说特色

有人说："语言是一个作家最重要的脸谱和指纹。"通过上几节课的学习，结合你自己的体会，请用一句话简要地说说沈从文在本文中呈现给我们的是一个怎样的脸谱和指纹呢？（在语言运用上的特色）

二、美丽音符深入寻踪

有人说"《云南的歌会》本身就是一首歌，每一个词每一句话都是一个跳动的美丽音符"，请你再次走进文章深处，用发现美的眼睛去寻找，用感悟美的心灵去品味。

1. 找出你认为用得特别美的一个或几个词语，并在文章中作批注，说说美在哪里？

如：如第四段中"向碧蓝天空中钻去"的"钻"字特别美，既写出飞行的路线直，又写出飞行速度快，表现出云雀的轻捷，形象生动地写出云雀伏摇盘旋而上的姿态，活灵活现。

我的发现：_____。

我的赏析：_____。

2. 找出你认为描写得特别好的一个句子，说说它好在哪里？

如："马上一面欣赏土坎边的粉蓝色报春花，在轻和微风里不住点头。"这句话运用拟人修辞带给人强烈美感，生动形象地表现出花儿好像也在倾听美妙的歌声，让人感觉到报春花的活泼灵性，悦目又悦耳。

我的发现：＿＿＿＿＿＿＿＿＿＿＿＿＿＿＿＿＿＿＿＿＿＿＿＿。

我的赏析：＿＿＿＿＿＿＿＿＿＿＿＿＿＿＿＿＿＿＿＿＿＿＿＿。

3. 找出你认为刻画得特别美的一个段落或场景，说说美在哪里？

4. 能从整体上说说这篇文章的语言或写法美在何处吗？

三、经典再现欣赏比照

1. 下面两段文字描写在写法上有什么不同？你喜欢哪一种？请说说理由。

这种年轻女人在昆明附近村子中多的是。性情开朗活泼，劳动手脚勤快，生长得一张黑中透红枣子脸、满口白白的糯米牙，穿了身毛蓝布衣裤，腰间围个钉满小银片扣花葱绿布围裙，脚下穿双云南乡下特有的绣花透孔鞋，油光光辫发盘在头上。(《云南的歌会》)

翠翠在风日里长养着，把皮肤变得黑黑的，触目为青山绿水，一对眸子清明如水晶。自然既长养她且教育他，为人天真活泼，处处俨然如一只小兽物。人又那么乖，如山头黄麂一样，从不想残忍事情，从不发愁，从不动气。(《边城》)

2. 有人认为本文的第四段过多的自然环境描写冲淡了"歌会"主题，很没意思，你觉得呢？和下面的环境描写相对照，你有什么发现吗？

由四川过湖南去，靠东有一条官路，这官路将近湘西边境到了一个名为"茶峒"的小山城时，有一小溪，溪边有座白色小塔，塔下住了一户单独的人家。这人家只一个老人，一个女孩子，一只黄狗……小溪流下去，绕山岨流，约三里便汇入茶峒大河……小溪宽约廿丈，河床为大片石头作成。静静的河水即或深到一篙不能落底，却依然清澈透明，河

中游鱼来去皆可以计数……（《边城》）

四、回顾课堂收获盘点

通过对本文语言的赏析你有哪些收获呢？（可以从沈从文语言或欣赏方法等多方面来谈）

模块四：沈从文与《边城》读书交流会教学设计

【设计理念】

本单元所选作品都是有关风土民情内容的，尤其是沈从文的《云南的歌会》带给人强烈的美的震撼。而作为现代文学史上独树一帜、被誉为"乡土文学之父"的伟大作家，在沈从文的作品中，湘西是一个想象的王国，也是 20 世纪中国文学的永恒意象和美好回忆之一。在这个意义上，沈从文实现了他做一个"地方风景的记录人"的愿望。"不管将来发展成什么局面，湘西旧社会的面貌与声音，恐惧和希望，总算在沈从文的乡土文学作品中保存了下来。"他的《边城》更是一幅纯美的湘西风土人情画卷。这部作品流淌着他"美"与"爱"的美学理想，是他表现人性美、人情美最突出的作品。本单元精读《边城》旨在通过阅读欣赏湘西民俗走进沈从文的文字深处，体会他构筑的善与美的美丽世界。

【活动目标】

1. 了解沈从文描绘的湘西风土人情。
2. 了解沈从文的生平经历。
3. 走进作者构筑的善与美的理想世界，体会人性之美。

【活动准备】

1. 用一周的时间进行整本书的阅读。
2. 运用圈点勾画的方法进行阅读，作批注，记录自己的心得感悟。

【活动指导】

一、导入

今天这节课,我们将在这里举行一场关于《边城》的读书交流会。希望通过这节课,能让我们情感在交流中得到升华,心灵在交织中得以陶冶,思想在碰撞中闪烁出智慧的火花。

二、整体把握,梳理情节

《边城》堪称中国现代小说的扛鼎之作,那么这个《边城》描绘的是怎样一个故事呢?请大家简要梳理故事情节,概括故事梗概。

(学生复述情节)

三、走进文本,了解人物

整个情节是以翠翠的爱情主线展开的,尽管阴差阳错以悲剧结局,但过程还是甜美的。那么在这个凄美的故事中,有哪几个主要人物呢?你最喜欢其中哪一个?结合文中具体语句,关注人物描写的多重手法,分析作品中的人物形象。

(学生发言)

四、品读美文,感受真情

小说以清新、流畅的文字为我们塑造了美丽善良的人物,同时也为我们描绘了一幅幅淡雅不俗的纯美画卷,不仅有淳朴的人情美,还有充满地域色彩的风俗美。请结合文中具体语句,从下面任选一个或几个角度,谈谈你所得到的美的体验。

1. 人情美

(1) 翠翠和祖父的祖孙情:

(2) 翠翠和天保兄弟的爱情:

(3) 天保和傩送的手足情:

2. 风俗美

(1) 纯朴的人性美:

(2) 旖旎的风光美:

（学生谈体验）

　　五、深入研读，探究命运

　　教师指导："边城"这么美，但是看完小说后，心里的感觉却是忧郁、忧伤、难过。这么美的边城，这么美的人，这么美的感情，这么美的邂逅，为什么会让我们忧伤？是因为情节本身。比如翠翠躲开二老，比如顺顺和老船夫之间的关系转变，比如兄弟之间感情的转变，比如天保的死，傩送的出走……简而言之，两个字，就是误会。

　　"一切充满了善，然而到处是不凑巧。既然是不凑巧，因之素朴的善终难免产生悲剧"（引自沈从文先生的《水云》）。这似乎是个容易圆满起来的故事，翠翠和二老彼此喜欢，如果一开始就直接表达出来了，好像没有谁会反对；但偏偏是，两人的心思，要经过许多的环节和曲折才流露出来，这中间，就牵连进许多的人与事。老船夫最为操心，反而被认为为人弯弯曲曲；大老因为跟二老用唱歌的方式竞争无望，就离家跟船去了，名字取老天保佑意思的他却失事而死；哥哥死了，二老的歌也不唱了，翠翠只在梦里蒙蒙眬眬听过一回，第二天要真真实实地听，却没等来。因不凑巧而误会，结疙瘩，结果只好是悲剧。作品的人物虽说全部良善，本身却含有悲剧的成分。唯其良善，我们才更易于感到悲哀的分量。这种悲哀，不仅仅是由于情节的演进，而是自来带在人物的气质里，自然越是平静，"自然人"越显得悲哀：一个更大的命运影罩住他们的生存。这几乎是自然一个永久的原则：悲哀。（关于《边城》中的悲哀，可参见教参第 37 页，及张新颖《沈从文精读》）

　　请大家再读小说的十三节，圈画出其中表现悲哀的地方。并结合上边的分析，来解释一下，翠翠为什么会有这些感受？

　　学生结合具体语句进行分析。

　　六、综合剖析，总结提升

　　《边城》极力塑造一种美，一种人性的纯美，这种美，不是高不可攀的，不是华丽的，不是高雅的，不是雕琢的。美在率性真诚、美在坦荡自然、美在自由自在，美在一切自然古朴而又充满活力的生命力之中。《边城》的悲剧设计其实就是沈从文对美好人性的向往和残酷现实的矛盾的反映，这个矛盾是无法化解的，所以悲剧也是无法避免的。作者深情地歌咏亲情爱情的美丽，反映着他对重建人与自然和谐关系、恢复人与人之间的善意和坦诚的思考和愿望，他把这些美好的愿望交给了家乡湘西的乡亲，所谓"礼失求诸野"吧。

模块五："到民间采风去"综合性学习教学设计

【活动目标】

1. 培养学生搜集、归纳整理、分析提炼资料的能力，能创造性地提出个人观点和建议并形成文字的能力。

2. 通过民间采风活动，引导学生感悟民俗文化，学会欣赏民俗文化，增强保护文化物质的意识，培养学生的社会责任感。

3. 培养学生的合作探究意识。

【活动准备】

学生按地域分组，搜集整理有关家乡的节日风俗、特色美食、历史名人、名胜古迹及方言文化的资料。

【活动过程】

一、导入

俗话说："亲不亲，家乡人；美不美，家乡水。"从小到大，家乡始终伴随着我们一路走来，放眼家乡的秀美景色，放眼家乡的风土人情，无不浸润着浓浓的乡情。今天我们就跟随咱们同学们自己组成的地方代表团到民间采风，听他们夸夸自己的家乡，共同领略中华民族辉煌灿烂的民俗文化。

二、明确课堂要求

展示积极,声音洪亮;倾听专注,评价中肯。

三、学生展示

在咱们展示之前,先向大家介绍一下我们同学们组成的地方团:首先是来自首都的北京团,还有来自陕西的榆林代表团,来自浙江的富饶的温州代表团,还有粗犷豪迈的东北代表团,最后是实力雄厚的热情好客的德州代表团。接下来,我们家看到他们精彩的展示。

1. 端午风俗

本单元,我们学习了汪曾祺的《端午的鸭蛋》,了解了江苏高邮的端午风俗;而上次放假又适逢端午,咱们都亲身经历了端午的风俗。你们家乡是怎么过端午节的呢?你还知道哪些端午风俗?

(学生展示)

2. 多彩节日

其实,不只是端午,在咱们中国,还有许多节日,是深受百姓喜欢的,人们也以各种各样的形式来庆祝节日。你们家乡最隆重最盛大的节日是什么?你能用生动而形象的语言来描绘一下节日的盛况吗?

(学生展示)

3. 特色美食

俗话说:"民以食为天。"中国人喜欢用不同的美食来纪念不同的节日。你们家乡有什么特色美食?不妨同大家分享一下!

(学生展示)

4. 名人名胜

家乡的美不仅在于热闹的节日、美味的小吃,还在于她的历史悠久,人才辈出,在于她风景秀丽、人杰地灵。请你介绍你家乡的历史名人或风景名胜,夸夸家乡之美。

(学生展示)

5. 乡音无改

有一种声音，伴随我们成长的每一天，成为家乡的标志，即使我们远在异国他乡，只要听到她，就会亲昵顿生，甚至热泪盈眶。她，就是乡音，就是我们的家乡话，或粗犷豪放，或温柔婉转，令人魂牵梦绕。你还记得你们家乡独具韵味的方言吗？用恰当的形式说一段方言，让大家领略你家乡的语言之美。

（学生展示）

四、写作训练

通过刚才大家的展示，我们领略了大江南北不同的民俗文化，感受了中华民族灿烂的文明，虽然这只是我们民族文化中极小的一部分，但老师相信就在这短暂的展示中，有一种美好的情感已经在同学们的心中潜滋暗长，接下来，就请你用文字来展示你心中这种美丽的情感。

1. 假如要举办"魅力中国民俗文化旅游节"，开幕式的承办城市正在申报中，请你为你的家乡写一段宣传词，帮助你的家乡抓住这千载难逢的机会。

（提示：抓住城市特点，语句工整，有感染力。如：扬州——诗画瘦西湖，人文古扬州；三明——走进多情山水，拥抱绿色三明；威海——拥抱碧海蓝天，体验渔家风情；中山：伟人故里，锦绣中山。）

2. 请将本节课展示的材料加以整理和补充，以"谁不说俺家乡好"为题，写一篇不少于600字的作文。

第二部分　整体评价

语文基础知识评价

一、识字写字能力评价

(一) 评价目标

本单元累计认识常用汉字 70 个左右,并能用正楷字准确、快速、美观书写。学习写行楷字,提高书写速度。

(二) 评价内容:注音写字(共 40 分,见本书第 252 页"注音写字")

(三) 评价方法:考试

1. 准确率

A. 32—30 分　B. 29—26 分　C. 25—21 分　D. 20 分以下

2. 书写

A. 写规范字,书写笔顺正确,笔画正确且到位,字体正确;字迹工整、端正;行款整齐,布局合理、匀称,整体效果好;纸面整洁;书写速度较快;写字姿势正确。

B. 写规范汉字,笔顺正确,笔画正确,字迹工整、端正;大小匀称;纸面整洁;书写有一定的速度;写字姿势正确。

C. 写字不规范,有多个错字;字体不端正,结构比例失调,歪斜不稳;纸面不整洁;书写速度慢;写字姿势欠正确。

二、文学、文化常识积累

(一) 评价目标

了解课文涉及的重要作家的生平,熟记作家作品及文学、文化常识。

(二) 评价内容:

1.《云南的歌会》作者_____,现代作家、历史文物研究家。代表作中篇小说_____,长篇小说_____,散文集_____。

2.《端午的鸭蛋》作者_____,江苏高邮人,代表作是短篇小说_____、_____,戏剧_____。

3.《吆喝》的作者萧乾,作家、记者、翻译家,主要著译作有_____、_____。

4. 小说是以_____为中心,通过_____和_____来反映社会生活的一种文学体裁。小说有三个要素:_____、_____、_____(自然环境和社会环境)。_____是小说的核心,_____是小说的骨架,_____是小说的依托,主要手段是_____,小说中的人物,称为典型人物,可以通过人物的_____、_____、_____、_____、_____进行描写。

(三)评价方法:考试、讲述作家故事

1. 准确率

A. 30 分 B. 29—24 分 C. 23—18 分 D. 17 分以下

2. 兴趣

A. 喜欢搜集作家生平故事,能讲述作家生平经历,介绍主要作品及内容。

B. 了解作家生平主要经历,知道作家的代表作,但没有阅读经历。

C. 不能准确记忆有关作家信息,不了解作家。

三、朗读与背诵能力

(一)评价目标

能用普通话正确、流利、有感情地朗读课文。

(二)评价内容

1. 有感情地朗读课文。

2. 背诵古诗词《无题》、《相见欢》。

(三)评价方法

1. 朗诵以听读的方式进行考察,划分为四个等级:

A. 正确、流利、有感情。   B. 正确、流利、但没有感情。

C. 有丢字、添字现象,超过三处。 D. 读不成句,不流畅。

2. 背诵以听背和默写的方式进行,划分为三个等级:

A. 能准确默写。B. 能准确背诵,默写错误在两处以内。C. 背诵错误超过三处。

阅读能力评价

一、评价目标

1. 能用普通话正确、流利、有感情地朗读课文，提高默读的速度和质量；学会在默读中了解理解文章的主要内容，在合作探究中深入领会课文的思想情感。

2. 引导学生描摹、品味文章中重要的词语句子，加强语言的积累、感悟和运用；学习多角度、多手法描写事物的手法，学习欣赏比较复杂的记叙类文章。

3. 通过反复诵读欣赏文章，在不断地发现问题、解决问题中感悟民俗文化，学会欣赏民俗文化，增强保护民俗文化的意识，培养学生的社会责任感。

二、评价内容

1. 阅读下面的文字，回答问题。（13分）

大伙儿唱得最热闹的叫"金满斗会"。有一次，由村子里人发起，到时候住处院子两楼和那道长长屋廊下，集合了乡村男女老幼百多人，六人围坐一桌，足足坐满了三十来张矮方桌，每桌各自轮流低声唱《十二月花》，和其他本地好听曲子。声音虽极其轻柔，合起来却如一片松涛，在微风荡动中舒卷张弛不定，有点龙吟凤哕意味。仅是这个唱法就极其有意思。唱和相续，一连三天才散场。来会的妇女占多数，和逢年过节差不多，一身收拾得清洁索利，头上手中到处是银光闪闪，使人不敢认识。我以一个客人身份挨桌看去，很多人都像面善，可叫不出名字。随后才想起这里是村子口摆小摊卖酸泡梨的，那里有城门边挑水洗衣的，打铁箍桶的工匠，小杂货商店的管事，乡村土医生和阉鸡匠，更多的自然是赶马女孩子、不同年龄的农民和四处飘乡赶集卖针线花样的老太婆，原来熟人真不少！集会表面说是避疫免灾，主要作用还是传歌。由老一代把记忆中充满智慧和热情的东西，全部传给下一辈。反复唱下去，到大家熟习为止。因此在场年老人格外兴奋活跃，经常每桌轮流走动。主要作用既然是在照规矩传歌，那么不问唱什么都不犯忌讳。就中最当行出色的是一个吹鼓手，年纪已过七十，牙齿早脱光了，却能十分热情整本整套地唱下去。除爱情故事，此外嘲烟鬼，骂财主，样样在行，真像是一个"歌库"（这种人在我们家乡则叫做歌师傅）。小时候常听老太婆口头语，"十年难逢金满斗"，意思是盛会难逢，参加后才知道原来如此。

(1) 选文主要介绍了什么内容？（2分）

(2) 简要概述"金满斗会"的演唱方式和内容及举行的目的。（3分）

(3) 结合文章回答，为什么"在场年老人格外兴奋活跃"？（2分）

(4) 文中画线的句子优美形象，请认真品味，加以评析。（3分）

(5) 假如你也在"金满斗会"的现场，你会有什么感受？请认真揣摩，并加以描绘。（3分）

2. 阅读下列文段，回答文后问题。（14分）

①A 我的家乡是水乡。出鸭。高邮大麻鸭是著名的鸭种。鸭多，鸭蛋也多。高邮人也善于腌鸭蛋。高邮咸鸭蛋于是出了名。我在苏南、浙江，每逢有人问起我的籍贯，回答之后，对方就会肃然起敬："哦！你们那里出咸鸭蛋！"上海的卖腌腊的店铺里也卖咸鸭蛋，必用纸条特别标

明："高邮咸蛋"。高邮还出双黄鸭蛋。别处鸭蛋也偶有双黄的，但不如高邮的多，可以成批输出。双黄鸭蛋味道其实无特别处。还不就是个鸭蛋！只是切开之后，里面圆圆的两个黄，使人惊奇不已。我对异乡人称道高邮鸭蛋，是不大高兴的，好像我们那穷地方就出鸭蛋似的！不过高邮的咸鸭蛋，确实是好，我走的地方不少，所食鸭蛋多矣，但和我家乡的完全不能相比！B曾经沧海难为水，他乡咸鸭蛋，我实在瞧不上。袁枚的《随园食单·小菜单》有"腌蛋"一条。袁子才这个人我不喜欢，他的《食单》好些菜的做法是听来的，他自己并不会做菜。但是《腌蛋》这一条我看后却觉得很亲切，而且"与有荣焉"。文不长，录如下：

　　腌蛋以高邮为佳，颜色细而油多，高文端公最喜食之。席间，先夹取以敬客，放盘中。总宜切开带壳，黄白兼用；不可存黄去白，使味不全，油亦走散。

　　②C高邮咸蛋的特点是质细而油多。蛋白柔嫩，不似别处的发干、发粉，入口如嚼石灰。油多尤为别处所不及。鸭蛋的吃法，如袁子才所说，带壳切开，是一种，那是席间待客的办法。平常食用，一般都是敲破"空头"用筷子挖着吃。筷子头一扎下去，吱——红油就冒出来了。高邮咸蛋的黄是通红的。苏北有一道名菜，叫做"朱砂豆腐"，就是用高邮鸭蛋黄炒的豆腐。我在北京吃的咸鸭蛋，蛋黄是浅黄色的，这叫什么咸鸭蛋呢！

（1）作者为什么对家乡的咸鸭蛋久久不能忘怀？（2分）

（2）文中画线的句子分别体现本文语言的什么特点？（3分）

　　A处：_____

　　B处：_____

　　C处：_____

（3）"筷子头一扎下去，吱——红油就冒出来了"一句中，"吱"字

可以去掉吗？为什么？（3分）

_____

(4) 袁枚是_____代诗人、诗论家，文中引用他的文章说明了什么？（3分）

_____

(5) 文段的字里行间流露出作者的怎样的思想感情？（3分）

_____

3. 阅读下面的文章，回答问题。（13分）

百衲衣

①故乡风俗：常生病遭灾的小孩，须吃千家饭，穿百衲衣，方能祛病化灾、长命百岁。我小时候经常生病，父母就让我吃千家饭，穿百衲衣。

②吃千家饭，就是挨家挨户讨一把米混在一起煮饭吃；穿百衲衣，就是挨家挨户讨一块布缝在一起做衣穿。千家饭象征性地吃一顿就够了，百衲衣却要常穿，有点像"护身符"。

③小时候，我不愿意穿百衲衣，爹娘不知说了多少好话，就差没跪下磕头了。10岁那年，妹妹在灶前烧红苕吃，把柴堆烧着了，烈火忽地蹿上了房顶。娘冲进火中，没有去抢救粮食和铺盖，也没有去抱那只闹钟，而是抢出了那件百衲衣。娘的头发烧焦了，脸上被火燎伤了一大块。我啜泣着埋怨娘："冒这么大危险抢那破衣服值得吗？"娘喏喏道："值得值得！"

④在故乡，13岁就算成人了。我13岁就可以不穿百衲衣了，脱下百衲衣时，我仿佛飞出樊笼的小鸟一样自由快乐。我不知道娘仍然珍藏那件百衲衣，她真以为我能平平安安地长大，都多亏了灵验的百衲衣。她很感激百衲衣。在我考上大学进城时，娘把百衲衣放进了我的行李箱里，说："要出远门了，带上它，让它庇护你，提醒你：你是吃千家饭穿

百衲衣长大的山里孩子,要好好读书,替山里人争气!无论你走到哪里,干什么事,都不要忘了山里人!"

⑤后来,我结识了一位民俗学家,便向他谈起穿百衲衣的风俗。民俗学家说:"按照风俗习惯,穿百衲衣的孩子长大后,父母要向当年讨过布的人家还情的。你家还情了吗?"我惊诧:"怎么还情?"民俗学家说:"一般来说,讨过布的人家得还一截能做一件衣服的布。"我恍然大悟:难怪我满13岁那年,娘通宵达旦地纺线织布,原来娘已经悄悄替我还情了!

⑥我想,这获之碎布、报之衣料的百衲衣风俗,多像"滴水之恩,当以涌泉相报"的古训呀!

⑦其实,我们每个人都穿过百衲衣——人生的百衲衣。每个人在人生旅途上,都会或多或少地得到生活的馈赠、命运的庇护、时代的恩泽和社会的援助,那么就不应该忘记报答。知恩图报,是一种传统美德,也是一种人生境界。其实报答并不一定要鞠躬尽瘁赴汤蹈火,往往只是拔一羽以利天下、伸一手以救众生的事,就像给穿百衲衣的人一块碎布而已……

(1)浓浓的母爱是本文表现的重点。在表现母爱时,作者运用了正面描写和侧面渲染两种方式。(6分)

正面描写有:_____。体现了_____。

侧面渲染有:_____。体现了_____。

(2)第③段中加点的"抢"字表现了什么?(2分)

(3)文章的结尾,作者说"不应该忘记报答",作者认为应该怎样报答?请用文中的话回答。(2分)

(4)读了这篇文章,你有什么感想?(3分)

4.阅读下面选文,回答问题。(10分)

①冯兰瑞老头,坐在厚重的桑木案前,腰板挺直,脖筋绷紧,眼神

像锥子似地注视着案子上新捏好的泥活。他手持竹刀,这里抹一抹,那里抹一抹。对这么精巧生动的"武松打虎",你还有什么可挑剔的?武松左膝镇住大虫的花背,倾全身之力向大虫身上压,右手揪住大虫的耳朵,左手抡拳,那大虫拱起半条身子,悬口吊牙,眼眶眦裂。这会儿冯兰瑞双眉挤在一起,只见他那窄细的瞳仁中有两个香火头般的亮点闪动着,直视自己的这件作品,摇了摇头。片刻之后,他似有所悟,重新拿起床上的竹刀,挑一点紫泥,朝着武松的拳背上三剔两刮,顿时,那拳背上便鼓起几条弯曲的虬筋。于此,冯兰瑞的花白胡子里才露出一丝不易觉察的笑容,放下竹刀,搓着两手,轻轻地从案边站起来。

②孙子冯大刚正好赶集回来。这个矮墩墩的小伙子进了屋,便从大竹篮里提出一瓶通州大曲、一包用荷叶托着的热驴肉。他用手甩了一把流到额上的汗说:"爷爷,这酒这肉你就敞开吃!今儿头一天到集上去开张,你猜怎么着?这宗买卖别提多么快!"

③"怎么个快法呢?"冯兰瑞问。

④"我刚把'芮庄泥人冯'的布幌子打出来,篮子里的各色泥人才摆到地摊上,眨眼之间,赶集的人就围了个里外不透风,嚄,五十件泥人一下子就卖个精光。好些人都说,泥人冯的手艺二十多年没见了!"

⑤"哈哈哈哈!"冯兰瑞老头开怀地笑起来。

⑥冯大刚一眼瞄见桑木案上的"武松",忙奔过去,一会儿蹲下,一会儿直起来,反反复复看了又看,乐得眼泪都流出来:"爷爷!爷爷!这是怎么摆出来的!我压根儿没见过这么好的泥活!"他拉着爷爷两只粗糙的大手,说:"爷爷,下回赶集,我得把这个也带去"。

⑦"带去吧!"冯兰瑞答应了,"摆到地摊上,先让大伙看个够,收摊时随便卖掉就成。"

⑧"爷爷!'武松'难道不肯帮咱一个忙?"冯大刚忙神秘地靠近爷爷的耳朵说,"今儿个,管理市场的胖老刘蹲到地摊旁,捧起这个瞧瞧,

抓起那个看看，爱得简直没治！我把'武松打虎'带到集上送给他，说不定他能让咱把泥活的价往高里提！"

⑨冯兰瑞眼里一闪一闪的亮光熄灭了。他走到桑木案前，用木滞的眼睛盯着孙子冯大刚，张开粗糙的巴掌放到"武松打虎"上面，狠狠向下压去。

（1）第①段中说到"对这么精巧生动的武松打虎，你还有什么可挑剔的？"在原文中找出精巧生动具体所指的内容。（2分）

（2）第①段中说到"他那窄细的瞳仁中有两个香火头般的亮点闪动着，直视自己的这件作品"，从下文中可以看出此时的冯老汉在干什么？（2分）

（3）第①段冯老汉"露出一丝不易觉察的笑容"，"搓着两手"，表现出他什么样的心情？（2分）

（4）第④段中画线句子有何表达作用？（2分）

（5）你认为冯老汉是个怎么样的人？（2分）

三、评价方式

以考试的形式进行评价，根据成绩划分为三个等级：

A. 34—42分，有较高散文、小说鉴赏能力，能读懂散文内蕴，理解内容，并能对散文小说语言加以赏析。

B. 27—33分，能读懂散文、小说大意，把握作者情感，但不能准确分析语言的表达效果。

C. 26分以下，在阅读一般的散文、小说时，不能准确理解散文、小说的内容及情感；对语言的感悟能力较差。

习作评价

一、评价目标

1. 多角度观察生活，把生活的多姿多彩表现出来。

2. 综合运用叙述、描写、抒情等表达方式，表现当地过节的风俗习惯和热闹场景，抒发浓浓的血脉亲情。

3. 恰当综合地运用叙述、描写、抒情等表达方式，是指要融叙述、描写、议论、抒情等表达方式为一体，表现当地过节的风俗习惯和热闹场景，抒发自己对家乡的热爱之情。

二、评价内容

春节灯节，清明端午，中秋重阳。从小到大，我们都是伴随着这些年年依旧的节日，和亲人们一起度过了一年又一年的。这些节日，包含着丰富的民俗文化，凝聚着浓浓的亲情。选择一个印象最深的节日，以"我家乡的_____"为题写一篇600字左右的文章。

要求：要综合运用叙述、描写、抒情等表达方式，表现当地过节的风俗习惯和热闹场景，抒发你对家乡的热爱之情。

三、评价方式

1. 评价原则

（1）个人评价、小组评价与教师评价相结合。

（2）过程评价与结果评价相结合。

（3）整体评价与个性评价相结合。

2. 评价形式

（1）书面评价。可以采用分数、等级来表示，也可以用评语来表示。

（2）口头评价。可以采取面批的形式，当面指出作文存在的问题。

（3）活动评价。可以组织年级作文比赛、优秀作品展览、优秀期刊投稿、编辑作品集等活动。

3. 评价过程

第一步：自评

具体来讲，自评有两个阶段：第一个阶段是学生刚刚完成作文之后，通读自己的作文，理清文章的思路，修改、补充文章的不当之处，使之清晰、自然、流畅。第二个阶段是隔了一周之后，再来批阅自己的文章。由于时隔一周，所以学生再次拿起文章时已经可以十分清醒地对其进行批阅、修改、补充、拓展。

第二步：互评

具体做法是：自评完毕后，小组内交换互评。每位学生按照老师的要求在规定的时间内批改小组内其他成员的文章，换句话说就是一篇文章经过了不同同学的品读、推敲、修改，使之变得更加完善、成功。为了避免学生在互评中流于形式，或束手无策，无的放矢，可以给学生制定作文评价表。

附：互评评价表

时间			被评人	
内容	题目			
	主题			
	选材			
	情感			
表达	思路			
	结构			
	详略			
	语言			
书写				

第三步：师评

具体做法是：教师将所有学生习作认真阅读，指出优点和不足，并按照作文评价标准给习作作出评定、打分。

附：作文评价标准

一类作文：

1. 题目新颖别致，与内容一致，且在一定程度上表现了主旨。

2. 能有意识地选择自己比较熟悉的材料，选取的材料能很好地表现主题；有鲜明、生动的场面描写，且能围绕主题展开；字里行间能流露出对家乡的热爱之情。

3. 结构完整，开头吸引人，结尾含蓄自然，首尾呼应，逻辑顺序明显；过渡自然，详略得当，行文结构符合写作目的，对于表现主题有作用。

4. 能根据表达的需要，将记叙、描写、抒情等表达方式恰当结合，真正实现情景融合。

5. 语言具体而准确，富有表现力，句子的长短结构有变化，使得行文节奏流畅自然；能恰当地运用修辞手法，且富有新意，符合表达需要。

6. 书写清晰美观，标点符号使用正确，没有错别字。

二类作文：

1. 题目只是话题的简单重述，缺乏创意。

2. 能围绕主题选材，但选取的材料不够典型，有场面描写，但缺少能够触动或吸引读者的细节；感情表达平淡，对家乡的热爱之情没有在字里行间表现出来。

3. 结构完整，但开头没有引起读者强烈的阅读期望，结尾也没有照应前文；在叙述上有详略，但有时会在不重要的细节上浪费笔墨太多。

4. 主要能运用记叙与描写的表达方式，但不能有机得进行融合更多的表达方式，不能做到自然的情景交融。

5. 语言运用基本流畅，但缺少准确与生动，尤其是对场面的描写，语言缺少表现力，修辞用得少；句子大多结构正确，也比较通顺，但缺少节奏变化。

6. 书写较正规，标点有时缺失或误用，且有错别字。

三类作文：

1. 题目模糊、空洞，与文章内容、主题无关。

2. 文章缺少明确的中心，读者不能从文章中获得明确的意义；内容空洞，缺少具体的场面描写；字数不够；抄袭他人的文章。

3. 结构混乱，没有分段的意识；材料间缺少必然的联系，缺乏必要的过渡和衔接，结构不完整；叙述重复，重点不突出，详略不当。

4. 在记叙中恰当地结合其他表达方式，整篇文章平淡无味，更不能表达出对家乡的热爱之情。

5. 语言啰唆，没有吸引力，只能表达有限的内容；词语贫乏，且词不达意，难以理解；句子毛病较多，读者理解起来相当费劲，无法引起读者阅读的兴趣。

6. 书写潦草，标点缺失或一逗到底，且错别字较多。

综合性实践活动评价

一、评价目标

1. 培养学生搜集、归纳整理、分析提炼资料的能力，能创造性地提出个人观点和建议并形成文字的能力。

2. 通过民间采风活动，引导学生感悟民俗文化，学会欣赏民俗文化，增强保护文化物质的意识，培养学生的社会责任感。

3. 培养学生的合作探究意识。

4. 能注意对象和场合，学习文明得体地进行交流。在交流过程中，注意根据需要调整自己的表达内容和方式，不断提高应对能力。

5. 耐心专注地倾听，能根据对方的话语、表情、手势等，理解对方的观点和意图；自信、负责地表达自己的观点，做到清楚、连贯、不偏离话题；注意表情和语气，使说话有感染力和说服力。

二、评价内容

1. 本地的端午风俗。

2. 祖国的多彩节日。

3. 地方的特色美食。

4. 家乡的名人名胜。

5. 故土的乡音无改。

6. 写作训练。以"谁不说俺家乡好"为题，写一篇不少于600字的作文。

三、评价方法

1. 在活动中评价。根据学生在交流中的发言次数和质量进行评价。划分为优、良、中、差四个等级。

2. 以书面测试的形式进行评价。规定时间内以笔答形式完成上面六项活动。按成绩分为优、良、中、差四个等级。

读整本书教学评价

一、评价目标

1. 了解沈从文描绘的湘西风土人情。

2. 了解沈从文的生平经历。

3. 走进作者构筑的善与美的理想世界，体会人性之美。

二、评价内容

1. 用圈点勾画的方法阅读小说，并完成规定数量的读书笔记。

2. 简要梳理故事情节，概括故事梗概。

3. 结合文中具体语句，关注人物描写的手法，分析作品中的人物形象。

4. 请结合文中具体语句，从不同角度谈谈你所得到的美的体验。

（1）翠翠和祖父的祖孙情。

(2) 翠翠和天保兄弟的爱情。

(3) 天保和傩送的手足情。

(4) 纯朴的人性美。

(5) 旖旎的风光美。

5. 精读小说的十三节，探究分析翠翠为什么会有这些感受？

6. 撰写读书交流会发言稿。

三、评价方式

1. 将读书笔记按质量划分为优、良、中、差四个等级。

2. 通过召开班级交流会，在活动中根据学生的发言次数和发言质量进行评价，划分为优、良、中、差四个等级。

诗 海 泛 舟

——人教版初中语文九年级上册
第一单元整体课程设计

第一部分　课程设计

【单元导读】

看冬日白雪，听春日细雨，望夏夜繁星，赏秋夜虫吟……内涵丰富的大自然，有太多太多的东西令人眷恋，有太多太多的东西可以入画、入诗。在诗人的眼里，大自然本身就是诗。只要拥有诗人的敏感心灵，只要对万物倾注了爱，"大地的诗歌"就"从来不会死亡"。那么让我们一起触摸灵性的诗行，感受诗人心灵的律动，泛舟诗海，尽享大自然的美妙与神奇。

【单元教学构想】

本单元教学分为五个模块：

模块一：单元预习（2课时）。了解课文涉及的重要作家作品知识和文化常识，能用普通话正确、流利、有感情地朗读诗歌；通过朗读课文，初步理解主要内容。

模块二：内容与主题（2课时）。寻找诗歌意象，感受诗歌意境；反复吟咏诗歌，深入把握主题。

模块三：语言和写法（2课时）。品味诗歌含蓄、精炼、优美的语言；学习诗歌创作手法，尝试诗歌创作。

模块四：共读一本书《毛泽东诗词》（2课时）。养成自觉进行课外阅读的好习惯，能学习毛泽东刻苦读书的精神，会选择优秀书籍，懂得一定的读书方法，在阅读中实现"求知"的愿望；师生共同吟诵毛泽东诗词，初步做到知人、识世、品文。

模块五：综合性实践活动设计（2课时）。培养观察日常生活中的景物、事物的习惯，学会抓住特点表现事物，描写景物；通过诗歌的学习，感受艺术的魅力，体会自然的美好；锻炼查找、搜索资料的能力，培养与他人合作、分享资源的习惯。

【单元目标】

1. 累计认识常用汉字50个，并能正确书写。

2. 了解课文涉及的重要作家作品知识和文化常识。

3. 能用普通话正确、流利、有感情地朗读诗歌。

4. 在朗读诗歌的基础上，理清思路，理解主要内容，体味和推敲重要词句在语言环境中的意义和作用，理解诗人的思想感情。

5. 在反复朗读与背诵的基础上，展开联想和想象，感受诗歌的意境，感受诗歌中的自然美景。

6. 品味诗歌含蓄、精炼、优美的语言，学习借景抒情、象征、拟人等诗歌常用的艺术表现手法，体会这些表现手法的表达效果。

7. 背诵默写课外古诗《观刈麦》、《月夜》，赏析诗句，感悟诗情，增加文学积累。

8. 能在老师周读书计划的指导下，用朗诵赏析与研读的方式阅读《毛泽东诗词》，能在每天读书时间积累名篇，并能对名篇名句作出赏析。

9. 能背诵《毛泽东诗词》中的经典名篇，在品味诗词语言的基础上感受诗人的情怀；并尝试为诗歌分类作专题性研究，写出研究内容；能在读书交流会上用多种形式展示自己的感受。

10. 走进自然寻找雨的脚步，倾听雨的声音，搜集雨的诗句，用多种形表达对雨的喜爱的之情，以"雨"为话题，完成作文练习；力求抓住事物的特征，有创意地表达，并能根据表达的中心，选择恰当的表达方式；合理安排内容的先后和详略，运用联想和想象，丰富表达的内容；有独立完成写作的意识，注重写作过程中搜集素材、构思立意、列纲起草、修改加工等环节。

模块一：预习交流教学设计

【航行目标】
1. 了解课文涉及的重要作家作品知识和文化常识。
2. 能用普通话正确、流利、有感情地朗读诗歌。
3. 通过朗读诗歌，初步理解主要内容，

【起航热身】
中国是诗歌的国度，春夏秋冬，花鸟虫鱼，万事万物都可以在诗中找到它们的影子。下面让我们以小组为单位来比一比我们的古诗积累，请同学们分别背诵出有关"雪"、"雨"、"夜"、"鸟鸣虫吟"的古诗句。

【扬帆起航】
1. 与诗人相识：借助课本注释与课外资料，快速了解五位诗人的有关情况及创作背景。

航行第一礁：完成作者简介

（1）郑愁予，台湾诗人，本名＿＿＿＿＿＿＿，代表作有＿＿＿＿＿＿＿、＿＿＿＿＿＿＿。大多以旅人为抒情主人公，因此被称为"＿＿＿＿＿＿＿"。作品＿＿＿＿＿＿＿被誉为"现代抒情诗的绝唱"。

（2）江河，原名＿＿＿＿＿＿＿，北京人，新时期＿＿＿＿＿＿＿诗的代表诗人。这一诗派的代表人物还有＿＿＿＿＿＿＿、＿＿＿＿＿＿＿、

_____、_____。

（3）《蝈蝈与蛐蛐》的作者_____是_____（国家）的浪漫主义诗人，《夜》的作者是_____，他是_____（国家）诗人。

2. 初读诗歌，借助工具书扫清字词障碍

航行第二礁：注音或写字

qìn(　　)园春　　　wéi(　　)余莽莽(　　)　　成吉思汗(　　)
yāo ráo(　　)　　　红 zhuāng(　　)素 guǒ(　　)
多 jiāo(　　)　　　jìng(　　)zhé(　　)腰　　风 sāo(　　)
一代天 jiāo(　　)　今朝(　　)　　　　　　原 chí(　　)
là(　　)象　　　　田圃(　　)　　　　　　禁锢(　　)
留滞(　　)　　　　喑哑(　　)　　　　　　丝缕(　　)
xuān rǎng(　　)　　披 suō(　　)衣　　　　戴斗笠(　　)
单(　　)于　　　　静谧(　　)　　　　　　润如油 gāo(　　)
洗衣 yáo(　　)　　 襁褓(　　)　　　　　　洗 lǐ(　　)
wēn shēng xì yǔ(　　)　níng(　　)望　　　颤(　　)动
shǎn shuò(　　)　　méng lóng(　　)　　　jì mò(　　)
fù(　　)盖　　　　冻 jiāng(　　)　　　　 pí juàn(　　)
jiāo(　　)阳　　　昏晕(　　)　　　　　　栖(　　)息
银波微 yàng(　　)　树篱(　　)　　　　　　沉浸(　　)

3. 吟咏徜徉

读一首好诗，相当于聆听一首美妙的旋律；读一首好诗，相当于欣赏一幅悦目的图画；读一首好诗，相当于与一位艺术家促膝谈天……当我们静下心来，细细品味，忽然间，世界只剩下了自己与诗人；相互间，只脉脉地，用目光交流，那流淌在空气中的、幻化出的——七彩烟波，便是我们对于诗歌最好的理解！

我们在读诗时要注意以下几点：一要放得开；二要读出轻重缓急之

节奏；三要读出感情；四要读出意象。

用自己喜欢的方式朗读本单元诗歌，用心体悟诗情。

在读的过程中你认为这些诗应该怎么读，为大家做一个示范吧！（可以个人展示也可以小组合作展示）

航行第三礁：用恰当的形式，有感情地朗诵你最喜欢的一首诗歌。

【航行体验】

读了这些诗歌，你欣赏到怎样的风景？感受到怎样情怀？请用一首诗、一曲歌、一幅画或一句话来表达你最深的体验。

【盘点收获】

诗人海子说："诗，要求于人的不是理解，而是沉默与迷醉的共同介入。"选择你最喜欢的一首诗或者你最喜欢的几句诗进行背诵，去体会"诗意地栖居于大地上"的境界。

模块二：内容与主题教学设计

【学习目标】

1. 寻找诗歌意象，感受诗歌意境。
2. 反复吟咏诗歌，深入把握主题。

一、寻找诗歌意象

意象是构成优美诗篇的基础，是诗歌的灵魂。把情感化为可以感知的形象符号、情感的客观对应物就是意象，这就是古人说的"登山则情满于山，观海则意溢于海"。请你从本单元五首诗中找出具体可感的意象，看看诗人眼中的世界是什么样子的。

例如：《雨说》一诗中的意象有：雨、田圃、牧场、鱼塘、小溪、新苗、柳条儿、石狮子、小燕子等。

二、感受诗歌意境

意境是诗人通过种种意象的创造和组合所构成的一种充满诗意的艺术境界，是诗人的思想感情和生活图景和谐统一的结果，因此，我们可以通过诗中的具体可感的形象领悟到诗歌的意境。在诗人的笔下，简简单单、平平常常的事物也充满了诗情画意，用你的聪明才智总结一下，诗人借助这些意象，为我们营造了怎样的意境？

例如：《雨说》借助对雨、田圃、牧场、鱼塘、小溪、新苗、柳条儿、石狮子、小燕子等意象的描绘，营造了一种春回大地、万物复苏、生机勃勃的意境，令我们感受到诗人对"生活在中国大地上的儿童"的祝福，对中国美好未来的祝福。

三、再现诗中美景

诗歌是想象的果实，没有想象就没有诗歌。别林斯基说："在诗歌中，想象是主要的活动力量，创作过程只有通过想象才能完成。"阅读诗歌，捕捉意象，再现意境，则是对作品的艺术形象进行再创造的过程。这一再创造的审美意识活动，离开了读者生动活泼的想象将是无法实现的。那么就让我们为本单元的五首小诗插上想象的翅膀，选择一首小诗或者一首诗中的几句，在我们的头脑中勾画出一幅美丽的图画，并用优美的语言表达出来。

四、深入把握主题

在反复的吟咏中，一幅幅美丽的图景在我们眼前逐渐清晰起来；一位位诗人伟大的形象在我们心中逐渐高大起来；一段段真情将我们的心弦拨动起来……让我们用精练的语言概括本单元诗歌的主旨，徜徉诗人心路。

《沁园春·雪》是一首写景抒怀之作。上阕_____，下阕_____，它描写了_____的北国雪景，纵论_____，抒发了作者_____之情，从而表达了_____。全词意境壮美，熔写景、议论、抒情为一炉，感情奔放，胸襟阔大，风格豪迈。读之，便觉有一股浩然之气，使人眼界开朗，心胸开阔。

《雨说》一诗是诗人借_____这一拟人形象，对生活在中国大地上的儿童充满_____的倾诉，是诗人心灵唱出的一曲动人心弦的爱之歌。

《星星变奏曲》这首诗以_____手法，用星星象征_____，表达对_____的否定，抒发了对_____的向往和追求，以及虽然迷茫失落而不失坚定的希望。

《蝈蝈与蛐蛐》这首小诗，作者描写了夏日"_____"和冬日"_____"，赞美"_____"歌颂了大自然的_____。

《夜》这首小诗着力展示夜的_____，传达出诗人对大自然的_____和他_____的心境。

模块三：语言与手法教学设计

【学习目标】

1. 品味诗歌含蓄、精炼、优美的语言。
2. 学习诗歌创作手法，尝试诗歌创作。

【学习过程】

一、含英咀华，诗海拾贝

1. 由于体裁的特点，诗歌要求能用最简洁的词句来传达尽可能丰富的内容，这就形成诗歌语言凝练、含蓄、跳跃性强的特点。正因为诗歌语言具有凝练性，有较强的表现力，所以在诗歌鉴赏教学中，就要十分重视对诗歌语言的品味，通过品味其语言的丰厚意蕴，进而达到对诗歌内涵的深刻把握。请你仿照下面的示例，选择诗中精练的语言加以赏析。

例如：《沁园春·雪》中一个"望"字准确描绘了词人观察景物的位置，领起以下各句子景物描写，更让我们有了将祖国山河尽收眼底的气势，让我们感受到了一代伟人的高大形象。

2. 有些诗歌的语言生动形象，富有表现力，原因是这些诗歌在锤炼语言时注意了修辞的使用，如"山舞银蛇，原驰蜡象"一句，使用拟人的修辞手法，写出了景物活泼奔放的气势。请你也从修辞的角度品味这五首诗歌的语言，选择你认为最有表现力的两句写在下面并加以分析。

3. 追溯诗歌的起源，我们发现，诗歌最初是用来唱的，因此诗歌往往押韵合辙，具有音韵之美。让我们再次美读诗歌，感受诗歌的音韵之美。

4. 象征是诗歌常用的创作手法，请赏析本单元使用象征手法的诗歌，并说说这些意象的象征意义，如果你分析使用象征手法达到的表达效果，说明你已经具备的较高的诗歌鉴赏能力，用心体会，挑战自我！

二、感受自然，诗歌创作

春有百花秋望月，夏有凉风冬听雪。四季之景，皆可入诗。请你也用心感受身边的自然，发挥想象，就一处景致或一株植物或日月星辰等，尝试创作一首小诗。（可以学习本单元诗歌的写作手法和语言特色。）

例如冰心的《墙角的花》：

墙角的花，

你孤芳自赏时，

天地便小了。

模块四：《毛泽东诗词欣赏》读书交流会教学设计

【设计理念】

本读书交流会力求让学生在主动积极的思维和情感活动中，对毛泽东这一伟人加深了解，有所感悟和思考，受到情感熏陶，获得思想启迪。教学过程中要改变以教师传授为主的学习方式，为学生构建开放的学习环境。注重调动学生参与的积极性和主动性，培养学生的创新精神和实践能力，始终重视"以学生为本"，重视各方面能力的培养。

【教学目标】

1. 通过活动，培养学生自觉进行课外阅读的好习惯，能学习毛泽东刻苦读书的精神，会选择优秀书籍，懂得一定的读书方法，在阅读中实现"求知"的愿望。

2. 师生共同吟诵毛泽东诗词，初步做到知人、识世、品文。

3. 通过阅读交流活动，促进学生思考、感悟，激励学生少年立志。

4. 通过活动，增长学生才干，提高学生搜集积累资料的能力、口语交际能力及写作能力。

【教学准备】

1. 学生用两周时间阅读《毛泽东诗词鉴赏》。

2. 选择12首必背诗词背诵鉴赏，形成书面鉴赏稿。

【教学过程】

一、吟诵诗词唇齿留香

师导入：本学期我们学习的第一篇课文，是毛泽东的《沁园春·雪》，第一个单元是一组现代诗歌，为了配合第一单元的学习，我们选择了在中国现代诗坛上独领风骚的《毛泽东诗词欣赏》作为本单元共读的一本书，来进一步鉴赏诗歌在内容和写法上的艺术性。今天，我们在这里举行关于这本书的读书交流会，希望大家在交流中互相启发，互相学习。毛泽东诗词雄浑豪迈，最适合朗诵，所以我希望咱们能以充满激情的朗诵开启我们的诗歌之旅，也把所有在座的人都带入诗词的意境。哪个小组愿做勇敢的第一个？

（小组朗诵，教师点评或学生自评。教师可引导学生选择有气势的诗词全班齐诵）

师小结：同学们朗诵得真好！很有气势，老师听了你们的朗诵，仿佛真的回到了那个英雄辈出的战争年代，感觉一幅幅金戈铁马的战争画卷在我们面前徐徐展开，一阵阵战地黄花的芬芳在我们周围慢慢氤氲。

二、品读经典汲取精神

师导入：毛泽东的诗词以雄浑的意境、浪漫主义的创作手法、富有时代气息的表达，在中国诗坛上独领风骚，也正因为如此，他的诗词值得我们一读再读、反复品味，而我们通过第一单元的学习，也掌握了很多赏析诗歌的方法，我相信，读完这本书后，我们大家都对这些诗词的内容写法及情感表达有了自己独特的体会。下面咱们就一起来分享我们的阅读感受，在交流中学习，在交流中提高。

（学生分享阅读体验，相互补充，教师适时补充、点拨，引导学生往深处探究、挖掘，并穿插朗诵）

师：大家你一言我一语，各抒己见，谈得很有见地，体现了我们对文学作品的多元解读，在解读的过程中我们也发现，毛泽东诗词有很多显著的特点。请同学们小组内流一下，把你们发现的特点，用简洁的语言概括出来。

（学生交流，归纳特点，然后在班级内交流）

师：其实在我们归纳特点的同时，我们也发现，毛泽东的诗词不仅给我们艺术上的享受，更给予我们精神上的鼓舞。那么，作为成长中的少年，你得到了哪些精神上的启迪来指导今后的人生？

（学生谈得到的精神启迪）

三、振奋精神再颂新篇

师：通过今天的交流，每个人都有很多收获，不仅有艺术上的，还有精神上的。我们由一首诗《沁园春·雪》，了解了一本书《毛泽东诗词欣赏》；由一本书，了解了一位诗人毛泽东；通过这个人我们重温了一段历史，一个时代。读书可以开启智慧，读书可以丰富人生。读伟人诗词，还可以汲取支撑生命的阳刚！任先青先生曾写过一首诗《诗人毛泽东》，今天我们就借这首诗来表达对领袖的敬意!

（学生齐诵《诗人毛泽东》）

诗人毛泽东

你用平平仄仄的枪声 \ 写诗

二万五千里是最长的一行 \ 常于马背构思

便具有了战略家的目光 \ 战地黄花 \ 如血残阳

成了最美的意象 \ 有时潇洒地抽烟

抬头望断南飞雁 \ 宽阔的脑际却有大江流淌

雪天更善畅想 \ 神思飞扬起来

飘成梅花漫天的北国风光 \ 相信你是最严肃的诗人

屈指数算 \ 一首气势磅礴的诗

调动了半个世纪的酝酿 \ 轻易不朗诵

天安门城楼上只那一句 \ 便站成了世界的诗眼

嘹亮了东方

模块五:"雨的诉说"综合性学习教学设计

【活动目标】

1. 培养观察日常生活中的景物、事物的习惯,学会抓住特点表现事物,描写景物。

2. 通过诗歌的学习,感受艺术的魅力,体会自然的美好。

3. 锻炼查找、搜索资料的能力,培养与他人合作、分享资源的习惯。

【活动准备】

1. 这篇综合性学习的文字叙述很美,四个部分的内容一气贯穿,很有诗意。作品以第一人称的手法,诉说雨的心曲。活动前,请你认真研读，感受雨的诗情。

2. 独自倾听、体味雨的韵律，可以带着录音机或摄像机，录下雨的音符，记下自己的感受。

3. 搜集有关雨的诗文佳作或俗语，了解雨的奇特现象以及给人类带来的灾难。

【活动过程】

一、倾听雨的足音

（一）听雨

1. 回归自然，倾听雨韵，观察雨幕，感受雨情。

2. 做好记录，比如听雨地点、季节、雨的特点，对雨声雨象的形象描绘，以及自己观雨时的心情等等。

（二）绘雨

以小组为单位，把大家的听雨所得集中到一起，经过编辑整理，制作课件或者串联起来；课堂展示活动时，由学生上台讲述自己的听雨所得，略加描绘，并展示听雨成果。

1. 听听我收集的雨韵——播放雨的录音

2. 说说我听到的雨声——讲述听雨感受

二、感受雨的诗意

1. 有感情诵读写雨的诗歌散文名句名篇，感受浓浓的诗意。

如：杜甫的《春夜喜雨》：随风潜入夜，润物细无声……

陆游的《临安春雨初霁》：小楼一夜听春雨，深巷明朝卖杏花……

朱自清的《春》中描写春雨的一段文字：雨是最寻常的，一下就是三两天。可别恼。看，像牛毛，像花针，像细丝，密密地斜织着……

戴望舒的《雨巷》——

2. 搜集有关雨的俗语、成语、谚语，探究揣摩雨的象征意义。

雨，留给人们的不仅仅只是美好的回忆，也有苦涩和无奈，甚至是挥之不去的愁怨。也正如此，雨才成为人们歌咏的对象。当人们在观雨时，把自己的感情赋予雨，这时的雨就已经是凝结着作者思绪和情感的东西，成为一种意象。因而，雨又多了一些比喻、象征意义。

如"屋漏偏逢连夜雨"，在这种时候，雨在人们心中投下的就只能是生活的阴影了。

三、说说雨的功过

诗人眼中的雨是充满诗情画意的，然而，大自然的雨却是变化无穷的，它可以冲毁桥梁，淹没、破坏庄稼，给人类带来灾难。下面，请站在科学的角度讲述雨的别样情形。

1. 讲述雨水泛滥成灾的实例。

2. 罗列与雨有关的奇特现象：梅雨、钱雨、泥雨、酸雨等等。说说它们形成的原因以及给人类带来的影响。

四、抒写雨的情怀

在自己听雨和学习他人文学作品描绘雨的方法的基础上，以一个季节中的雨为意象，结合自己的心情，抓住雨给你的独特感受，写一篇抒情文章。

第二部分　整体评价

语文基础知识评价

一、识字写字能力评价

（一）评价目标

本单元累计认识常用汉字 50 个左右，并能用正楷字准确、快速、美观书写。

（二）评价内容：注音写字（共 30 分，见本书第 281 页"注音或写字")

（三）评价方法：考试

1. 准确率

A. 30分　B. 29—24分　C. 23—18分　D. 17分以下

2. 书写

A. 写规范字，书写笔顺正确，笔画正确且到位，字体正确；字迹工整、端正；行款整齐，布局合理、匀称，整体效果好；纸面整洁；书写速度较快；写字姿势正确。

B. 写规范汉字，笔顺正确，笔画正确，字迹工整、端正；大小匀称；纸面整洁；书写有一定的速度；写字姿势正确。

C. 写字不规范，有多个错字；字体不端正，结构比例失调，歪斜不稳；纸面不整洁；书写速度慢；写字姿势欠正确。

二、文学、文化常识积累

（一）评价目标

了解课文涉及的重要作家的生平，熟记作家作品及文学、文化常识。

（二）评价内容：文学常识填空（15分，见本书第280、281页"完成作者简介"）

（三）评价方法：考试、讲述作家故事

1. 准确率

A. 15分　B. 14—12分　C. 11—9分　D. 8分以下

2. 兴趣

A. 喜欢搜集作家生平故事，能讲述作家生平经历，介绍主要作品集内容，理解作家的创作主张和风格。

B. 了解作家生平主要经历，知道作家的代表作，但没有阅读作品。

C. 不能准确记忆有关作家信息，不了解作家。

三、朗读与背诵能力

（一）评价目标

能用普通话正确、流利、有感情地朗读诗歌。

（二）评价内容

1. 有感情朗读诗歌。

2. 背诵《沁园春·雪》、《观刈麦》、《月夜》。

（三）评价方法

1. 朗诵以听读的方式进行考察，划分为四个等级：

A. 正确、流利、有感情。

B. 正确、流利、但没有感情。

C. 有丢字、添字现象，超过三处。

D. 读不成句，不流畅。

2. 背诵以听背和默写的方式进行，划分为三个等级：

A. 能准确默写。B. 能准确背诵，默写错误在两处以内。C. 背诵错误超过三处。

阅读能力评价

一、评价目标

1. 在朗读课文的基础上，理清思路，理解主要内容，体味和推敲重要词句在语言环境中的意义和作用，理解诗人的思想感情。

2. 要展开联想和想象，感受诗歌的意境，感受诗歌中的自然美景。

3. 品味诗歌含蓄、精炼、优美、生动、准确的语言，学习诗歌创作手法。

二、评价内容

1. 阅读《沁园春·雪》的下阕，思考回答下列问题。（14分）

江山如此多娇，引无数英雄竞折腰。惜秦皇汉武，略输文采；唐宗宋祖，稍逊风骚。一代天骄，成吉思汗，只识弯弓射大雕。俱往矣，数风流人物，还看今朝。

（1）诗句"稍逊风骚"中"风骚"原指_____，句中指_____。（3分）

（2）"数风流人物，还看今朝"中"风流人物"指_____，全句表达的感情是_____。（2分）

（3）对"江山如此多娇，引无数英雄竞折腰"一句在全词中所起的作用分析正确的一项是（   ）。（2分）

A. 承接上文，再次赞美祖国山河

B. 总领以下各句，为下文议论历史人物作铺垫

C. 引起下文，暗示历史人物对祖国山河的态度

D. 承上启下，既承接上文，再次赞美祖国山河，又指出历史英雄人物为祖国壮丽山河而倾倒，为评论历史人物作了铺垫。

（4）依次写出"秦皇汉武"，"唐宗宋祖"的姓名_____、_____、_____、_____。选择其中一个简述你对他的看法。（5分）

（5）体会"略输文采"、"稍逊风骚"中的"略"和"稍"的准确性。（2分）

---

2. 阅读《雨说》，回答后面的问题：（15分）

雨说

雨说：我是到大地上来亲近你们的
我是四月的客人带来春的洗礼
为什么不扬起你的脸让我亲一亲
为什么不跟着我走，踩着我脚步的拍子？

跟着我去踩田圃的泥土将润如油膏

去看牧场就要抽发忍冬的新苗
绕着池塘跟跳跃的鱼儿说声好
去听听溪水练习新编的洗衣谣

雨说:我来了,我来的地方很遥远
那儿山峰耸立,白云满天
我也曾是孩子和你们一样地爱玩
可是,我是幸运的
我是在白云的襁褓中笑着长大的

第一样事儿,我要教你们勇敢地笑啊
君不见,柳条儿见了我笑弯了腰啊
石狮子见了我笑出了泪啊
小燕子见了我笑斜了翅膀啊
第二样事,我还要教你们勇敢地笑
那旗子见了我笑得哗啦啦地响

雨说:我来了,我来了就不再回去
当你们自由地笑了,我就快乐地安息
有一天,你们吃着苹果擦着嘴
要记着,你们嘴里的那份甜呀,就是我祝福的心意

(1) 选文中,雨"说"的一席话集中表达了一个什么意思?(2分)

---

(2) 作者赋予了"雨"以人性化的表现,这样写好在哪里?(3分)

---

(3) 请根据语意给下列诗句划分节奏。(4分)

第一样事儿,我要教你们勇敢地笑啊
君不见,柳条儿见了我笑弯了腰啊
石狮子见了我笑出了泪啊
小燕子见了我笑斜了翅膀啊

(4) 请默写出空行的诗句。(2分)

_____

(5) 春天来了,你听了春雨对你说的话之后,想对春雨说些什么呢?(2分)

_____

(6) 关于"春雨"的诗有许许多多。请你再查找一首写春雨的诗,并体会所蕴含的思想感情。(2分)

_____

3. 阅读下文,完成(1)—(4)题。(8分)

　　看万山红遍,层林尽染;漫江碧透,百舸争流。鹰击长空,鱼翔浅底,万类霜天竞自由。

(1) "漫江"的意思是_____,"霜天"即_____。(2分)

(2) 总领下文的一个词是_____。(1分)

(3) 这段文字描写的具体景物有哪些?(4分)

(4) 这段文字的中心句是哪句?(1分)

4. 阅读北岛的《回答》,回答下列问题。(14分)

回答

　　卑鄙是卑鄙者的通行证/高尚是高尚者的墓志铭/看吧,在那镀金的天空中/飘满了死者弯曲的倒影

　　冰川纪过去了/为什么到处都是冰凌/好望角发现了/为什么死海里千帆相竞

我来到这个世界上/只带着纸、绳索和身影/为了在审判之前/宣读那些被判决的声音

告诉你吧，世界/我——不——相——信/纵使你脚下有一千名挑战者/那就把我算作第一千零一名

我不相信天是蓝的/我不相信雷的回声/我不相信梦是假的/我不相信死无报应

如果海洋注定要决堤/就让所有的苦水都注入我心中/如果陆地注定要上升/就让人类重新选择生存的峰顶

新的转机和闪闪星斗/正在缀满没有遮拦的天空/那是五千年的象形文字/那是未来人们凝视的眼睛

注：这首诗写于1976年"四五"运动之中，是以"我"为代表的觉醒的一代，对"世界"即十年动乱的中国的"回答"。

（1）这首诗表达了作者怎样的思想感情？（3分）

（2）作者尖锐而有力地概括和嘲讽了十年动乱所造成的荒谬现实的诗句是（2分）

（3）作者连用四个"我不相信"组成的排比，表达了作者怎样的思想感情？（3分）

（4）虽然诗人在文中宣布"我不相信"，但是并没有在对现实的怀疑和否定中陷入虚无，而是选择了自觉地承担改造世界的使命。你从哪些

诗句中可以感悟出来？（2分）

（5）你认为"我"有可能代表着怎样一种人？请你联系实际生活加以简单的评价。（4分）

（三）评价方式

以考试的形式进行评价，根据成绩划分为三个等级：

A．40—50分，有较高的诗歌鉴赏能力，能读懂诗意，理解诗情，并能对诗歌语言加以赏析。

B．30—39分，能读懂诗歌大意，把握诗人情感，不能准确分析语言的表达效果。

C．29分以下，阅读跳跃性极强的诗歌有障碍，不能准确理解诗歌的内容及情感，没有对语言的感悟能力。

习作评价

一、评价目标

1．学会用心观察日常生活中的景物的特征，用生动流畅的文字抓住特点描写景物，并使用联想想象和象征等手法，由具体的景物引申出深刻的内涵。

2．提高快速写作的能力和及时准确修改作文的能力。

二、评价内容

以"雨"为话题，完成作文练习。

三、评价方式

1．评价原则

个人评价、小组评价与教师评价相结合。

2. 评价形式

（1）书面评价。可以采用分数、等级来表示，也可以用评语来表示。

（2）口头评价。可以采取面批的形式，当面指出作文存在的问题。

3. 评价过程

第一步：自评

学生完成作文之后，通读自己的作文，理清文章的思路，修改、补充文章的不当之处，使之清晰、自然、流畅。

第二步：互评

自评完毕后，小组内交换互评。每位学生按照老师的要求在规定的时间内批改小组内其他成员的文章，使文章经过不同同学的品读、推敲、修改，变得更加完善、成功。

附：互评评价表

时间			被评人	
内容	题目			
	主题			
	选材			
	情感			
表达	思路			
	结构			
	详略			
	语言			
书写				

第三步：师评

教师将所有学生习作认真阅读，指出优点和不足，并按照作文评价标准给习作作出评定、打分。

附：作文评分标准

一类文（44分—50分）

题目新颖别致；内容充实有条理；有对雨景的生动形象的细节描写及由此产生的真实细腻的生活感受；语言生动形象有文采，掌握一定的写作技巧，详略得当，首尾呼应，过渡自然；有鲜明的主题；书写清晰美观，标点符号使用正确，没有错别字。

二类文（37分—43分）

题目较准确但缺乏创意；能围绕主题选材，有细节描写，但不够生动、翔实；语言通顺但缺乏文采，表现力不够，偶有病句；条理清晰但过渡不够自然，书写较正规，标点有时缺失或误用，且有错别字。

三类文（30分—36分）

题目宽泛没有针对性，内容空洞，缺少具体的事例和细节；文章缺少明确的中心，读者不能从文章中获得明确的意义；没有对雨景的细致描写，记录雨中发生的故事，没有生动的细节和鲜明的人物描写；结构混乱，没有分段的意识；材料间缺少必然的联系，像随意拼凑起来的大杂烩；缺乏必要的过渡和衔接，结构不完整；词不达意语病较多；书写潦草，标点严重缺失或一逗到底，且错别字较多。

四类文（29分以下）

不能在规定时间内完成作品，字数严重不够；抄袭他人作品；作品流露出消极思想。

综合性实践活动评价

一、评价目标

1. 培养观察日常生活中的景物、事物的习惯，学会抓住特点表现事物，描写景物。

2. 通过诗歌的学习，感受艺术的魅力，体会自然的美好。

3. 锻炼查找、搜索资料的能力，培养与他人合作、分享资源的习惯。

二、评价内容

1. 走进自然，搜集第一手资料，录下雨的声音，描绘雨的身姿，记录看雨的感受。

2. 搜集有关雨的诗词、散文、俗语、谚语、成语等资料，准确丰富；整理有关雨的科学知识，准确全面翔实。

3. 根据搜集到的资料，形成自己的观点，并用恰当的材料来证明自己的观点。

4. 班级内交流时，能注意对象和场合，学习文明得体地进行交流。在交流过程中能准确清晰地表达自己的感受，讲述自己的经历，表达自己的观点，注意根据需要调整自己的表达内容和方式，不断提高应对能力。

5. 耐心专注地倾听，能根据对方的话语、表情、手势等，理解对方的观点和意图；自信、负责地表达自己的观点，做到清楚、连贯、不偏离话题；注意表情和语气，使说话有感染力和说服力。

三、评价方法

在活动中评价。根据学生在交流中搜集到的材料数量质量、发言次数质量和倾听的专注度进行评价，划分为优、良、中、差四个等级。

读整本书教学评价

一、评价目标

1. 通过活动，培养学生自觉进行课外阅读的好习惯，能学习毛泽东刻苦读书；会选择优秀书籍，懂得一定的读书方法，在阅读中实现"求知"的愿望。

2. 师生共同吟诵毛泽东诗词，初步做到知人、识世、品文。

3. 通过阅读交流活动，促进学生思考感悟，激励学生少年立志。

4. 通过活动，增长学生才干，提高学生搜集积累资料的能力、口语交际能力及写作能力。

二、评价内容

1. 完成规定数量的读书笔记。

2. 背诵指定的14首毛泽东诗词。

3. 撰写读书交流会的发言稿。

4. 为毛泽东写一篇人物传记或评价。

三、评价方式

1. 将读书笔记按质量划分为优、良、中、差四个等级。

2. 按背诵速度和质量划分为优、良、中、差四个等级。

3. 通过召开班级交流会，在活动中根据学生的发言次数和发言质量进行评价，划分为优、良、中、差四个等级。

求知与创新

——人教版初中语文九年级上册
第四单元单元整体课程设计

第一部分 课程设计

【单元导读】

求知是个严肃的话题,求知的途径主要是读书和实践。本单元的大多数课文是阐明求知问题的。所谓"读万卷书,行万里路"就是强调书本知识的重要性,但读书切忌不求甚解。"纸上得来终觉浅,绝知此事要躬行"则强调求知须"实践",要从丰富的实践活动中去检验书本知识,发展书本知识,"横看成岭侧成峰",是说看问题要从不同角度,亦即事物的正确答案不止一个,要突破传统的思维定式,要有创新精神。创新是一个民族生存发展的不竭动力。特别是作为具有五千年悠久历史文明的华夏子孙,我们既不要夜郎自大,更不可悲观失望,要永远以民族兴亡为己任,奋发学习,大胆实践,做一个堂堂正正的中国人。

【单元整体构想】

本单元的学习分为五个模块:

模块一:单元整体预习(3课时)。通读全单元课文,理清字词障碍,初步感知内容,掌握相关文学常识;复习议论文的文体知识,能用最简洁的语言概括这五篇课文的论点。

模块二：理解内容，分析论点与论据（2课时）。学会如何区分观点和材料、辨析两者之间的联系，并通过自己的思考，对作者的论述作出判断。

模块三：品味语言，学习表达（2课时）。重在引导学生能从文章中找出关键性语句，品味议论文准确、严密、生动的论述语言，学习论证方法。

模块四：读整本书活动——《培根随笔》读书交流会（2课时）。旨在读整本书时，能够了解培根的思想，熟练运用圈点勾画的阅读方法，学习培根老练、锐利、紧凑、透彻的说理，并背诵书中的名言警句。

模块五：综合性活动——好读书、读好书（2课时）。通过活动，以培养学生自觉进行课外阅读的好习惯，学会读书的方法，在阅读中实现"求知"愿望，通过引导学生阅读好书，受到高尚情操与趣味的熏陶，发展个性，丰富学生的精神世界。

【单元整体目标】

1. 累计认识常用汉字80个，其中60个左右会写。

2. 了解课文涉及的重要作家作品知识和文化常识。

3. 了解议论文的文体知识，能阅读简单的议论文，能够区分观点与材料（道理、事实、数据、图表等），发现观点与材料之间的联系，并通过自己的思考，作出判断。

4. 能在通读课文的基础上，理解文章内容，在合作探究中把握作者的观点，并且有自己个性化、创造性的理解。

5. 品味关键语句，体会议论文准确、严密的语言特点。能够积累准确、严密、生动的论述语言，形成自己的语言库。

6. 在阅读文本中与作者进行对话，用科学、严谨、创造性的态度对待求知，提高认识水平，丰富文化素养。

7. 背诵默写课外古诗词《醉花阴》、《南乡子》，赏析诗句，体会诗情,增加文学积累。

8. 能在老师周读书计划的指导下,用精读与研读相结合的方式阅读《培根随笔》,边读边作批注,并能将哲理深刻的句子做读书笔记。

9. 能通过阅读作品,了解培根对很多方面的认识,学习培根的思想精华,体会作品简洁的语言、优美的文笔和说理透彻的写作特色,并联系自己的实际表达感受,能结合一个方面创造性地谈自己的观点。

10. 课堂内外讨论问题,能积极发表自己的看法,有中心、有条理、有根据。能听出讨论的焦点,并有针对性地发表意见,能写简单的议论文,努力做到有理有据。

模块一:预习交流教学设计

【学习目标】

1. 通读本单元课文,初步感知内容。
2. 掌握重点词语和文学常识。
3. 复习议论文的文体知识,概括这五篇课文的论点。

【自主预习】

1. 回顾议论文知识。借助课下注释及资料,认识五个作者:罗迦·费·因格、丁肇中、培根、马南邨、鲁迅。

2. 快速通读本单元课文,边读边画出重点字词,借助工具书完成注音或解释。

3. 再读课文,使用圈点勾画法完成课文的阅读,边读边划出你认为有价值的信息,在阅读课文的过程中使用下列符号:①好句子:～～～～②疑难句:＿＿＿＿③重点理解的字词:＿＿＿＿④文章的重点和或中心思想:━━⑤重点段[   ]⑥全篇课文的分界∥,段内的分层次/⑦打算摘抄的词语:～～～。

4. 分别用简洁的语言概括这五篇课文的主要内容。

【成果汇报单】

1. 字词大擂台：注音或写字

机械（　　）　　　　jí（　　）取　　　　　根深 dì（　　）固

持之以 héng（　　）　　qí（　　）家　　　　zīzī（　　）（　　）不倦

镂（　　）而不舍　　　不言而 yù（　　）　　　wèi（　　）民请命

轻而 yì（　　）举　　　格物 zhì（　　）zhī（　　）　　chéng（　　）意

一 fān（　　）风顺　　　páng（　　）huáng（　　）　　zhào（　　）事

xiù（　　）手旁观　　　zǎo（　　）饰　　　　jiǎo（　　）揉造作

狭 xiá（　　）　　　　　jié（　　）难　　　　咀嚼（　　）

味同嚼（　　）蜡　　　yí（　　）情　　蒸 liú（　　）　　zhì（　　）碍

吹毛求 cī（　　）　　　chǎn（　　）明　　　　要 jué（　　）

lún（　　）理　　　　　不求 shèn（　　）解　　狂 wàng（　　）自大

因小 shī（　　）大　　　huò（　　）然 guàn（　　）通　　xiū（　　）身

开 juàn（　　）有益　　　咬文 jiáo（　　）字　　　寻章 zhāi（　　）句

地大物 bó（　　）　　　jǐ（　　）梁　　　　　kuāng（　　）骗

前 pū（　　）后继　　　怀古伤 jīn（　　）　　　xuán（　　）虚之至

2. 初识作者

（1）《事物的正确答案不止一个》作者＿＿＿＿，＿＿＿＿国实业家。

（2）《应有格物致知精神》作者＿＿＿＿，＿＿＿＿籍＿＿＿＿裔＿＿＿＿家，＿＿＿＿奖获得者。

（3）《短文两篇》中《谈读书》作者＿＿＿＿，＿＿国＿＿＿＿家、＿＿＿＿家。《不求甚解》作者＿＿＿＿，＿＿＿＿的笔名，当代作家，主要著作有杂文集＿＿＿＿、＿＿＿＿等。

（4）《中国人失掉自信力了吗》作者＿＿＿＿，中国现代伟大的

_____家、_____家、_____家，原名_____，字_____，_____人。主要作品集有小说集《_____》、《_____》、《_____》，散文集《_____》，散文诗集《_____》，杂文集《_____》、《_____》、《_____》等。

3. 文体知识

(1) 议论文的三要素是_____、_____、_____。

(2) 论据有两种，即_____、_____。

(3) 常见论证方法有_____、_____、_____、_____。

(4) 议论文的语言特点是_____、_____。

4. 内容初探

《事物的正确答案不止一个》一文，从四个图形引出"_____"的观点。然后层层推进，最后得出结论：_____。

《应有格物致知精神》一文，从解释"格物"和"致知"的意思入手，指出传统教育的弊病，批评"王阳明的思想还在继续支配着一些中国读书人的头脑"。最后提出："_____。"

《谈读书》一文，篇幅虽短小，论述的范围却相当广泛。先阐述_____，读书和_____的关系，_____；接着阐述读书的_____，提倡读书与_____、_____结合起来；最后阐述读书能_____。

《不求甚解》一文，先摆出批驳的靶子："_____"，接着从"不求甚解"的出处入手，全面解释陶渊明的原话，揭示了"不求甚解"的两层含义，并以此为根据，对否定"不求甚解"的观点作了否定。在批驳过程中阐述了_____的正面主张。

《中国人失掉自信力了吗》一文，从两个方面批驳对方论调。一方面，揭露"一部分人"，即国民党当局"_____"。另一方面，用事实证明"_____"。最后从立场观点上作出结论：

"_____。"

模块二：内容与主题教学设计

【学习目标】

1. 学会如何区分观点和材料、辨析两者之间的联系，并通过自己的思考，对作者的论述作出判断。

2. 在阅读过程中，感受求知精神的鼓舞，激发起热爱读书的兴趣和对知识的探究意识。

【学习过程】

一、分析论点

论点，就是作者在文中加以阐述和证明的主张和看法，是文章的灵魂。议论文论点出现的五种形式：1. 题目本身就是论点。2. 在文章的开头提出论点。3. 在文章的中间提出论点。4. 在文章的结尾提出论点。5. 从文章中归纳出论点。

深入阅读五篇课文，归纳出每篇课文的中心论点并指出论点出现的形式。

《事物的正确答案不止一个》：

《应有格物致知精神》：

《谈读书》：

《不求甚解》：

《中国人失掉自信力了吗》：

二、分析论据

议论文的议论文的论据可分为事实论据（包括史实、典型事例、统计数字）和道理论据（包括被实践检验的真理、古今中外名家的论述、格言、谚语以及自然和社会科学的原理、概念、定律、公式等）。

从本单元所选课文中找出两个使用事实论据证明论点的例子，指出论点是什么并简析论证效果。

从本单元所选课文中找出两个使用道理论据证明论点的例子，指出论点是什么并简析论证效果。

三、分析论证方式

议论文从论证方式看，一般分为立论和驳论两种。立论是对一定的事件或问题从正面阐述作者的见解和主张的论证方法；驳论是就一定的事件和问题发表议论，揭露和驳斥错误的、反动的见解或主张。本单元的五篇文章，哪些使用了立论的论证方式？哪些使用了驳论的论证方式？

四、思想采风

学习本单元的课文，如同站在伟人的肩膀上采撷智慧，我们聆听了几位大师的谆谆教导，接受了一次灵魂的洗礼。那么对于求知与创新的问题，你又有哪些新的收获呢？这些文章又开启了你怎样的思考？请盘点你思想上的收获，整理下来和大家交流。

模块三：语言与手法教学设计

【学习目标】

1. 学习议论文的论证方法，品味议论文准确、严密的、论证语言。

2. 在阅读过程中，感受求知精神的鼓舞，激发起热爱读书的兴趣和对知识的探究意识。

【学习过程】

一、分析论证方法

（一）学法指导

常见论证方法、作用及答题格式如下：

1. 举例论证：通过举具体的事例加以论证，从而使论证更具体、更有说服力。

答题格式：使用了举例论证的论证方法，举……（概括事例）证明了……从而使论证更具体更有说服力。

2. 道理论证：通过讲道理的方式证明论点，使论证更概括更深入。

答题格式：使用了道理论证的论证方法，论证了……的观点，从而使论证更概括更深入。

（注：如果引用名人名言、格言警句、权威数据，可以增强论证的说服力和权威性；引用名人佚事、奇闻趣事，可以增强论证的趣味性，吸引读者往下读。）

答题格式：使用了引用论证的论证方法，通过引用……证明了……的观点，使论证更有说服力（或更有趣味性，吸引读者往下读）。

3. 对比论证，起突出强调的作用。

答题格式：使用了对比论证的论证方法，将……和……加以比较，突出强调了……的观点。

4. 比喻论证：可把道理讲得通俗易懂，容易被人接受，使论证的内容更加生动形象，更利于读者明白。

答题格式：使用了比喻论证的论证方法，将……比作……，证明了……的观点，从而把抽象深奥的道理阐述得生动形象、浅显易懂。

（二）学以致用

从本单元所选课文中找出使用以上论证方法的例子，并简析论证效果。

举例论证：

道理论证：

对比论证：

比喻论证：

二、品味议论语言

议论文的语言往往具有准确严密、概括简练的特点，另外不同的作者也有不同的风格，有的朴实明白，有的鲜明生动，所以分析议论文的语言也要从这几方面入手。请从本单元所选课文找出能体现以上特点的语句进行分析：

1. 准确严密。体现在明确的概念、准确的判断、严密的推理。恰当地使用状语、定语等修饰成分，准确地使用关联词等。

例如：

2. 概括简练。所谓"概括、简练"是指叙述事实论据，要简单扼要，不能像记叙文那样细叙详绘，有头有尾，有细节有描写。又应该善于归纳事物的共同特点，用简练的话表达出来。

例如：

3. 鲜明生动。所谓鲜明即表达观点毫不含糊，赞成什么、反对什么，爱什么、恨什么，要求什么、不要求什么，一清二楚；所谓生动在于简洁明快的勾画，或借助歇后语、俗语、方言和各种修辞方法来增强文章的趣味性。

例如：

三、整理收获

通过本节课的学习，你对如何写议论文肯定有了一定的心得和体会，整理一下你的收获，和大家分享吧！

模块四：《培根随笔》读书交流会教学设计

【设计理念】

人教版九年级上册第四单元主要以求知与读书为主题，有三课四篇文章都是阐述求知与读书问题的，学生可以从中获得这方面的不少教益。这个单元又是全套书唯一集中编排的议论文单元，包括立论文章三篇

(其中就有培根的《论读书》)、驳论文章两篇,担负着培养学生阅读议论文能力的任务。本册的"名著导读"部分也推荐了《培根随笔》,因此在这一单元向学生推荐这本书,从中体会培根的哲学思想及对人生重要问题的思考,品味培根随笔老练、锐利、紧凑、透彻的说理特点,学会用圈点勾画法阅读名著的读书方法,积累书中的名言警句,提高学生阅读议论文的能力,并进行随感类文章的写作训练,以全面提高学生的读写能力。

【学习目标】

1. 能够了解培根的思想。
2. 学会用圈点勾画法阅读名著。
3. 学习培根老练、锐利、紧凑、透彻的说理手法。
4. 背诵书中的名言警句。

【课前准备】

1. 用一周的时间进行整本书的阅读。
2. 运用圈点勾画的方法进行阅读,作批注,写出自己的心得感悟。
3. 完成"导学案"的有关内容。

【导学指导】

一、导入

在世界文化的积累中有着许多瑰宝,一旦你接触到,必然会醍醐灌顶、大开眼界。《培根随笔》就是这样一本书。随笔属于散文中的一种,跟抒情散文不同,这里自不待言,它跟鲁迅的杂文、跟小品文也不同,相当于一些杂感,跟我国众多的诗话词话形式上有些相同,但内容也不同。培根的随笔更接近于论说文,涉及哲学、宗教、政治制度以及处世、修身、养性等等方面。培根的随笔能成为名篇、流传至今,就因为它们篇幅适中,又时常用一些生动的小故事和引言、富于诗意的比喻来说明一些哲理,把丰富的思想浓缩成名言警句,发人深省、耐人寻味。今天就让我们走进《培根随笔》,品读经典,提高修养。

二、走近大师

你了解培根吗?请查阅资料,把他的有关情况及其代表作品用简洁的语言介绍一下吧。小组交流,达成共识。

(引导学生通过各种资料的搜集,了解培根的主要生活以及写作经历,了解的他的哲学思想,了解并记住他的代表作品。)

三、初读感悟

1. 略读全书,培根对哪些方面发表了自己的见解,请概括一下。

2. 通过初读作品,你觉得这些随笔在写法上有哪些特点呢?小组交流,归纳总结。

(①引导学生通过阅读,学会从整体上把握本书的主要内容,对于本书,可以把握文章题目,从文章中筛选与文题有关的主张、见解,来进一步了解作者思想。②引导学生通过阅读,初步感悟本书的写作特色:篇幅适中,又时常用一些生动的小故事和引言、富于诗意的比喻来说明一些哲理,把丰富的思想浓缩成名言警句,发人深省、耐人寻味,而且井井有条,层次分明,结构严密,行文紧凑。)

四、精读赏析

1. 请找出书中对你深有启发的篇目进行赏析,谈谈你从中认识到一个怎样的培根,或者结合自己的生活体验,说说自己的理解和感悟。

2. 请把你感触最深的语段读给大家,并说说你的阅读感受。小组交流,互相欣赏分享,互评互改。

(阅读指导:在阅读过程中,进行圈点勾画,作批注,写出自己的心得感悟。在此基础上,选择有哲理的句子重点赏析。可以说说自己对句子的理解,也可以谈谈从这句话读出的作者思想,可以品味咀嚼重点词语或句子。)

请用"我喜欢书中的_____,我感悟到_____"或用"我觉得书中的_____特别美（或好），理由是_____"的句式发言，用以规范学生的语言表达习惯。

五、推荐名言

在培根的随笔中，有许多名言一直流传到现今，例如"面对幸运所需要的美德是节制，面对逆境所需要的美德是坚韧"……这些看似平淡无奇的句子都可能会对我们的将来起重要作用。所以，我们平时要注意积累这些名言警句。请你将阅读中发现的名言警句摘录下来推荐给大家，并简单说说你推荐的理由。小组同学读一读、评一评、改一改。

（推荐指导：推荐那些众所周知并且符合我们今天的价值观的名言，并在阅读过程中，进行圈点勾画，作批注，写出自己的心得感悟。向大家推荐你最喜欢的名言，要有充分的理由，理解到位，力争给自己也给别人以启发。）

如：在《论友谊》中，培根说："如果你把快乐告诉一个朋友，你将得到两个快乐；而如果你把忧愁向一个朋友倾吐，你将被分掉一半忧愁。"这不正是说明朋友可以帮助我们分享快乐、分担苦闷、忧愁，可以改变我们的心情吗？在生活中，如果遇到了难题，第一个可以倾诉的，应该就是朋友了。记得有一次我被好几个同学误解，很伤心，就向好朋友倾诉，好朋友们听了后帮我去向他们解释。最后，事情终于弄清楚了，大家也又回到了原来。那一次，让我真正懂得了"朋友"二字的含义与分量，更从好朋友的行为中明白了作为朋友的责任。这说明了朋友是我们身边必不可少的一个角色，可以为我们的生活增添色彩。

六、整理收获

通过对《培根随笔》的品读赏析，你从中都收获到了什么呢？小组交流，相互借鉴。

（引导学生学会整理归纳自己的收获：可以从读书的好处、作者写作风格、对人生的理解、从书中受到的启发等等多方面来谈，完成读书笔记,并在此基础上加以整理、丰富,写读后感及同题作文,进行写作训练。)

七、结语

有人说,你可以把《培根随笔》当作生活交友的教科书,也可以把它看作是混迹官场的厚黑学。培根的一生是追求知识的一生,也是追求权力的一生。作为一个哲学家、文学家、法官和政治家的培根,也许就是世事的复杂造就了他的思想复杂、面目多变。通过手里的这本小小的书,我们仿佛穿越时空,看到培根的思想,尝到它不同的味道。许多重要的人生命题,举凡真理、善、美、求知、革新、健康、习惯、幸运、厄运、时机、勇气、赞扬、爱情、家庭、友谊、青年与老年、自私、猜疑、嫉妒等,培根皆有精辟的论述。它让你思考自己所走过的路,提醒你要善于甄别真善美与假恶丑,开创丰富的人生。《培根随笔》犹如一杯浓茶,苦涩难懂,却蒙眬中好似一股清泉流过心田……培根的道理很多,你读了,只需当作听一个个或生动或奇异的故事,乐此不疲,又沁人肺腑,犹如肝胆相照。读了《培根随笔》,我们收获了很多,以后我们还要反复品味,读出更多的道理。

模块五:"好读书、读书好"综合性学习教学设计

【教材分析】

本次综合性学习,围绕阅读单元"求知"这一话题,以读书为主线,设计了看名人怎样读书、七嘴八舌话读书、"网上阅读"大家谈和与书籍结伴而行四个活动。通过活动,以培养学生自觉进行课外阅读的好习惯,学会读书的方法,在阅读中实现"求知"愿望,通过引导学生阅读好书,受到高尚情操与趣味的熏陶,发展个性,丰富学生的精神世界。

【活动目标】

1. 提高对读书意义的认识，引导学生喜欢读书，力求养成勤于读书的习惯。

2. 认识到读书要有选择，提高对书籍的辨别能力，养成读书的良好趣味和读好书的习惯。

3. 寻找适合自己的读书方式和读书方法。

4. 掌握查找资料、引用资料的基本方法，分清原始资料与间接资料的主要差别；学会注明所援引资料的出处。

5. 写作关于读书的作文，口头发表关于读书的意见，能达到一定水平。

【活动准备】

1. 由小组内各成员依据自身优势和特点，通过图书馆、书店、网络等多种渠道，搜集古今中外名人关于读书的名言、经验和趣闻轶事。并根据组员的特长和资料搜集情况，选择其成果展示的方式，如：制作"读书名言书签"、设计"名人读书经验"手抄报、开展"名人读书故事会"等。

2. 小组内就以下问题展开讨论，并把小组意见整理成文字材料：怎样处理流行作品与经典作品的关系？怎样理解"咬文嚼字"与"不求甚解"两种不同的读书方法？如何看待网上阅读？

（交流方法提示：可以联系实际，研究、提出自己对这一话题的看法、观点，再引用名人名言或名人事例来证明观点，也可以提出自己在课外阅读中存在的问题如：兴趣、方法、习惯、对书籍的选择等。）

3. 小组成员以自主选择或同伴推荐的形式阅读一篇文章或一本书，然后与小组成员交流，报告自己的读书心得体会，最后结合交流情况撰写关于读书的作文（可以写读后感，也可以结合本单元的学习，以"读书"为话题，写一篇议论文），在组内进行交流，并经过小组内1—2位组员的校订（包括错别字、词语的使用、病句等的订正，对文章构思、材料的选择等的建议)。

【活动过程】

一、导入

出示几则关于"书"的名言

我爱书,我常常站在书架前,这时我觉得我面前展开了一个广阔的世界,一个浩瀚的海洋,一个苍茫的宇宙。 ——刘白羽

书籍是青年人不可分离的生命伴侣和导师。 ——高尔基

书籍是全世界的营养品,生活里没有书籍,就好像大地没有阳光;智慧里没有书籍,就好像鸟儿没有翅膀。 ——莎士比亚

二、名人与读书

1. 同学间互赠"读书名言书签"。

2. 展示"名人读书经验"手抄报。(张贴在教室内墙,学生有序参观并简要摘录)

3. 开展"名人读书故事会"。(学生讲一个关于名人读书的故事,其他同学谈自己的体会)

三、读书大家谈

各小组派出同学阐释对"怎样处理流行作品与经典作品的关系?怎样处理咬文嚼字与不求甚解的关系?如何看待网上阅读……"等问题的看法(可引证身边名人的观点),开展班级内的讨论交流。

四、好书伴我行

1. 好书推荐。向大家推荐一本你最喜欢的好书,说出你喜欢它的理由,可从内容、主题、语言等多角度来谈。

2. 佳作展示。小组推荐本组内关于读书的好作品,在班级内交流并点评,强调读后感和议论文的写法。

五、盘点收获

学生用一句话概括本节课的主要收获。

第二部分 整体评价

语文基础知识评价

一、识字写字能力评价

（一）评价目标

本单元累计认识常用汉字 80 个左右，并能用正楷字准确、快速、美观书写。

（二）评价内容：注音写字（共 30 分，见本书第 305 页"注音写字"）

（三）评价方法：考试

1. 准确率

A. 30 分　B. 29—25 分　C. 24—18 分　D. 17 分以下

2. 书写

A. 写规范字，书写笔顺正确，笔画正确且到位，字体正确；字迹工整、端正；行款整齐，布局合理、匀称，整体效果好；纸面整洁；书写速度较快；写字姿势正确。

B. 写规范汉字，笔顺正确，笔画正确，字迹工整、端正；大小匀称；纸面整洁；书写有一定的速度；写字姿势正确。

C. 写字不规范，有多个错字；字体不端正，结构比例失调，歪斜不稳；纸面不整洁；书写速度慢；写字姿势欠正确。

二、文学、文化常识积累

（一）评价目标

了解课文涉及的重要作家的生平，熟记作家作品及文学、文化常识。

（二）评价内容：文学常识填空（40 分，见本书第 305、306 页"初识作者"及"文体知识")

（三）评价方法：考试、讲述作家故事

1. 准确率

A. 40—37分　B. 36—33分　C. 32—29分　D. 28分以下

2. 兴趣

A. 喜欢搜集作家生平故事，能讲述作家生平经历，介绍主要作品集内容。

B. 了解作家生平主要经历，知道作家的代表作，但没有阅读作品。

C. 不能准确记忆有关作家信息，不了解作家。

三、朗读与背诵能力

（一）评价目标：能用普通话正确、流利、有感情地朗读课文。

（二）评价内容：有感情朗读课文，背诵课外古诗词《醉花阴》、《南乡子》。

（二）评价方法

朗诵以听读的方式进行考察，划分为四个等级：

A. 正确、流利、有感情。

B. 正确、流利、但没有感情。

C. 有丢字、添字现象，超过三处。

D. 读不成句，不流畅。

阅读能力评价

一、评价目标

1. 阅读简单的议论文，能够区分观点与材料（道理、事实、数据、图表等），发现观点与材料之间的联系，并通过自己的思考，作出判断。

2. 能够积累准确、严密、生动的论述语言，形成自己的语言库。

二、评价内容

1. 阅读《中国人失掉自信力了吗?》,回答问题。(12分)

从公开的文字上看起来:两年以前,我们总自夸着"地大物博",是事实;不久就不再自夸了,只希望着国联,也是事实;现在是既不夸自己,也不信国联,改为一味求神拜佛,怀古伤今了——却也是事实。

于是有人慨叹曰:中国人失掉自信力了。

如果单据这一点现象而论,自信其实是早就失掉了的。先前信"地",信"物",后来信"国联",都没有相信过"自己"。假使这也算一种"信",那也只能说中国人曾经有过"他信力",自从对国联失望之后,便把这他信力都失掉了。

失掉了他信力,就会疑,一个转身,也许能够只相信了自己,倒是一条新生路,但不幸的是逐渐玄虚起来了。信"地"和"物",还是切实的东西,国联就渺茫,不过这还可以令人不久就省悟到依赖它的不可靠。一到求神拜佛,可就玄虚之至了,有益或是有害,一时就找不出分明的结果来,它可以令人更长久地麻醉着自己。

中国人现在是在发展着"自欺力"。

"自欺"也并非现在的新东西,现在只不过日见其明显,笼罩了一切罢了。然而,在这笼罩之下,我们有并不失掉自信力的中国人在。

我们从古以来,就有埋头苦干的人,有拼命硬干的人,有为民请命的人,有舍身求法的人,……虽是等于为帝王将相作家谱的所谓"正史",也往往掩不住他们的光耀,这就是中国的脊梁。

这一类的人们,就是现在也何尝少呢?他们有确信,不自欺;他们在前仆后继地战斗,不过一面总在被摧残,被抹杀,消灭于黑暗中,不能为大家所知道罢了。说中国人失掉了自信力,用以指一部分人则可,倘若加于全体,那简直是诬蔑。

要论中国人,必须不被搽在表面的自欺欺人的脂粉所诓骗,却看看他的筋骨和脊梁。自信力的有无，状元宰相的文章是不足为据的，要自己去看地底下。

九月二十五日

(1) 第1、2两段，揭示了对方什么错误论点和论据？（4分）

(2) 阅读文章3—5段，联系全文，想一想，为什么本文以反驳对方的论证，即指出其论据不能证明论点作为"突破口"？（2分）

(3) 阅读文章6—8段，文章在批驳对方论证的基础上提出了什么样的观点？你能举出证明作者观点的事例吗？（4分）

(4) 鲁迅为什么反复强调"中国人的脊梁"？（2分）

2. 阅读下面的文字，回答问题。（14分）

①人究竟为什么读书？读书对人到底有什么作用？

②说读书是为了升学，为了获取知识，为了改变命运，为了做官，为了就业，为了成名成家，为了报效祖国等等，各人有各人的见解。但我觉得，最根本的一条是，读书可以养气。

③古人云："腹有诗书气自华。"读书对于人来说，就像吃饭喝水一样不可缺少，我们可以从书中汲取无尽的精神力量——一种激荡在我们的血管，充盈于我们的周身，又从我们的每一个毛孔里散发出来的气。同时，读书也要像吃饭那样，吃各种蔬果和五谷杂粮，摄取多种营养——阅读各式各样的书，汲取各种各样的气，以补充先天不足，避免后天失调。不过，血气方刚的少男少女，不仅要杂学旁收、大量读书，还要有目标、有选择地读书。读不同的书，可以养不同的气。豪气、灵气、平和之气、浩然之气，可以养；邪气、戾气、迂腐之气、狭隘之气，也

可以养。因此，在读书时，要吸取精华，剔除糟粕，读天下好书，养人间正气。就像孟夫子所说的那样：吾善养吾浩然之气！

④如果说读书是养气，是输入，那么写作则是释放，是输出。作者把气注入文章，读者通过读书，感受到文章的气，吸收了文章的气。人们平时常说的"回肠荡气"，不正是说一种读书的体验，不就是说文气在我们的胸腹之间流转激荡吗？什么样的人，读了什么样的书，便会写出什么样的文章来。气不同，文章的味道就不同，形成的风格也就大不相同。所谓韩愈文风如潮，柳宗元文风如泉，欧阳修文风如澜，苏轼文风如海，就是指韩柳欧苏四大文豪的禀赋、气质、学养，渗透于文章中的具体表现。⑤曹丕说"文以气为主"。韩愈也强调"气盛宜言"——就是说，写文章的人，只要气足了，想怎么写就怎么写。读书少的人，自身气弱，器小力薄，容易被书拿住，成为死读书的"两脚书橱"，作文时就会捉襟见肘、力不从心。读书多的人，自身气足，学养丰富，不仅读书养气，而且善于融会，善于吐纳，作文时自然就会运用自如、得心应手。

⑥人虽有先天的禀赋、气质上的差异，然而读书可以养气，则是共同的，也是共通的。庄子在《逍遥游》中说过，水之积也不厚，则其负大舟也无力；风之积也不厚，则其负大翼也无力。读书不足，养气不够，写出文章来只有出的气，没有入的气，就像游泳的人不会换气，用不了多久，便三魂荡荡，七魄悠悠，蹬小腿儿翻白眼儿了。真正的文章好手，必然读书多，养气厚，厚积而薄发。

(5) ③段中加点词"气"具体指的是＿＿＿＿＿＿＿。（2分）

(6) 第④段画线句运用了＿＿＿＿和＿＿＿＿的修辞方法。（2分）

(7) 你读过"韩柳欧苏"的作品吗？请写出其中一位文豪和他的一篇作品：＿＿＿＿＿＿＿＿＿＿＿＿＿＿。（2分）

(8) 作者在文中对学生的读书提出了＿＿＿＿和＿＿＿＿的要求。（2分）

(9) 用简洁的语言概括全文的主旨：_____。(2分)

(10) 第④段中说："读者通过读书，感受到文章的气，吸收了文章的气。"请你从课外阅读中举出一例，谈谈对这句话的理解。(4分)

_____

3. 阅读下面的文字，回答问题。(16分)

①高尚品德的形成，是离不开读书的，只有精于读书的人，才能使自己的品德高尚，成为"以德治国"的模范。

②读书，既是对人类知识营养的吸收，又是对自己人格的完善。读书，是人生的艺术享受，其乐无穷，美不胜收。要做到自觉地读书，既是一种文明的习惯，又是一种境界。进入新世纪后，新问题层出不穷，知识领域不断更新，经济全球化和科学技术的迅猛发展，正在给人类社会带来一场深刻的变革。不读书，就跟不上时代的发展。国际科学竞争，实际上是人才竞争。要在这种竞争中抓住机遇，发展自己，就必须读书求知。

③读书求知，对道德大厦的塑造，更是必不可少的"心灵工程"。《今世说》上有名言曰："静坐自无妄为，读书即是立德。"读书与德，确实不可分开。无德是一种愚昧，"书犹药也，善读之可以医愚"（刘向《说苑》）。不读书的人，只会在黑暗中摸索，不可能脱离愚昧的苦海。无德，是一种邪恶的品性，是兽性的一种表现。"学则正，否则邪"（杨雄《法言·学行》）；"学则治，不学则乱"（黄宗羲《明儒学案》）。由此可见，读书对人的道德品质的形成，有着重要的作用，我们要成为"以德治国"的模范，必须认真读书。

④当然，读书要有选择。我们不仅要读书，而更重要的是要读好书。"法轮功"痴迷者的一个沉痛教训，一是不读书，心灵愚昧；二是虽读书，但读的是李洪志《转法轮》一类鼓吹邪说的坏书。陈果、刘思影就

是受李洪志歪理邪说的毒害而走上绝路的。到目前为止,已有239名"法轮功"练习者为上"天国"而自杀身亡。这种悲剧的产生,便是愚昧的产物。事实证明,读好书,能使人走向光明,进入德的境界;读坏书、邪书,会使人走向绝路;不读书则会导致人进入黑暗的深渊。只有多读好书,才能治邪、治恶,促使美善之树长出文明的花朵;无德,是灵魂的卑鄙,是干坏事、办错事的一种动因。"读一切好书,就是和许多高尚的人说话"(笛卡尔语),"种种蠢事,在每天阅读好书的影响下,仿佛烤在火上一样,渐渐熔化"(雨果语)。"腹有书气自华",多读好书,可以使自己的人格高尚,灵魂伟大,不干坏事,少办错事。孙中山、毛泽东、周恩来等革命先驱和鲁迅、茅盾、邓拓等有作为的作家,都是一生手不释卷、博览名著的知识渊博者;反之,历史上那些昏君奸臣、邪恶歹徒、民族败类一类人物,很少有喜欢读书的,更谈不上读好书。例如:慈禧太后丧权辱国,_____,_____,如果这些人能够读点好书,他们会成为历史罪人吗?"常玉不琢,不成文章。君子不学,不成其德",要培养高尚的道德,应当从读书开始。一个不读书的国家,只能是一个愚昧的国家,而愚昧的国家是不能进行"以德治国"的。

⑤要落实"以德治国"的战略思想,须营造好"以德治国"的社会环境。而倡导读书求知,使读书成为国人的"国风",便是营造好这种环境的根本途径。让我们人人都拿起书来,汲取人类宝贵的精神营养吧!

(11) 读完全文,概括出全文的中心论点。(2分)

_____

(12) 第③自然段主要采用_____论证方法,阐明了_____关系。(4分)

(13) 第④自然段主要采用_____论证方法,阐明_____的道理。(4分)

(14) 请你为第③自然段另外选择一条有关读书的名言作为论据。(2

分）

(15) 请你从历史上或现实生活中选取两个典型事例填在下面空白处，与上下文意思相连接，构成一个排比句，作为第④段的论据。（4分）

例如：慈禧太后丧权辱国，_____，_____。

三、评价方式

以考试的形式进行评价，根据成绩划分为三个等级：

A. 34—42分，有较高议论文阅读鉴赏能力，能读懂文意，把握论点，并能对议论文语言加以赏析。

B. 27—33分，能读懂文章大意，把握论点，不能准确分析语言的表达效果。

C. 26分以下，阅读观点鲜明的议论文有障碍，不能准确把握议论文观点，没有对语言的感悟能力。

习作评价

一、评价目标

能写简单的议论文，努力做到有理有据。

二、评价内容

以"读书"为话题，完成作文练习。

三、评价方式

1. 评价原则

个人评价、小组评价与教师评价相结合。

2. 评价形式

(1) 书面评价。分数、评语来表示。

(2) 口头评价。采取面批的形式，当面指出作文存在的问题。

3. 评价过程

第一步：自评

学生完成作文之后，通读自己的作文，理清文章的思路，修改、补充文章的不当之处，使之清晰、自然、流畅。

第二步：互评

自评完毕后，小组内交换互评。每位学生按照老师的要求在规定的时间内批改小组内其他成员的文章，使文章经过不同其他同学的品读、推敲、修改，变得更加完善、成功。

附：互评评价表

时间			被评人	
内容	题目			
	主题			
	选材			
	情感			
表达	思路			
	结构			
	详略			
	语言			
书写				

第三步：师评

教师将所有学生习作认真阅读，指出优点和不足，并按照作文评价标准给习作做出评定、打分。

附：作文评分标准

一类作文（43分—50分）

围绕话题确立恰当新颖又别致的题目；能确立鲜明正确的论点，并围绕论点选择有力的论据详略得当、条理清晰地加以论证；论证语言严密准确有说服力；从文中能看出作者对生活的见识和理解，能从一定程度上洞察生活的意义；书写清晰美观，标点符号使用正确，没有错别字。

二类作文（37分—42分）

题目只是话题的简单重述，缺乏创意；能形成自己的论点，但认识还比较肤浅，缺乏个性；能围绕论点选材，但选取的论据不够典型，论证缺乏力度；论证有一定的逻辑性，但过渡有时联系不紧密，论证语言不够严密，有漏洞，有语病影响表达；书写较正规，标点有时缺失或误用，且有错别字。

三类作文（30分—36分）

题目模糊、空洞，与文章内容、论点无关，文章缺少明确的论点，读者不知所云；内容空洞，缺少支撑论点的论据；语句不通，词不达意，病句较多；书写潦草，标点缺失或一逗到底，且错别字较多。

四类文（29分以下）

不能在规定时间内完成作品，字数严重不够；抄袭他人作品；作品流露出消极思想。

综合性学习评价

一、评价目标

1. 提高对读书意义的认识，养成勤于读书的习惯。

2. 认识到读书要有选择，提高对书籍的辨别能力，养成读书的良好趣味和读好书的习惯。

3. 寻找适合自己的读书方式和读书方法。

4. 写作关于读书的作文，口头发表关于读书的意见，能达到一定水平。

二、评价内容

1. 组织"看名人怎样读书"、"你说我说说读书"、"网上阅读大家谈"等活动，培养学生与他人合作的意识，提高合作能力。

2. 围绕"读书"这一话题，共同讨论，从报刊、书籍或其他媒体中获取有关资料，讨论分析问题，证明自己的观点。

3. 发表关于读书的观点看法，能注意对象和场合，学习文明得体地进行交流。在交流过程中，注意根据需要调整自己的表达内容和方式，不断提高应对能力。

4. 倾听他人发言，能专注用心，理解对方观点，并提出有价值的问题。

5. 能根据活动和交流情况，形成个性合理的观点，并形成文字，完成关于读书的作文。

三、评价方法

在活动中评价。根据学生在交流中搜集到的材料数量质量、发言次数质量和倾听的专注度进行评价，划分为优、良、中、差四个等级。

读整本书教学评价

一、评价目标

精读《培根随笔》，体会培根对于各种生活现象的独到见解。

二、评价内容

1. 完成规定数量的读书笔记，积累书中的名言警句。

2. 就其中某一话题谈谈自己的看法，仿写一篇议论文。

3. 撰写读书交流会的发言稿。

三、评价方式

1. 按读书笔记的质量划分为优、良、中、差四个等级。

2. 仿写按质量划分为优、良、中、差四个等级。

3. 通过召开班级交流会，在活动中根据学生的发言次数和发言质量进行评价，划分为优、良、中、差四个等级。

走进五彩缤纷的戏剧世界

——人教版初中语文九年级下册
第四单元整体课程设计

第一部分　课程设计

【单元导读】

戏剧是什么？戏剧是生活的镜子，是浓缩的人生。经常听人说"人生如戏，戏如人生"，其实从某种意义上讲，我们每个人的一生都是一场戏剧，每个人都应该尽最大努力扮演好自己的角色，演绎出属于自己的跌宕起伏、五彩斑斓。那究竟什么是戏剧呢？戏剧又有什么样的特点？在剧作家笔下又有着哪些个性鲜明的人物形象？相信通过本单元的学习，同学们能够了解戏剧常识，掌握在戏剧冲突中展现人物性格的特点，掌握运用个性化的语言塑造人物形象的方法，学会表演性朗读，从而扩大阅读范围，加深对戏剧文学的理解。

【单元教学整体构想】

本单元的学习分为五个模块：

模块一：单元整体预习（3课时）。通读全单元课文，扫除字词障碍，初步感知内容，掌握相关文学常识；学习戏剧的文体知识，能用最简洁的语言概括这几部戏剧的主要内容。

模块二：理解内容，认识人物（2课时）。学会如何欣赏话剧及影视剧本，注意人物性格在戏剧冲突中的体现。

模块三：品味语言，学习手法（2课时）。重在引导学生能从文章中找出关键性语句，学习以个性化的语言塑造人物形象的方法，注意体会剧本的画面感。

模块四：欣赏话剧《雷雨》（2课时）。通过揣摩戏剧语言分析人物形象，理解《雷雨》的主题及作者情感，学会欣赏经典戏剧。

模块五：综合性学习——戏剧欣赏（2课时）。通过活动，以培养学生自觉进行听说读写的能力，在表演与欣赏中提高鉴赏能力，受到美感与趣味的熏陶，发展个性，丰富学生的精神世界，提高语文素养。

【单元整体目标】

1. 累计认识常用汉字80个，其中要求正确书写60个。

2. 了解本单元的作家作品，了解戏剧常识，增加文学常识积累。

3. 在朗读文章的基础上，分角色朗读表演戏剧内容，见识人生百态，品尝生活百味。

4. 欣赏话剧及影视剧本，注意人物性格在戏剧冲突中的体现，深入体会作品主题。

5. 学习以个性化语言塑造人物形象的方法，注意体会剧本的画面感。培养阅读和欣赏戏剧文学的能力，提高学生的审美情趣。

6. 背诵默写课外古诗《望月有感》、《雁门太守行》，赏析诗句，体悟诗情，提高诗歌鉴赏能力，增加文学积累。

7. 能在老师周读书计划的指导下，用精读与研读相结合的方式阅读《雷雨》，边读边作批注，能将精彩片段做读书笔记。

8. 能通过阅读作品从整体上把握故事情节，能结合背景理解作品的主题，结合矛盾冲突，感受人物形象，体会戏剧不一样的文学魅力。能在不同的主题探究中，表达自己的见解，写成读后感。

9. 欣赏和表演戏剧，向同学推荐喜欢的戏剧剧目或表演艺术家，注意表情和手势，注意要有自己的观点、有说服力，有鉴赏力。

10. 根据表达中心，选择恰当的表达方式，运用个性化的语言塑造人物形象，形成强烈画面感，展开联想和想象进行戏剧小创作。

模块一：预习交流教学设计

【学习目标】

1. 累计认识常用汉字 80 个，其中要求正确书写 60 个。
2. 了解作家作品，掌握有关戏剧常识。
3. 通读本单元课文，初步感知内容。

【学习过程】

一、与戏剧相识

借助课本后面的相关资料，了解有关戏剧的文学常识并掌握其主要内容。

填写预习成果汇报单：

1. 戏剧，是一种_____的舞台艺术，它把_____ 等多种艺术综合成为一种独立的艺术样式。

2. 戏剧文学，即_____，是舞台演出的基础，是戏剧的主要组成部分，直接决定着戏剧的_____性和_____性。

3. 剧本通常包括两个部分，一是剧作家的_____，二是人物自身的_____。

4. 剧本的结构必须遵循_____和_____高度集中原则；剧本必须有_____的矛盾冲突；剧本主要靠人物用自己的_____ 和_____ 来表现性格。

5. 戏剧按照表现形式，可以分为_____、_____、_____、_____、_____、_____；按照内容性质，可以分为_____、

_____和_____等；按照题材所涉及的方面，可以分为_____、_____、_____、_____和_____等；按照篇幅规模，可以分为_____和_____。

二、与大师交友

借助课下注释及资料，掌握莎士比亚的代表作品，了解其创作经历及在戏剧史上的巨大影响，了解魏明伦、孙鸿、勒曼的简况。

填写预习成果汇报单：

1. 勒曼，____国剧作家，_____是他根据"百老汇"一出上演四年而盛况不衰的歌舞剧改编而成的电影剧本。

2. 莎士比亚，是____国伟大_____家，代表作有四大悲剧：_____、_____、_____、_____，喜剧_____和历史剧_____。

三、与字词携手

快速通读本单元剧本，边读边画出重点字词，借助工具书完成注音或解释。

填写预习成果汇报单：

恻隐（　　）　　豁免（　　）　　遍稽（　　）
越俎代庖（　　）　癖性（　　）　　契约（　　）
袒护（　　）　　　刽子手（　　）　中流砥柱（　　）
腌臜（　　）　　　阴霾（　　）　　呜咽（　　）
惺忪（　　）　　　猝不及防（　　）窥视（　　）
顶礼膜拜（　　）　掸去（　　）　　蓦然（　　）
回溯（　　）　　　囫囵（　　）　　鳞次栉比（　　）
踌躇（　　）　　　翘首（　　）　　咀嚼（　　）
峥嵘（　　）　　　按捺不住（　　）山麓（　　）
远眺（　　）　　　涟漪（　　）　　伫立（　　）

虔诚（　　）　　　忏悔（　　）

四、与内容相约

再读剧本，使用圈点勾画的方法完成课文内容的阅读，边读边画出你认为有价值的信息，初步了解戏剧内容。

五、交流展示

交流展示，认识提升。

六、盘点收获

请把这节课的收获梳理盘点一下。唯有如此，才能收获更多，走得更远。

模块二：内容与主题教学设计

【学习目标】

1. 了解剧情，在戏剧冲突中认识人物形象。
2. 研读剧本，理解文章深刻的思想内涵。

【学习过程】

一、剧情回放

1. 通过阅读剧本，你了解每部戏剧的矛盾冲突分别是什么吗？请一一列举出来。

2. 通过激烈的矛盾冲突，你对剧情肯定有了更为深入的了解。请你试着用比较简练的语言概括一下各个剧本的主要内容。（注意内容概括的要素：人、时、地、事）

《威尼斯商人》：

《变脸》：

《枣儿》：

《音乐之声》：

二、人物荟萃

1. 这几部戏剧中的主要人物分别都是谁？并根据你的理解为其中的一到两个人物形象分别"绘制"一张"名片"，突出其主要特征。

如：夏洛克——他是犹太人，他是高利贷资本的代表，是一毛不拔的守财奴，虽然腰缠万贯，却从不享用。他贪婪、冷酷、狠毒，他吝啬到了极点。他是"世界文学作品四大吝啬鬼"中塑造得最成功、最生动的人物形象。

2. 你觉得哪个人物刻画得比较有特色？为什么？请简要阐述理由。

三、戏剧表演

1. 每个小组选取最喜欢的一部戏剧中的一个片段，适当进行改编，分角色朗读并表演出来。（要求：符合"文学常识"中有关戏剧表演的形式；声情并茂。）

2. 班级展示。通过表演深入领会剧本内容。

四、主旨探究

每部戏剧都通过矛盾冲突展现了生动鲜活的生活场景，也刻画了性格不一的人物形象，那请你再次阅读剧本，思考：每部戏剧各自表现了作者怎样的思想情感？

（先自主完成，然后小组交流，深入理解剧本主旨。）

五、剧终人未散

学习本单元的剧本，如同与一个个鲜活的生命进行对话，剧虽终但这些人物却依然生动，对于缤纷舞台上的他们你有哪些话要说呢？这些剧本又开启了你怎样的思考？请盘点你最大的收获，整理下来和大家进行交流。

模块三：语言与手法教学设计

【学习目标】

1. 品味欣赏文章生动的个性化语言，注意体会剧本的画面感。
2. 学习以个性化语言塑造人物形象的方法。

【学习过程】

一、赏析语言

（一）举一：品读《威尼斯商人》

1. 表演读《威尼斯商人》，你会发现莎士比亚戏剧语言最突出的特点就是诗化，精炼优美，富有诗意，高度个性化，你能从文章中找出体现这种特点的例子来吗？细细品读，用心体会。

2. 精读文章，通过这些个性化的语言刻画，你眼前呈现出什么样的画面？这些语言勾勒出怎样的艺术形象？请用简练的语言描述出来。

3. 品读重点片段，你会发现文章的语言极富感染力，特别生动形象，请找出本文中运用修辞方法的句子。说一说各用了什么修辞？对人物刻画起到了什么作用？

（二）反三：其他三部戏剧

1. 通过以上对《威尼斯商人》的语言赏析，略读其他三部戏剧作品，你能从这几部戏剧中找到既有个性化又有画面感的语言吗？请举出例子，并简要说说它的艺术特色。

2. 其他几部戏剧中运用修辞方法了吗？语言有感染力吗？请举例说明。

二、认识人物

这几部戏剧都用极富个性化的语言刻画了生动传神的经典人物形象，特别是莎士比亚笔下的人物更是在世界戏剧画廊中闪耀着独具魅力的光彩，其中哪个人物是你认为刻画最成功的呢？为什么？

三、学习写法

有人说"语言是一个作家特有的脸谱"，这一单元中的戏剧，特别是莎士比亚的语言魅力更是在戏剧文学史上闪耀着特有的光芒，你能试着用这节课学习的写法刻画一个独特的人物形象吗？力求突出语言的个性化特征。

模块四：《雷雨》读书交流会教学设计

【设计理念】

根据新课标的要求和我们在开学初制订的读书计划，初三下学期第四单元是戏剧单元，我们安排的精读书目是《雷雨》。曹禺是中国现代戏剧史上最卓越的开拓者，是中国的话剧的奠基人。《雷雨》是23岁的曹禺的天才创造，它是中国现代戏剧史上的里程碑式的传世之作。作为曹禺的代表作，除了深刻的思想内容发人深省外，更以精湛的表现手法而引人入胜。作者以卓越的艺术才能深刻地描绘了旧制度必然崩溃的图景，对于走向没落和死亡的阶级给予了有力的揭露和抨击。此剧一经发表和演出，便轰动了当时的文坛和剧坛。茅盾先生曾对它有"当年海上惊雷雨"的诗赞。

阅读经典名著，可以提高学生的理解能力、鉴赏能力，积累他们的文化底蕴、处世经验，激发他们的创造性思维、进取精神。我们在这个过程中要引导学生成为阅读的主人，充分发挥学生的主体作用，激发学生的阅读兴趣，为学生的终身阅读打下坚实的基础，让学生爱上阅读，在阅读中受益，在阅读中成长。

【活动目标】

1. 学会欣赏经典戏剧。
2. 通过揣摩戏剧语言分析人物形象。

3. 理解《雷雨》的主题及作者情感。

【活动准备】

1. 用两周的时间精读《雷雨》。

2. 运用圈点勾画的方法进行阅读，选出自己喜欢的片段，写出自己的心得感受。

3. 根据作品内容分析周朴园与繁漪的形象与性格。

【活动指导】（两课时）

一、导入

巴金曾经说过，他的朋友之中有两个最有才华的人，一个是沈从文，我们都读过他的《边城》，想必书中的翠翠一定给你留下了深刻的印象。而另一个人就是曹禺。巴金说："他（曹禺）的《雷雨》，是一部不但可以演，也可以读的作品。"曹禺的剧作《雷雨》在人物塑造方面表现出了精湛的艺术功力。他的戏剧人物真实、丰满、深刻、生动，其中以周朴园和繁漪最为典型。剧本以扣人心弦的情节、简练含蓄的语言、各具特色的人物、和极为丰富的潜台词如刀刃一般在读者的心弦上缓缓滑过，那抖颤而出的余音，至今未息。今天我们就一起来品读一下曹禺笔下的这两位人物，相信他笔下的人物形象肯定也会给你留下深刻印象。

二、与大师交友

你认识曹禺吗？请同学们通过有关资料了解一下他的简况。（学生自主了解，在此基础上小组交流汇总。）

明确：曹禺（1910—1996），原名万家宝，湖北潜江人。1910年9月24日出生于天津。幼年在家塾读书。1923年考入南开中学，同时开始了他的演剧生涯。1930年秋入清华大学西洋文学系。1934年，由巴金任编委的《文学季刊》发表了他创作的名著《雷雨》。而此时的曹禺只有23岁，此外，他的四大经典名作《雷雨》、《日出》、《原野》、《北京人》在千百个舞台上曾以多种面貌出现，被不同的人们饱含深情的演绎着，解读着,并一举将中国话剧推上了历史上最轰动热烈的巅峰时期。

三、与经典交谈

《雷雨》剧作介绍了两个家庭八个人物在短短一天之内发生的故事,牵扯了过去的恩恩怨怨,剪不断,理还乱。在这部著作中,你最喜欢关于周朴园或繁漪的有哪些片段?

1. 通过你的阅读,找出你最喜欢的关于周朴园或繁漪的相关片段。

2. 用你自己的话来复述你印象最深刻的片段,并说说对这些片段之所以印象最深的原因。

(通过让学生复述关于周朴园与繁漪的故事情节引起大家对人物的进一步关注。在这一步中,要求学生与大家交流为什么喜欢这个章节?因为每个人喜欢的人物侧重面不同,喜欢的理由也不同,所以在交流的过程中大家进一步加深了对人物的认识,同时也加深了对整本书的认识。)

四、与人物相识

在《雷雨》中,曹禺把探索和刻画人的灵魂放在戏剧创造最核心的位置上,倾心塑造了一系列让人过目难忘的典型形象,一个个形象犹如一颗颗耀眼的星星闪耀着光辉,让人百读不厌,百看不烦。其中以主要人物周朴园和繁漪的刻画最为成功。

(一)漫谈周朴园

周朴园是曹禺的戏剧中最为复杂的一个人物,其复杂在于对这个人物人们可以站在不同的角度进行分析,可以利用不同的话语进行阐释,也可以根据不同的标准、采用不同的理论方法对其予以解读。在作品一系列的矛盾冲突当中,你发现了他的哪些性格变化?下面我们一起来分析一下。

1. 结合原文内容来分析周朴园的性格。

(分析提示:结合周朴园的背景、身份地位、语言、动作、神态、处事方式等来分析其性格)

2. 将自己的分析和大家分享。

（二）细说繁漪

《雷雨》中的繁漪，是整个剧本中的灵魂，被称为《雷雨》中"最为炫目的一道闪电"。作者说"她陷入了一口残酷的井"，又称她是"最'雷雨'的性格"。对繁漪的塑造，作者把她放到全剧的中心，让她成为戏剧的制造者与推进者。那么，你眼中的繁漪是什么样子的呢？

1. 结合原文内容来分析繁漪的性格。

（分析提示：结合繁漪的家庭背景、成长历程、语言、动作、处事方式等来分析繁漪的性格。）

2. 将自己的分析和大家分享。

（三）浅谈其他人

戏剧中还有其他各色人等，请用最简练的语言进行评价，力求突出人物主要性格特征。

（简要了解剧中的其他人物形象，更好得领略作者刻画人物的妙笔。）

五、与表演携手

每个小组各选择最感兴趣的一个片段，尝试着进行表演。

（以读促演，以演悟读，更好得领略戏剧感染力，理解人物形象。）

六、与收获同行

通过对《雷雨》的阅读，你从中收获到了什么？

（引导学生学会整理归纳自己的收获：可以从阅读方法、《雷雨》的艺术特色、艺术结构、人物的性格特点、作者描写人物时所用的描写手法、人物的处事原则中学到了什么等等多方面来谈。）

七、结语

在中国，还没有哪一个剧作家的剧作，能像曹禺先生的《雷雨》一样久演不衰。它从诞生的上世纪30年代直至今日，依然是中国舞台上最受欢迎的宠儿。剧本除了以错综复杂的矛盾、扣人心弦的戏剧冲突吸引人外,更以性格复杂的人物形象吸引观众。凡是读过《雷雨》剧本的人,谁能忘记那位外形沉静、忧烦,而内心燃着一团火的繁漪呢?她不甘忍受封建家庭的压抑和摧残,大胆地反抗着,"做一次困兽的搏斗"。她的不屈精神,她的敢做敢当的品格以及她的强烈的爱与憎,都像潮水似的猛烈地冲击着读者的感情,打动着读者的心弦。至于封建家庭的罪魁祸首,那个煤矿公司的董事长,当时社会上的"体面"人物周朴园,他冷酷、自私、专横、伪善的性格,作者刻画得更是入木三分。读名著,如同与大师共携手,可以增长见识,启迪智慧,荡涤灵魂,陶冶情操,提高语文能力和人文素养。老师希望通过本次的读书交流会激发咱们同学们阅读名著的兴趣,正确地深刻地认识到阅读名著对于我们的长远意义——它就像一个智慧善良的长者,搀扶着我们,使我们一步步向前走,并且逐渐懂得了世界……让我们一起,在经典名著的殿堂里徜徉!

模块五:"梦想剧场"综合性学习教学设计

【活动目标】

1. 欣赏和表演戏剧,向同学推荐喜欢的戏剧剧目或表演艺术家,注意表情和手势,注意要有自己的观点、有说服力,有鉴赏力。

2. 根据表达中心,选择恰当的表达方式,运用个性化的语言塑造人物形象,形成强烈画面感,展开联想和想象进行戏剧小创作。

3. 培养阅读和欣赏戏剧文学的能力,提高审美情趣。

4. 培养学生的综合实践能力、合作与探究精神。

【活动准备】

1. 由小组内各成员依据自身优势和特点,通过图书馆、书店、网络等多种渠道,搜集优秀戏剧剧目和优秀表演艺术家,并根据组员的特长和资料搜集情况,选择其成果展示的方式,如:推荐"莎士比亚经典台词",开展"优秀剧目展播"推介会,制作"群星耀东方"画板等。

2. 小组内就以下问题展开讨论,并把小组意见整理成文字材料:一部优秀戏剧之所以经久不衰、历久弥新的原因是什么?精彩艺术画廊中的经典形象是如何成功刻画的?

(交流方法提示:可以联系实际,提出自己对这一话题的看法、观点,也可以提出自己在戏剧欣赏中发现的新问题,如:矛盾冲突的集中尖锐、故事情节的跌宕起伏等等。)

3. 小组成员以自主选择或合作改编的形式阅表演一幕戏剧中的精彩片段,然后与小组成员交流,汇报自己的"编剧"和"演员"心得,最后结合交流情况进行写作练习,尝试进行戏剧小创作。在组内进行交流,并经过小组内1—2位组员的校订(包括错别字、词语的使用、病句等的订正,对剧本构思、矛盾冲突的选择等建议)。

【活动过程】

一、导入

戏剧是一种综合的舞台艺术,它借助文学、音乐、舞蹈、美术等艺术手段塑造舞台形象,揭示社会矛盾,反映客观现实生活。它的蓝本即剧本就来源于生活,但又远远比生活更精彩。剧中的人物或故事往往会让牵动你易感的神经,或让你泪水盈眶,或让你喜笑颜开,无不让你怦然心动。今天,我们就一起走进"梦想剧场",共同分享戏剧带给我们的神奇感受!

二、我是经典台词朗诵家

1. 莎士比亚是著名的戏剧大师,他的剧作语言,完全是诗化的语言,柔婉如淙淙流水,激荡如惊涛拍岸,令人回味无穷。他善于运用比喻、双关语,语言形式则既以无韵诗为主,又杂有古体诗、民谣体、俚语与滑稽的散文体对话,可谓多种多样、丰富生动,成为构成莎士比亚戏剧艺术大厦的基本材料。请选取莎士比亚优秀剧目里的"经典台词"

有感情地朗诵。

如：《雅典的泰门》经典台词

嗳，这是什么？金子？贵重的，闪光的，黄澄澄的金子？

不，是神呦！

我不是徒然地向它祈祷。

它足以使黑的变成白的，丑的变成美的；

邪恶变成良善，衰老变成年少，

怯懦变成英勇，卑贱变成崇高。

……

2. 朗诵其他优秀剧目中经典台词。

三、我是优秀表演艺术家

1. 介绍戏剧表演史上的优秀表演艺术家。

2. 明确基本表演技巧：话剧是一种激情洋溢的艺术。在故事情节、冲突的基础上，演员那种适度夸张的语调和形体动作可以激荡心灵，产生出震撼效果。表演时应当注意一些基本的技巧：

(1) 口齿清晰，语言流畅，使用普通话。

(2) 进入角色，表演出人物的性格。

(3) 表演时适当地运用一些形体动作。

(4) 通过一定的面部表情，传达出内心的情感。

3. 明确基本要求：学生分成 4 个小组，各选择一个剧本进行排练和表演，增加学生学习的兴趣，加深学生对剧本以及剧中人物性格的理解。

4. 奖项评选：根据演员的表演情况，评选出最佳男女主角、配角等奖项。

四、我是犀利戏剧评论家

1. 评点优秀剧目之所以经久不衰、历久弥新的原因。

2. 简评艺术画廊中的经典形象是成功的刻画。

五、我是精彩剧本创作家

1. 生活中充满戏剧性的故事,请把近期生活中的一件有趣的事改编成三五分钟的短剧。要注意选择恰当的表达方式,运用个性化的语言塑造人物形象,形成强烈画面感,展开联想和想象,并设计安排一些道具,用一个场景。

2. 奖项评选:根据创作情况评出一、二、三等奖进行表彰。

第二部分　整体评价

语文基础知识评价

一、识字写字能力评价

(一)评价目标

本单元累计认识常用汉字 80 个左右,其中要求正确书写 60 个,并能用正楷字准确、快速、美观书写。

(二)评价内容:注音(40 分,见本书第 332 页"与字词携手")

(三)评价方法:考试

1. 准确率

A. 40 分　B. 39－32 分　C. 31－24 分以下　D. 23 分以下

2. 书写

A. 写规范字,书写笔顺正确,笔画正确且到位,字体正确;字迹工整、端正;行款整齐,布局合理、匀称,整体效果好;纸面整洁;书写速度较快;写字姿势正确。

B. 写规范汉字,笔顺正确,笔画正确,字迹工整、端正;大小匀称;纸面整洁;书写有一定的速度;写字姿势正确。

C. 写字不规范,有多个错字;字体不端正,结构比例失调,歪斜不稳；纸面不整洁；书写速度慢；写字姿势欠正确。

二、文学、文化常识积累

（一）评价目标

了解课文涉及的重要作家的生平，熟记作家作品及戏剧知识。

（二）评价内容：文学常识填空（24分，见本书第331、332页"与戏剧相识"）

（三）评价方法：考试、讲述作家故事

1. 准确率

A. 24分　B. 23—20分　C. 19—15分以下　D. 14分以下

2. 兴趣

A. 喜欢搜集作家生平故事，能讲述作家生平经历，介绍主要作品集内容，理解作家的创作主张和风格；熟悉戏剧知识。

B. 了解作家生平主要经历，知道作家的代表作，但没有阅读作品。

C. 不能准确记忆有关作家信息，不了解作家，不了解戏剧知识。

三、朗读与背诵能力

（一）评价目标

能用普通话正确、流利、有感情地朗读剧本，准确、熟练地背诵《望月有感》、《雁门太守行》。

（二）评价内容

1. 有感情朗读课文，生动形象地表演课本剧，细腻到位地展示人物性格。

2. 背诵《望月有感》、《雁门太守行》。

（三）评价方法

1. 朗诵以听读的方式进行考察，划分为四个等级

A. 正确、流利、有感情。

B. 正确、流利、但没有感情。

C. 有丢字、添字现象，超过三处。

D. 读不成句，不流畅。

2. 表演以课本剧展示的形式进行，划分为三个等级：

A. 台词背诵准确，表演自然大方，表达有感情，人物性格展示到位。

B. 能准确背诵台词，感情不够丰富，人物性格不够突出。

C. 不能准确背诵台词，不能完成表演。

3. 背诵以听背和默写的方式进行，划分为三个等级：

A. 能准确默写。B. 能准确背诵，默写错误在两处以内。C. 背诵错误超过三处。

阅读能力评价

一、评价目标

1. 在朗读课文的基础上，理清思路，了解剧情，在戏剧冲突中认识人物形象。

2. 品味欣赏文章生动的个性化语言，注意体会剧本的画面感。

3. 学习以个性化语言塑造人物形象的方法。

二、评价内容

1. 阅读《威尼斯商人》（节选），回答问题。（10分）

鲍西娅：你这场官司打得倒也奇怪，可是按照威尼斯的法律，你的控诉是可以成立的。（向安东尼奥）你的生死现在操在他的手里，是不是？

安东尼奥：他是这样说的。

鲍西娅：你承认这借约吗？

安东尼奥：我承认。

鲍西娅：那么犹太人应该慈悲一点。

夏洛克：为什么我应该慈悲一点？把您的理由告诉我。

鲍西娅：慈悲不是出于勉强，它像甘霖一样从天上降下尘世；它不但给幸福于受施的人，也同样给幸福于施与的人；它有超乎一切的无上威力，比皇冠更足以显出一个帝王的高贵：御杖不过象征着俗世的威权，使人民对于君上的尊严凛然生畏；慈悲的力量却高于权力之上，它深藏在帝王的内心，是一种上帝的德行，执法的人倘能把慈悲调剂着公道，人间的权力就和上帝的神力没有差别。所以，犹太人，虽然你所要求的是公道，可是请你想一想，要是真的按照公道执行起赏罚来，谁也没有死后得救的希望；我们既然祈祷着上帝的慈悲，就应该按照祈祷的指点，自己做一些慈悲的事。我说了这一番话，为的是希望你能够从你的法律的立场上作几分让步；可是如果你坚持着原来的要求，那么威尼斯的法庭是执法无私的，只好把那商人宣判定罪了。

夏洛克：我自己做的事，我自己当！我只要求法律允许我照约执行处罚。

(1) 鲍西娅对夏洛克抱有希望吗？她为什么要这样做？（2分）

(2) 鲍西娅劝夏洛克发慈悲，指的是什么？请用原文中的话回答。（2分）

(3) 作者在公爵劝说无效之后又来劝说，这对刻画夏洛克有什么作用？（2分）

(4) "慈悲不是出于勉强"这段话在语言上有什么特点？（2分）

(5) 说说莎士比亚戏剧冲突的设计对表现戏剧情节的作用。（2分）

2. 阅读《枣儿》(节选),回答问题。(10分)

男孩:爷爷,你为啥把枣儿放在匾子里晒了又晒?

老人:我等儿子回来。枣儿回来了,就喜欢一边嚼枣儿,一边听我讲故事。

男孩:枣儿叔叔啥时候回来?

老人:不知道。

男孩:迷路了吧?(见老人沉默,自语)不会的。这棵树好大好大,会老远就瞧见了,枣儿叔叔哪儿会看不见?(见老人不语)爷爷,你怎么了?

老人仍在沉思。

男孩:咱们学猫叫?(见老人没反应)咱们学狗爬?(见老人没反应)咱们过家家?(见老人还没反应)那,我讲故事给你听。(清清嗓子)哎哟,我的故事给忘了。我爹的故事才多呢——我该回去了,我要回去等我爹。(将口袋里的枣放入匾子里)

老人:时辰还早呢,再坐坐。

男孩:爹回来会带巧克力,巧克力你吃过吗?可好吃了!

老人:(心事重重)你有了巧克力,就不会来了。

男孩:来呢,你的枣儿甜!

老人:怕是你嘴甜吧?那我问你,我树上的枣儿全光了,你还来不来?

男孩:也来。

老人:不骗我?

男孩:骗人是小狗。

老人:我们拉钩。(伸手与男孩拉钩)

老人:金钩钩,银钩钩,骗人是小狗。

男孩：金钩钩，银钩钩，骗人是小狗。

(1) 节选的对白，反映了老人和男孩之间怎么样的一种情义？在对话中，老人说"我等儿子回来"，男孩说"我要回去等我爹"，这两句台词又反映了哪一种情感？（2分）

_____

(2) 男孩说，"枣儿叔叔不回家是'迷路'了吧？"作者借男孩台词里的"迷路"一词，想表达什么？（2分）

_____

(3) 老人和男孩在这段对白中，流露了一种怎样的思想感情？（2分）

_____

(4) 指出课文中"枣儿"的双重含义。（2分）

_____

(5) 分析老人说："你有了巧克力就不会再来了。"这句台词的象征意义。（2分）

_____

3. 阅读剧本《卖猪》，回答问题。（10分）

［在下棋声中，收猪人瞟了一眼画家，大意中走错了一个棋子。］

卖猪人：哎，我吃车。

收猪人：（突然按住卖猪人的手）等等！回一步。

卖猪人：咱还兴悔棋？

收猪人：（冷冷地）那中，你吃吧！

卖猪人：（意识到）中，中，你回吧，你回吧。

收猪人：（得意地又换另一个棋子）我不走那一步啦。

［当卖猪人又走下一步棋时］

收猪人：（警告地）你敢动那个子儿，就叫你死！

卖猪人：……叫我死？……对，赶快死。干脆，我自杀吧！（摆下那个棋子儿）

收猪人：你不能走那个子儿！

卖猪人：咋？……你不叫我死吗？

收猪人：不兴故意死！

卖猪人：（无奈地）你要是不叫我死，我就先活着。

［两人继续走棋］

收猪人：（发现一步好棋，强调地）咱可不能回啦！将！

卖猪人：（忽然高兴起来）你老弟的棋下得真好。

收猪人：（洋洋得意地）你先举举手……

卖猪人：（不解地）举举手？

［幕后声："谁的猪跑啦？"］

卖猪人：（向幕内一看）我的猪！我的猪跑啦！（跑下）

［卖猪人内喊："同志，来帮帮忙！"］

［画家跑下］

［一阵猪嚎叫声。少顷，画家摊着沾有猪屎的双手上。］

［卖猪人跑上，感激地用自己的上衣为画家擦拭手上的猪屎。］

收猪人：你还没举手呢。

卖猪人：举手？

收猪人：刚才那盘棋你输了，你就得举手投降！

画家：（爆发地）你太过分了！（欲冲向收猪人）

卖猪人：（急拦住画家）你甭生气甭生气。我个小老百姓，人家叫咋着就咋着。不就是举举手吗？（不待画家未置可否，转向收猪人）老弟，我投降我投降……（频频举手）

画家：（极其生气地冲到收猪人面前）我说你这个同志办事也太过分啦！这位老同志来卖猪，你让他等一会儿他就等一会儿，他不愿意和你下棋你非让他和你下棋，闹得他的猪差点跑了。这实在是令人……咱们都是国家工作人员，应当有点职业道德，总还要讲点精神文明吧？

收猪人：精神文明？

画家：你……（激动地）好！精神文明你也不懂，可你百般戏弄一个老实巴交的乡下人。你还有没有良知？

收猪人：良知？

画家：良知就是良心，良心你懂不懂？

收猪人：（皮笑肉不笑地）良心良心，就你要良心？噢！你是个老雷锋啊。（突然把脸一沉）办你的好事去吧！

画家：（更加气愤地）好！这些都不讲，现在咱们去找你的领导，看你在工作时间下棋对不对？

收猪人：我对！

画家：你……

收猪人：咋着咋着？今天我非下棋不可！（故意摔打着棋子儿）我下，我就下！

画家：（怒不可遏）你不能下！（掀翻棋盘）

卖猪人：（忽然意识到什么，上前将画家摔了一个趔趄）唉！

画家：（不可理解地）你？

[卖猪人与画家对视片刻]

卖猪人：（痛心疾首地）是我卖猪呀！我卖猪我还不急哩，你是急啥哩？

画家：（完全糊涂了）我……

［收猪人强硬地摔着棋子儿］

［卖猪人在砰砰的棋子儿声中走近收猪人，他思索片刻，忙殷勤地拾起掉在地上的棋子儿，轻轻地放在棋盘上，又诚惶诚恐地乞求收猪人……］

(1) 在收猪人和卖猪人下棋的过程中，卖猪人为什么一再地迁就收猪人？（2分）

_____

_____

(2) 收猪人前面说"等等！回一步"，而后面又强调地说："咱可不能回啦！"这前后矛盾的说法，表现了收猪人怎样的性格特点？（2分）

_____

_____

(3) 文中有两处画波浪线的句子，这两个句子表明了卖猪人什么样的心情？（2分）

_____

_____

(4) 请你概括一下画家的性格特点。（10个字以内）（2分）

_____

_____

(5) 卖猪人具有怎样的性格特点？请写出能表现他性格的语言和动作。（2分）

_____

_____

三、评价方式

以考试的形式进行评价，根据成绩划分为三个等级：

A. 24—30分，有较高戏剧鉴赏能力，能读懂剧本，准确把握人物性格，理解作品主题；能从不同角度品味欣赏文章生动的个性化语言。

B. 18—23分，能读懂剧本大意，把握人物性格，不能准确分析语言的表达效果。

C. 17分以下，阅读剧本有障碍，不能准确理解剧本的内容及情感，没有对语言的感悟能力。

习作评价

一、评价目标

1. 引导学生体验多种艺术表现形式，并用流畅细腻的文字记录欣赏艺术活动中的感受和体验，表达对艺术的独到见解。

2. 指导学生学会用文字记录多种感官的不同体验，深入体验文字的魅力，提高写作水平。

二、评价内容

以"音乐"为话题，完成作文练习。

三、评价方式

1. 评价原则

个人评价、小组评价与教师评价相结合。

2. 评价形式

（1）书面评价。采用分数、评语来表示。

（2）口头评价。采取面批的形式，当面指出作文存在的问题。

3. 评价过程

第一步：自评

学生完成作文之后，通读自己的作文，理清文章的思路，修改、补充文章的不当之处，使之清晰、自然、流畅。

第二步：互评

自评完毕后，小组内交换互评。每位学生按照老师的要求在规定的时间内批改小组内其他成员的文章，使文章经过不同同学的品读、推敲、修改，变得更加完善、成功。

附：互评评价表

时间			被评人	
内容	题目			
	主题			
	选材			
	情感			
表达	思路			
	结构			
	详略			
	语言			
书写				

第三步：师评

教师将所有学生习作认真阅读，指出优点和不足，并按照作文评价标准给习作作出评定、打分。

附：作文评分标准

一类作文（43分—50分）

题目与文章主题密切相关而且新颖别致独具匠心；能细腻准确地描述自己倾听某种音乐的感受；生动形象地讲述某一音乐背后的故事，塑造鲜明的人物形象；或者结合具体作品深入个性地谈出多音乐的独到见解。结构完整，思路清晰，能熟练使用各种写作技巧；语言成熟、流畅、生动、形象，极富表现力；书写工整流畅，卷面整洁，标点符号使用正确，无病句、错别字。

二类作文（37分—42分）

题目能反映作品主题但缺乏创意；能描述自己欣赏音乐的感受但不够细腻生动，联想想象力不够；讲述与音乐有关的故事情节完整有中心人物但详略不当，人物性格不够鲜明不能吸引读者；能谈出对音乐的一定认识，但不能结合具体作品，缺乏真实生活体验；结构完整，但开头、结尾、过渡等细节处理不够细致；语言通顺，能准确表情达意，但不够生动，缺乏修饰，没有文采；书写干净认真，标点符号偶有错误，有一两处语病或错别字。

三类作文（30分—36分）

题目模糊、空洞，与音乐无关；文章缺少明确的中心，没有关于音乐的个性的思考和明确的认知；内容空洞，没有欣赏音乐的真实体验，不能结合具体音乐作品写作；结构混乱，没有分段的意识；材料间缺少必然的联系，像随意拼凑起来的大杂烩；缺乏必要的过渡和衔接，结构不完整；语言苍白，没有吸引力，词语贫乏，且词不达意，难以理解。句子毛病较多，读者理解起来相当费劲，无法引起读者阅读的兴趣；书写潦草，标点缺失或一逗到底，且错别字较多。

四类作文（29分以下）

不能在规定时间内完成作品，字数不够；抄袭他人作品；作品流露出消极思想。

综合性学习评价

一、评价目标

1. 培养学生的综合实践能力、合作与探究精神。

2. 提高学生根据中心，选择恰当的表达方式，运用个性化的语言塑造人物形象的能力。

3. 培养阅读和欣赏戏剧文学的能力，提高审美情趣。

4. 培养学生展开联想和想象进行戏剧小创作的能力。

二、评价内容

1. 莎士比亚是著名的戏剧大师，他的剧作语言完全是诗化的语言，柔婉如淙淙流水，激荡如惊涛拍岸，令人回味无穷。他善于运用比喻、双关语，语言形式既以无韵诗为主，又杂有古体诗、民谣体、俚语与滑稽的散文体对话，可谓多种多样、丰富生动，成为构成莎士比亚戏剧艺术大厦的基本材料。请选取莎士比亚优秀剧目里的"经典台词"进行有感情朗诵。

2. 学生分成4个小组，各选择一个剧本进行排练和表演，增加学生学习的兴趣，加深学生对剧本以及剧中人物性格的理解。

3. 生活中充满戏剧性的故事，请把近期生活中的一件有趣的事改编成三五分钟的短剧。要注意选择恰当的表达方式，运用个性化的语言塑造人物形象，形成强烈画面感，展开联想和想象，并设计安排一些道具，设计一个场景。

三、评价方法

在活动中评价。根据学生在交流中的发言次数、质量及剧本创作的质量进行评价，划分为优、良、中、差四个等级。

读整本书教学评价

一、评价目标

必读书目：《雷雨》，学会欣赏经典戏剧，通过揣摩戏剧语言分析人物形象，理解作品主题及作者情感。

二、评价内容

1. 完成规定数量的读书笔记。

2. 为作品中给你留下深刻印象的人物写一篇人物评论。

3. 完成一篇读后感。

4. 撰写读书交流会的发言稿。

三、评价方式

1. 将读书笔记按质量划分为优、良、中、差四个等级。

2. 按读后感的质量划分为优、良、中、差四个等级。

3. 通过召开班级交流会，在活动中根据学生的发言次数和发言质量进行评价，划分为优、良、中、差四个等级。

初中语文整本书阅读课程实施方案

书籍是人类厚重文化的结晶,是人类杰出智慧的体现,是人类伟大精神的宝库。打开一本书就如同打开一扇门,通过这扇门可以与高尚的先哲们携手共游,开阔眼界,增长知识,滋润心灵,提高修养。中学阶段是青少年发展的黄金阶段,是人生观、价值观、世界观形成的关键时期,读整本书阅读课程的实施能够让他们放眼世界、放眼历史、放眼未来;整本书阅读课程的实施能够让他们喜欢读书、热爱生活、珍爱生命;整本书阅读课程的实施能够让他们树立远大理想、弘扬民族精神、拥有创造能力;整本书阅读课程的实施能为学生的终生发展服务,用三年的时间为孩子的一生幸福奠基。

课程性质

整本书阅读是一门由语文学科教学衍生出来的校本课程,它具有人文性、综合性、实践性、发展性的特点。

课程背景

1. 现代社会要求公民具备良好的人文素养、科学素养、创新精神、合作意识和开放的视野以及各方面的基本能力,这种需要正是教育所面临的机遇与挑战。整本书阅读就是着眼于民族的未来及学生的成长来设置的。

2. 语文课程标准里明确提出语文教学要全面提高学生的语文素养,建设开放而具有活力的语文课程。这就要求语文课程植根于现实、面向世界、面向未来,并要求拓宽语文学习和运用的领域。这一全新的语文课程理念告诉我们,语文教学必须走出教材,走向更广阔的空间。

3. 和谐高效课堂的建设,单元整体教学课题的深入研究,让我们在关注学生的整体发展的同时将我们的教育视野由课内延伸到课外,由教材拓宽到更大范围的整本书阅读。正如苏霍姆林斯基认为的那样,课外阅读能力为课堂教学提供"广阔的智力背景",并"发展学生的爱好和才能,促进课堂效率的提高"。整本书阅读课程正是将课内与课外进行了一次完美结合。

课程理念

由于整本书阅读课程是从语文单元整体教学衍生出来的课程,所以要坚持新课标中提出的基本理念:

1. 坚持从"知识与技能"、"过程与方法"、"情感态度与价值观"三个方面出发设计课程目标,并努力结合我们的教学实际与我校学生发展的实际来确定课程目标。

2. 立足学生的终身学习和个性发展。素质教育的基本理念是以人的发展为本,人最基本的素质是精神成长,而一个人的精神发育史就是他的阅读史,阅读为学生的一生奠定了坚实的知识、能力与精神基础,为学生的自由个性发展提供了广阔的空间。

3. 着眼于人文素养。提高人文素养是现代教育的重要目标,人文素养是以人为对象、以人为中心的精神，它包括对于古典文化的积累；对人的价值与尊严、发展与幸福的追求；对人的心灵、需要、渴望与梦想的关注；对德性修养和审美意识的培养等方面。一个的阅读史也是一个人的精神成长史。

4. 倡导新的学习方式。整本书阅读是通过教师指导下的自主阅读、合作探究、实践活动来学习知识，提高能力，汲取精神营养，所以阅读的过程是一个主动探索和积极构建知识的过程。在这个过程中引导学生积极参与实践活动，认识自然、认识社会、认识自我、规划人生，实现本课程在促进人的全面发展方面的价值追求。

5. 关注学生的整体提高。整本书阅读课程虽然是从语文学科教学衍生出来的课程，但是它所关注的不仅仅学生语文素养的提高，更是学生人文素养、科学精神、责任意识、民族精神、创新能力、品德修养等多方面的整体提高。整本书阅读课程注重应用、注重实践、注重活动、注重与其他课程的沟通，适应现实生活和学生自我发展的需要，有助于促进学生的智、情、意全面发展，有利于促进学生探究能力的发展，有利于培养学生自觉的审美意识和高尚的审美情趣，有利于提高学生思考问题的深度和广度，总之有利于学生发展的整体提高。

课程目标

1. 每位同学都能完成"三年一百本"的读书任务。
2. 养成自觉读书、自主读书的良好习惯。
3. 学会不同的读书方法。
4. 面对不同的书籍会使用不同的读书策略。
5. 能在读书的过程中通过自主筛选做好读书笔记。
6. 对于研读书目教师要指导学生选择研读专题，深入研读，完成研究报告；对于精读书目，学生能写好读后感，积极在专题读书会上进行交流。

7. 有独立阅读的能力。能从整体上把握文本内容，理清思路，概括要点，理解文本所表达的思想、观点和感情。

8. 能在阅读中通过品味语言的方法、感受形象，领悟作品的丰富内涵，不断充实精神生活，完善自我人格，提升人生境界。

9. 能进行个性化的阅读，充分调动自己的生活经验和知识积累，在主动积极的思维和情感活动中，获得独特的感受和体验。

10. 学会多角度解读作品，能用探究、发现、创新的意识审视作品，能进行探究性阅读和创造性阅读。

课程实施设想

1. 将读整本书课程作为书香校园建设重点工作，从物态文化建设上营造良好的读书氛围。

2. 调整课表，保障整本书阅读的时间，确定每天晚自习前二十五分钟为读书时间，每周日为读书日。

3. 全体语文教师要结合单元整体教学确定每学期六本的研读和精读书目，结合学生发展需要确定每学期十本泛读书目，并能负责书籍的落实。

4. 把整本书阅读教学作为语文教学的重要内容，集体备课要拿出专门时间集体研究阅读进度、阅读内容、阅读方法，做好对学生的阅读指导工作。

5. 每学期初要有学期读书规划，规划包括确定读书书目，围绕每本书要开展的活动。每周要有具体的读书计划，包括每天的读书进度安排、读书方法指导、读书任务布置、读书内容提示等。

6. 每位教师都要完成本学期与单元整体教学相结合的六本研读与精读书的整本书具体的实施方案，包括阅读目标、推荐理由、内容介绍、主题研讨、活动开展等方面。

7. 语文教师要和学生同步阅读研读书目和精读书目，做好读书笔记，记录读书感想，以便对学生进行适时指导。

8. 将读书交流会纳入研讨课范围，以研究的态度促进整本书阅读课程的发展。

9. 指导学生进行读书笔记与读后感的写作，并即时进行评比反馈。

10. 开展各种活动来促进整本书阅读。包括成立以读书主题相关的各种组织、开展读书交流会、读书报告会、组织各种演讲、朗诵、辩论、写作比赛。尤其是做好五月"读书节"这一大型活动，做成特色，做成传统。

11. 师生共读，共同参与，共同成长，让书香溢满跃华园。

课程评价

新课程，新理念，教育评价是关键，评价是一切落实的保障。整本书阅读课程的评价集中体现一个宗旨"立足过程，促进发展"，并遵循以下原则：

1. 学生、教师、家长评价相结合的原则。
2. 过程评价与结果评价相结合的原则。
3. 个人、小组、班级评价相结合的原则。
4. 读、写、讲多角度评价相结合的原则。
5. 个性评价与整体评价相结合的原则。

课程评价具体措施

1. 把读书时间作为日督导检查的一项重要内容，保证读书时间和读书质量，并将检查结果计入班级量化。

2. 学期初每位语文教师上交本学期读书规划，每周上交周读书计划，每月上交读书记录或课程随笔。

3. 每位教师都要完成本学期与单元整体教学相结合的六本研读与精读书的整本书课程具体的实施方案。

4. 每位教师每学期至少上一节读书交流会的研讨课，并整理出教学设计、课堂实录与课后反思。

5. 每双周要对学生的读书笔记与读后感两本进行批改反馈，部委会期中与期末进行集中检查评比公示，结果记入教师个人考核。

6. 每个班级每学期至少承办一次班级读书会，每个年级每学期至少举办一次大型读书报告会。

7. 文化长廊的读书板块必须及时更新，用于展示学生的读书创作，每月评比一次，计入班级与语文教师的量化考核。

8. 学期末要结合读书笔记与写作"两本"的使用、读书活动的开展、读书成果的展示，评选出读书之星、书香小组、书香班级，学部予以奖励。

9. 每学期期中和期末对学生进行一次问卷自评，内容包括对已读书目的知识回顾，读书心得，活动参与，存在疑惑，努力方向等内容。

10. 在成长档案中加入语文老师对学生读书情况的评价。

11. 在成长档案家长反馈意见中加入假期读书情况评价。

附：德州跃华学校整本书阅读课程阅读书目

七年级上学期

一、精读书目

1.《爱的教育》2.《居里夫人传》3.《朱自清散文》4.《贪玩的人类——那些将我们带进科学的人》5.《繁星春水》6.《伊索寓言》

二、泛读书目

《爱丽丝漫游奇境》、《呼兰河传》、《鲁宾孙漂流记》、《汤姆索亚历险记》、《我生命的速度》、《永远的乔丹》、《现代科学中的一百个问题》、《泰戈尔诗选》、《福尔摩斯探案集》、《钱文忠讲〈弟子规〉》

七年级下学期

一、精读书目

1.《城南旧事》2.《童年》3.《凡·高传》4.《梅兰芳传》5.《老人与海》6.《昆虫记》

二、泛读书目

《唐诗三百首》、《宋词三百首》、《元曲三百首》、《追寻勇士的足迹》、《从一到无穷大》、《拿破仑传》、《林肯传》、《会飞的教室》、《青鸟》、《妞妞》、《安徒生童话》

八年级上学期

一、精读书目

1.《钢铁是怎样炼成的》2.《朝花夕拾》3.《八十天环球旅游》4.《科学是美丽的》5.《田园诗人陶渊明》6.《苏轼传》

二、泛读书目

《安妮日记》、《你的经济学教科书》、《我的父亲邓小平》、《这里的黎明静悄悄》、《安娜·卡列尼娜》、《过去两千年最伟大的发明》、《经营之

神王永庆》、《射雕英雄传》、《天龙八部》、《笑傲江湖》

八年级下学期

一、精读书目

1.《假如给我三天光明》2.《林清玄散文自选集》3.《海底两万里》4.《边城》5.《名人传》6.《万水千山走遍》

二、泛读书目

《许三官卖血记》、《活着》、《天使在人间》、《我生活的故事》、《明朝那些事》、《万历十五年》、《中国大历史》、《李嘉诚传》、《物理世界奇遇记》

九年级上学期

一、精读书目

1.《毛泽东诗词》2.《傅雷家书》3.《呐喊》4.《培根随笔》5.《水浒传》6.《康熙大帝》

二、泛读书目

《围城》、《儒林外史》、《曾国藩家书》、《麦田守望者》、《伊豆的舞女》、《雪国》、《文化苦旅》、《狼图腾》、《中国特种兵》、《史记》

九年级下学期

一、精读书目

1.《格列佛游记》2.《契诃夫短篇小说集》3.《平凡的世界》4.《雷雨》5.《〈论语〉心得》6.《简·爱》

二、泛读书目

《哈姆雷特》、《威尼斯商人》、《瓦尔登湖》、《美的历程》、《三国志》、《美国大学原来是这样的》、《改变一生的60个心理学效应》、《达·芬奇密码》、《哲学故事》、《世界短篇小说选》

说明：

1. 本书目是由精读、泛读两部分构成，研读与精读每学期六本与单元整体教学的六个单元内容相结合。

2. 本书目共设计了九十六本书,每个班级结合班级学生实际情况,每学期必须还有一本必读班本书籍,这样才能达到三年一百本必读书的要求。

3. 语文教师必须每学期推荐新书,以丰富完善此书目。

后　记

　　伴随高效课堂改革的进程,我们发现仅仅靠学习方式的转变并不能真正实现课堂的高效。如何真正地实现课堂高效?如何真正地落实课程目标?如何真正地关注学生的整体发展?这些思考让我们将目光聚焦到课堂教学的另一个主要方面——教学内容。从整体出发,落实单元整体目标,关注学生的整体发展,高效课堂下的单元整体教学在我们的思考与研究中逐渐明晰。

　　从最初的教科书的单元整体教学到现在的单元整体课程建设与评价,我们经历了艰难而又曲折的探索过程。最初我们只是从单元整体预习—内容与主题—语言与写法三个方面进行教科书的整体教学。在教学实践中,由于对模块的定位不准,对单元目标的确定不准,造成单元重点的不突出、单元内容取舍的不当、模块与模块的交叉。经过几轮课堂研讨、专家指导,我们终于理清了思路,明确方向,找到了根源。重新研究语文课程标准,重新解读语文课程的性质,重新确定单元整体目标,才让我们的单元整体教学之路愈走愈明晰。

　　2009年10月,略显稚嫩但初显端倪的初中语文单元整体教学在"全国课堂改革现场会"上首次亮相于全国的教育专家面前,与会人员对单元整体教学表现出的前瞻性和实效性给予高度评价,单元整体教学以最饱满的姿态站在了课堂改革的舞台上。

2010年9月，在一轮又一轮的课堂实践中，我们不断地丰富完善语文单元整体教学，尤其是在借鉴学校小学部李怀源校长主持的"小学单元整体教学"研究成果的基础上，我们的单元整体教学也加入了整本书阅读计划，逐渐将单元整体教学的模块完善为：单元整体预习—内容与主题—语言与表达—语文综合性实践活动—整本书阅读五个模块。

2010年11月，为了促进初中语文单元整体教学向深入发展，弥补我们只是从实践角度总结经验的局限性，我们组建了课题组，正式将我们的研究申请为校级课题，开始对单元整体教学的内容进行分主题、分阶段全面系统研究。在研究中我们不仅仅立足于课堂实践，更从课堂实践走向理论的深入学习，在不断地研究探索中，我们开始从语文单元整体教学走向了语文单元整体课程建设。

2011年7月，在经历了近两年的实践研究、材料积累后，我们对语文单元教学课程研究进行了第一次系统整理，由初中三年三十六个单元整体目标、每册书两个单元的单元整体教学导学案设计、十二本书的整本书阅读活动设计三部分构成的初稿完成。这一初稿凝聚了我们初中部语文组全体老师的智慧和汗水，更凝聚了我们所有参与研究的老师对语文教育的坚持与热爱。

2011—2012整个学年，我们都把精力放在了将理论回归课堂的实践研究中，在实践中发现问题，研究改进，真正地将课题研究、课程建设落实到课堂教学中，将理论研究转化为课堂效益，真正提高了教育教学质量。2012年7月，在实践研究的基础上，由王芳、王辉、张健三位老师对单元整体课程进行了系统整理、修订，从总论到单元整体课程目标到单元整体课程的具体实施最后到单元整体课程的评价——进行了补充、完善、改进。

本书所涉及的内容均是课题组全体成员集体研究的成果，无论是从课堂实践还是从理论研究上，课题组的每一位老师都付出了极大的努力。

前期我们全体语文组老师立足于课堂实践,从实践中积累材料,中期我们依托课题研究制订完善的单元整体课程设计方案,后期由王芳、王辉、张健主持编写、修订,最后由姜风平校长和初中部侯丙生校长再次进行了修改完善。本书作为初中语文单元整体课程实践研究的成果,共分为总论、单元整体课程目标、单元整体课程实施与课程评价三个部分。其中,总论、单元整体课程目标、初中语文整本书阅读课程实施方案由王芳主持编写;七年级单元整体课程实施与评价由张健主持编写;八年级单元整体课程实施与评价由王辉主持编写;九年级单元整体课程实施与评价由王芳、王辉主持编写;全书由姜风平、侯丙生审定。

  本书得以出版,我们要感谢语文课题组每位老师的精诚团结和无私奉献;感谢王芳、王辉、张健、周忠春、李韶璐、张付燕老师群策群力,完成了一个又一个完整的单元整体课堂教学研讨活动;感谢在单元整体教学实践研究、单元整体导学案设计等方面为我们做出了很多努力的语文组原学科组长王小琳老师;感谢周忠春老师对于《边城》这一整本书阅读活动的设计,并两次执教这一设计,为我们的整本书阅读研究提供了很大帮助;感谢跃华学校校长姜风平、初中部校长侯丙生从课堂教学研讨到理念培训再到最后修订的一路支持与鼓励;感谢课题专家指导组姜风平、侯丙生、李怀源、李开良、曲映雪等领导的指导;感谢小学部李怀源校长、卢文红主任给予的具体指导;感谢所有给予过我们帮助的领导、同仁们。

  本书的出版一方面代表我们过去的一段旅程,另一方面也代表我们新的旅程的开始。初中语文单元整体课程建设是一个无穷的宝藏,需要我们用不懈的努力去挖掘,它像一个正在成长中的少年,年轻而充满着活力,但还需要在不断的实践中磨炼成熟,它还有很多需要完善与改进的地方,还需要我们用教育的智慧去浇灌滋养。衷心地希望这本书能为初中语文教学一线教师提供一点借鉴,能为实现初中语文课程目标,培养具有语文学科素养的全面发展的学生贡献一份力量。

　　尽管这本书是我们精心研究的结果,编写过程中也力求字斟句酌,但是因为能力有限,所以一定还有很多不足与不当之处,敬请各位专家、同仁和读者批评指正。

德州跃华学校初中语文课题组

2012 年 10 月 8 日

图书在版编目(CIP)数据

换一种教法:单元整体课程实施与评价(初中语文)/姜风平,侯丙生总主编.—济南:山东文艺出版社,2013.5
ISBN 978-7-5329-4042-4

Ⅰ.①换… Ⅱ.①姜… ②侯… Ⅲ.①中学语文课-教学法-初中 Ⅳ.①G633

中国版本图书馆CIP数据核字(2013)第046711号

换一种教法
单元整体课程实施与评价（初中语文）

姜风平　侯丙生　总主编

主管部门	山东出版集团
集团网址	www.sdpress.com.cn
出版发行	山东文艺出版社
社　　址	山东省济南市英雄山路189号
邮　　编	250002
网　　址	www.sdwypress.com
读者服务	0531－82098776（总编室）
	0531－82098775（发行部）
电子邮箱	sdwy@sdpress.com.cn
印　　刷	山东临沂新华印刷物流集团
开　　本	710毫米×1000毫米　1/16
印　　张	24　插页/4
字　　数	268千字
版　　次	2013年5月第1版
印　　次	2013年5月第1次印刷
书　　号	ISBN 978-7-5329-4042-4
定　　价	36.00元

版权专有，侵权必究。如有图书质量问题，请与出版社联系调换。

教育发现

教育发现